# READER ZUM TRANSHUMANISMUS

Leben
Transzendenz Mensch Natur
Posthumanismus Zellen
Nanotechnologie BCI Entwicklung
Selbstbestimmung Technologien
Möglichkeiten Körper DE:Trans
Gesellschaft Kryonik Enhancement Transhumanismus
Uploading Bewusstsein Grenzen
Alterung Fortschritt SENS
Zukunft KI

Berlin, 2013
Herausgeber: Miriam Ji Sun, Andreas Kabus
© 2013, www.transhumanismus.com
Herstellung und Verlag:
BoD - Books on Demand, Norderstedt
ISBN 978-3-7322-8443-6

# Inhalt

VORWORT 7

1 TRANSHUMANISMUS: DIE LETZTE GROßE ERZÄHLUNG 11

2 DAS FAUSTISCHE GEFÄNGNIS 23

3 TRANSHUMANISMUS UND GESELLSCHAFT 29

4 HUMAN ENHANCEMENT TECHNOLOGIES 61

5 LEBENSVERLÄNGERUNG 93

6 KRYONIK 113

7 BCI – SCHNITTSTELLE ZWISCHEN GEHIRN & COMPUTER 131

8 DIGITALE TRANSZENDENZ 141

9 KUNST & TRANSHUMANISMUS – TRANSHUMANISTISCHE KUNST 169

10 WIE SIND WIR EIGENTLICH "POSTUMAN" GEWORDEN? 193

# VORWORT

*Miriam Ji Sun*

Ideen, die einst von transhumanistischen Vordenkern im letzten Jahrhundert erdacht wurden, scheinen immer näher in den Bereich des Möglichen zu rücken. So beginnt sich auch die Perzeption der Transhumanisten von einst belächelten Utopisten zu ernsthaften Akteuren auf dem gesellschaftlich-technischen Parkett zu wandeln. Die Diskussion über Human Enhancement Technologien (HET), d.h. technische Anwendungen, welche die natürlichen Fähigkeiten eines Menschen temporär oder permanent verbessern oder erweitern sollen, hat bereits eine Vielzahl von Institutionen zur Technikfolgenabschätzung erreicht. Von den nicht transhumanistischen Institutionen sind hier bspw. das Institut für Technikfolgenabschätzung und Systemanalyse (ITAS) in Karlsruhe, das Büro für Technikfolgen-Abschätzung des Deutschen Bundestages (TAB) in Berlin und das Rathenau Institut in den Niederlanden zu nennen.

Dennoch scheint in der Öffentlichkeit oftmals noch ein recht einseitiges Bild über den Transhumanismus vorzuherrschen, mit verkürzten Darstellungen, die den Transhumanismus auf einen „technophilen Religionsersatz" reduzieren. Transhumanismus bedeutet jedoch mehr als nur Technik. Es ist insbesondere das Anliegen der Deutschen Gesellschaft für Transhumanismus (De:Trans), sich v.a. mit den gesellschaftlichen Aspekten zu beschäftigen, die den Rahmen für ein erfolgreiches, positives, gerechtes und friedvolles Gelingen des technologischen Fortschritts bilden. Diese Herangehensweise mag sich vielleicht tatsächlich von den Anfängen des Transhumanismus, wie er in den USA entstanden ist, unterscheiden; aber die Betonung der technischen und gesellschaftlichen Faktoren ist charakteristisch für die europäisch geprägten Strömungen des Transhumanismus und weite Teile der World Transhumanist Association (WTA). Auch der Transhumanismus hat sich gewandelt und weiter entwickelt.

Betrachtet man den technischen Fortschritt allein und denkt sich sämtliche sozialen, politischen und ökonomischen Gegebenheiten weg, dann befinden wir uns sicherlich auf dem Weg in ein „trans-/posthumanes" Zeitalter. Vielleicht hätte sich die Menschheit aber auch in einer regulierungsfreien Welt bereits selber vernichtet. Transhumanisten sehen jedoch vor allem die Chancen, welche neue wissenschaftliche und technische Erkenntnisse und Entwicklungen mit sich bringen, ohne dabei die Probleme und Gefahren aus dem Blick zu verlieren. Die Probleme scheinen aber nicht ausschließlich solche der Technik zu sein, sondern vielmehr in den Strukturen der derzeitigen ökonomischen, politischen und sozialen Systeme zu liegen. Die Menschheit besitzt beispielsweise genügend wissenschaftliche Erkenntnisse, technische Fähigkeiten und finanzielle Ressourcen um dafür zu sorgen, dass niemand mehr hungert und jeder Mensch Zugang zu sauberem Trinkwasser, medizinischer Versorgung und Bildung hat. Dennoch haben derzeit über 1 Milliarde Menschen keinen Zugang zu sauberem Trinkwasser und ebenso viele leben von weniger als 1 Dollar am Tag, die international definierte Grenze für extreme Armut.

Wenn dem Transhumanismus somit vorgeworfen wird, dass seine visionären Ziele in Anbetracht der gravierenden Probleme in der Welt eine Ressourcenverschwendung darstellen, möchten wir darauf hinweisen, dass es Nicht-Transhumanisten auch nicht gelungen ist, die Probleme zu lösen und die vorhandenen Ressourcen besser einzusetzen und zu verteilen. Es sind jedoch einige Transhumanisten im Rahmen des UN-Millennium-Projekts tätig, um nach Wegen zu suchen, wie heutige und zukünftige Forschung und deren praktische Umsetzung eingesetzt werden können, um aktuelle Probleme zu lösen und die Zukunft besser zu gestalten.

Wie bereits erwähnt, schreitet die Technik voran, während die sozio-ökonomischen und politischen Strukturen hinterher hinken. Der Versuch den wissenschaftlichen und technischen Fortschritt zu stoppen, kann jedoch schon aus praktischen Gründen nicht die Lösung sein. Vielmehr müssen wir versuchen, Gesellschaft, Ökonomie und technische Entwicklung in Einklang zu bringen. Da sich Transhumanisten eine positive Zukunft für alle wünschen und auch vorstellen können und diese auch erleben möchten, steht das Erleben, genau genommen das Überleben, im Mittelpunkt. Wir sagen nicht, dass wir die Lösung hätten, aber wir behaupten, das Problem erkannt zu haben und wünschen eine konkrete Erarbeitung von Plänen zur Lösung akuter Probleme und zur positiven Verwirklichung langfristiger Ziele.

Im Folgenden haben wir die Gedanken einiger deutscher Transhumanisten zusammengestellt. Hiermit möchten wir Ihnen unsere Überlegungen zu gesellschaftlichen und anthropologischen Fragestellungen näher bringen und Ihnen faszinierende Möglichkeiten vorstellen, die Wissenschaft und Technik in den nächsten zehn bis vierzig Jahren bereit halten könnten und welche neuen Fragen sie vielleicht aufwerfen.

Wie Sie erfahren werden, sind sogar Ideen wie Uploading, Kryonik und eine weitreichende Verlängerung der gesunden Lebensspanne vielleicht weniger unrealistisch als vermutet. Die erforderlichen wissenschaftlichen Basisforschungen werden bereits an Universitäten und (staatlich geförderten) Forschungsinstituten durchgeführt, da Ziele wie die Erhöhung der Lebensqualität, ein gesundes langes Leben, Verbesserungen in der Medizin und die Heilung neurodegenerativer, kognitiver und anderer (schwerer) Erkrankungen als erstrebenswert erachtet werden. Die transhumanistische Dimension unterscheidet sich jedoch in der Hinsicht, dass sie Gedanken beinhaltet, die hierüber noch hinausgehen.

# 1 Transhumanismus: Die letzte große Erzählung

*Torsten Nahm*

Der Transhumanismus ist eine sehr junge Weltanschauung. Als solche ist seine Rezeption bestimmt durch Einordnungsversuche und Vergleiche mit den großen Ideensystemen der Menschheit. Transhumanismus gilt manchen als Religionsersatz, andere sehen darin einen technophilen Faschismus, wieder andere die logische Konsequenz des Humanismus. Ich werde versuchen darzulegen, dass alle diese Einordnungen irreführend sind und dass der Transhumanismus vielmehr *sui generis* ist und als gleichwertige Alternative zu den anderen großen Weltanschauungen besteht. Er ist sogar in gewissem Sinne die letzte noch fehlende „große Erzählung", wobei hier unter großer Erzählung (im Sinne Jean-François Lyotards) ein Ideensystem verstanden wird, das eine universelle Erklärung für die Welt und den Platz und die Bestimmung des Menschen in ihr liefert. Ich werde im Folgenden den Begriff Weltanschauung in diesem Sinne verstehen und mit dem Begriff der großen Erzählung synonym benutzen.

Um meine These zu fundieren ist also das Verhältnis des Transhumanismus zu den anderen großen Erzählungen zu klären. Hierzu werde ich das Verhältnis des Transhumanismus zu den eingangs erwähnten Weltanschauungen Religion, Humanismus und Faschismus sowie zum Sozialismus untersuchen und ein Ordnungsschema für diese Weltanschauungen einführen.

## DIE DREI KATEGORIEN EINER WELTANSCHAUUNG

Wenn ich im Folgenden einen Vorschlag mache, wie die großen Erzählungen der Menschheit kategorisiert werden können, so wird mein Vorgehen auf vehemente und berechtigte Kritik stoßen. Viele Details werden notwendigerweise auf der Strecke bleiben und der Vereinfachung zum Opfer fallen. Doch gerade durch diese starke Vereinfachung wird es mir hoffentlich gelingen die grundsätzlichen Aspekte einer Weltanschauung ins Schlaglicht zu rücken und ein Fundament sowie einen Erklärungsansatz für weitere differenziertere Betrachtungen zu legen.

Ich schlage drei fundamentale Kategorien oder Achsen vor, entlang derer die großen Erzählungen eingeordnet werden können:

(1) Monismus vs. Dualismus

(2) Selbstbestimmung vs. Autorität

(3) Transzendenz vs. Immanenz

In den folgenden Abschnitten werde ich diese gegensätzlichen Paare definieren und genauer beleuchten.

## MONISMUS VS. DUALISMUS

Unter Dualismus verstehe ich die Überzeugung, dass es im Universum zwei unterschiedliche Formen der Existenz gibt: Eine materielle, diesseitige Welt und eine immaterielle, übernatürliche Welt. Der Dualismus zwischen den beiden spiegelt sich in der Religion in der Trennung zwischen profan und heilig und zwischen menschlich und göttlich wider. Im Gegensatz dazu ist der Monismus die Überzeugung, dass alles Existierende einheitlich ist und, als wichtige Folge, dass alles im Universum dem menschlichen Verstand und der menschlichen Fertigkeit prinzipiell zugänglich ist. Der Monismus ist das grundlegende Prinzip der Wissenschaft, insbesondere in ihrer streng positivistischen Auslegung. Er ist in dieser Hinsicht gleichbedeutend mit dem Materialismus. Da der Begriff Materialismus jedoch weitere Konnotationen hat, die hier nicht von Bedeutung sind, werde ich im Folgenden nur das Wort Monismus benutzen.

## SELBSTBESTIMMUNG VS. AUTORITÄT

Eine grundlegende Frage jeder Weltanschauung ist es, wer dem Tun der Menschen seine Legitimation verleiht. In der Religion ist das Handeln des Einzelnen auf Gott ausgerichtet. Die Bewertung, ob eine Handlung gottgefällig ist oder nicht, ist unveränderbar durch Gottes Gericht und seine Autorität festgelegt. Auch die Bestimmung der Menschheit ist durch göttliches Dekret oder Offenbarung verkündigt und nicht verhandelbar. Der Humanismus hat dieser Weltsicht die Selbstbestimmung und Selbstverwirklichung des Menschen entgegengesetzt. Für ihn ist der Mensch Wert und Ziel an sich und es ist jedem mündigen Bürger aufgetragen, seinem Leben und Streben selbst Richtung und Ziel zu geben. Es ist der Mensch, der sich selbst Legitimation verschafft, und die Normen einer Gesellschaft als Ganzes sind das Ergebnis aufgeklärter Diskussion und nicht autoritärer Verfügung.

## TRANSZENDENZ VS. IMMANENZ

Eine Weltanschauung bekennt sich zur Transzendenz, wenn sie eine Möglichkeit darlegt, wie der Mensch seinen jetzigen Zustand qualitativ überwinden kann. Schon in den frühesten Mythen ist die Unzufriedenheit des Menschen mit seinem Dasein und seinen Möglichkeiten ein grundlegendes Thema: Die Anfälligkeit für Krankheit und Tod, für Leid und Schmerz, seine physische Schwäche, geistige Unzulänglichkeit und seelische Anfälligkeit sind jedem Menschen aufs Schmerzlichste bewusst. Ob dieser Zustand je grundlegend überwunden werden kann, ist die Frage, die eine transzendente Weltanschauung bejaht. Von Immanenz spreche ich dagegen, wenn eine Weltanschauung keine grundlegende Veränderung der *conditio humana* vorsieht; wenn sie also nur davon handelt, das Beste aus den vorhandenen menschlichen Möglichkeiten zu machen, diese selbst aber als grundlegend unveränderbar ansieht.

## DIE ACHT MÖGLICHEN WELTANSCHAUUNGEN

Auf dieses Schema beschränkt und jeweils nur die Extrempole betrachtet, kann eine Weltanschauung genau eine von acht möglichen Grundkonfigurationen annehmen, die durch den folgenden „Würfel der Weltanschauungen" visualisiert werden können.

Wie schon anfangs erwähnt, handelt es sich hierbei um eine grobe Vereinfachung. Und natürlich ist auch klar, dass jeder Eckpunkt des Würfels nicht genau einer Weltanschauung entspricht, sondern dass viele durchaus unterschiedliche Weltanschauungen sich zu den drei Achsen ähnlich positionieren und damit dieselbe Ecke des Würfels belegen können. Es geht im Folgenden vielmehr um die acht Grundtypen von Weltanschauung, die prinzipiell möglich sind:

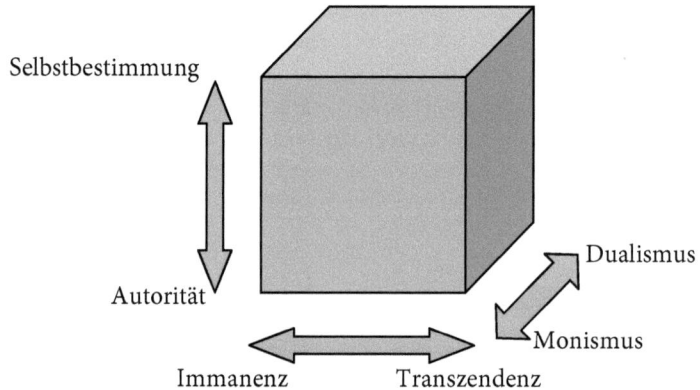

Unsere nächste Aufgabe und erster Praxistest des Modells ist es zu sehen, wie gut die oben vorgenommene Zuordnung der Weltanschauungen sich für ihr Verständnis und die Analyse ihrer Beziehungen untereinander bewährt.

## AUTORITÄRE UND NICHT-AUTORITÄRE RELIGION

Alle Religionen beruhen auf dem Glauben an eine spirituelle und religiöse Welt, die jenseits der materiellen Wirklichkeit liegt, sie sind folglich dualistisch. Ziel des religiösen Strebens ist es, diese Welt (Paradies, Nirwana, usw.) zu erreichen und die Unzulänglichkeit des Diesseits zu überwinden. Kern der Religion ist also ein Transzendenzbestreben.

Was die dritte Achse, Selbstbestimmung vs. Autorität, angeht, ist die Sachlage nicht so einfach, und wir müssen zwei Typen von Religion differenzieren. Unsere westliche Weltanschauung ist geprägt von den großen Religionen Judentum, Christentum und Islam. Diese Religionen zeichnen sich dadurch aus, dass sie geistige Oberhäupter und Priester besitzen, die ein Monopol der Religionsauslegung beanspruchen und von deren Weisungen die Gläubigen abhängig sind. Dies steht im Kontrast zu vielen östlichen Religionen, wie z.b. dem Buddhismus, sowie vielen Formen der Spiritualität, in welchen der Gläubige oft unter Anleitung, aber selbstbestimmt den Weg zur Erleuchtung und Erlösung geht. Ich möchte hier diesen Wesensunterschied explizit machen, indem ich zwischen autoritären und nicht-autoritären Religionen unterscheide.

Wir erhalten also die Zuordnung:

Autoritäre Religion: *Dualismus, Autorität, Transzendenz*

Nicht-autoritäre Religion: *Dualismus, Selbstbestimmung, Transzendenz*

## HUMANISMUS

Der Humanismus entstand als Gegenbewegung zur religiösen Unterdrückung. Er lehnt Autorität ab und sieht als höchstes Gut die mündige Selbstbestimmung und Selbstverwirklichung eines jeden Menschen. Er sieht die Legitimierung der autoritären Religion durch den Bezug auf ein spirituelles Reich als Herrschaftsmittel und bricht diese Herrschaft, indem er seine Existenz negiert. Der Humanismus ist monistisch: Es gibt nur diese Welt und ihr Schicksal und Wert ist in dieser Welt angesiedelt, anstatt sich auf ein fiktives Himmelreich zu beziehen. In dieser Weise lehnt der Humanismus auch jegliche Form der Transzendenz ab. Sie ist für ihn nur der Köder der autoritären Religion, das Versprechen auf Unsterblichkeit und Vollkommenheit, mit dem die Gläubigen auf die Zukunft vertröstet werden und zu dessen Erlangung sie sich den religiösen Weisungen unterordnen müssen, wollen sie nicht in der Hölle landen und ihre Erlösungshoffnung verlieren.

Für den Humanisten gibt es keine Möglichkeit, menschliche Unvollkommenheit endgültig zu überwinden; er strebt sein Leben lang, sich durch Bildung und Erkenntnis weiterzuentwickeln, bewegt sich dabei aber innerhalb der Beschränkungen der menschlichen Biologie. Für den Humanismus ist es gerade das Zeichen von Reife, sich mit dieser Unvollkommenheit abzufinden und zu akzeptieren, dass der Mensch nur ein weiteres Tier ist, mit einer beschränkten Nische in diesem großen Universum.

Insgesamt erscheint der Humanismus als vollkommener Gegenpol und Gegenreaktion zu den autoritären Religionen. Er vertritt: *Monismus, Selbstbestimmung, Immanenz.*

## SOZIALISMUS

In der marxistischen Weltanschauung ist der Sozialismus eine notwendige Übergangsphase auf dem Weg zum Kommunismus. Der Kommunismus beschreibt eine herrschaftsfreie Gesellschaft, in der die Ideale des Humanismus vollständig verwirklicht sind. Der Kommunismus vertritt also dieselben drei Prinzipien wie der Humanismus: Monismus, Selbstbestimmung, Immanenz.

Ich möchte nun die These begründen, dass der Sozialismus, obwohl er eine Vorstufe des Kommunismus darstellen soll, vom Kommunismus abweicht und eine autoritäre Weltanschauung ist. Wenn wir uns die realisierten Formen des Sozialismus, ob in der UdSSR, in China oder auf Kuba, ansehen, ist diese These leicht zu belegen. Damit möchte ich mich aber nicht zufrieden geben. Mein Ziel ist es, die großen Erzählungen an sich in ihrem Ideengehalt zu untersuchen und von ihren womöglich unvollständigen oder gar verzerrten Realisationen zu unterscheiden. Ich möchte also zeigen, dass obwohl sich der Sozialismus in der Tradition des Humanismus sieht, er dennoch im Wesen autoritär ist.

Der Kern zur Auflösung dieses Widerspruchs liegt im Wesen des Sozialismus als eine Übergangsform auf dem Weg zum Kommunismus. Um dieses Ziel zu erreichen, verlangt der Sozialismus, dass sich alle unter das gemeinsame Interesse der Umgestaltung der Gesellschaft unterordnen: Nicht der Einzelne zählt, sondern das gemeinsame Interesse, das Kollektiv. Noch expliziter bekennt er sich zur Herrschaft in der Form der „Diktatur des Proletariats". Wenn der Sozialismus also auf Selbstbestimmung und Freiheit verweist, dann ist nicht die jetzt realisierte Freiheit gemeint, sondern die erwartete Selbstbestimmung und Freiheit der Zukunft. Beim Sozialismus heiligt der Zweck die Mittel. Die Unterordnung des Einzelnen unter das Kollektiv intendiert Freiheit, ist aber tatsächlich eine Fremdbestimmung.

Der Sozialismus vertritt folglich: *Monismus, Autorität, Immanenz.*

## Faschismus

Der Faschismus ist eine vollkommen totalitäre Weltanschauung, in der die Menschen nicht mehr als Individuen geschätzt, sondern ihren Wert nur als gleichgeschaltete Instrumente (die *Fasces*) unter dem Befehl eines Führers gewinnen. Der Faschismus zielt auf ein Endziel, auf ein neues Kapitel der Menschheitsgeschichte ab, in dem die Unvollkommenheit und Fehlbarkeit des Menschen überwunden sein sollen. Der Mensch soll, insbesondere durch Eugenik, in seinem Wesen transformiert werden. Ziel des Faschismus ist die Transzendenz des Menschen in einen Übermenschen, der einem faschistischen Idealbild entspricht. Es ist bedeutsam, dass diese Transzendenz im Diesseits erreicht werden soll. Der Faschismus trägt zwar mythische Züge, diese beziehen sich aber auf die materielle Wirklichkeit. Er kennt keine übernatürliche Welt, sondern nur das Diesseits, was sich auch in seiner Ablehnung von Gott und Religion ausdrückt.

Er vertritt: *Monismus, Autorität und Transzendenz.*

## Transhumanismus

Der Transhumanismus sieht den Menschen als einen Übergangszustand in der evolutionären Entwicklung an. Für ihn gilt es, die Unvollkommenheiten und Schwächen, die inhärent in der evolutionär entstandenen Biologie sind, zu überwinden und eine neue, die *conditio humana* transzendierende Stufe der Existenz zu erreichen. Dieser Verbesserungswille bezieht sich allein auf das Diesseits: Ziel des Transhumanismus ist die Transzendenz innerhalb des physikalischen Universums mit Hilfe wissenschaftlicher Methoden.

Die Legitimation für Weiterentwicklung und Fortschritt entspringt dem Streben nach Selbstverwirklichung des einzelnen Menschen und ist in seiner Realisation ein individueller, selbstbestimmter Prozess.

Der Transhumanismus vertritt: *Monismus, Selbstbestimmung und Transzendenz.*

## DIE WELTANSCHAUUNGEN IM WIDERSTREIT

Entsprechend dieser Überlegungen können wir nun eine Zuordnung der großen Erzählungen auf dem Würfel der Weltanschauungen vornehmen:

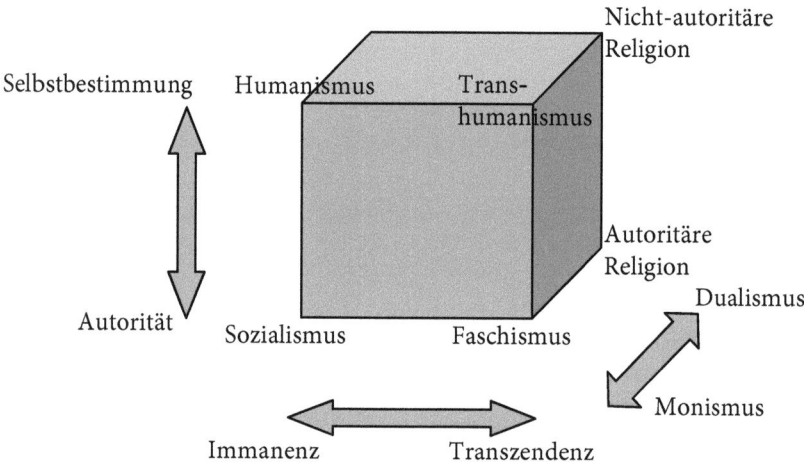

Wir sehen, dass jede sichtbare Ecke einer möglichen Grundkonfiguration entspricht, die historisch als Weltanschauung realisiert worden ist. Es ist interessant zu reflektieren, dass die Religionen Tausende von Jahren alt sind, die anderen vier Weltanschauungstypen hingegen erst in den letzten Jahrhunderten (Humanismus und Sozialismus) oder sogar in der jüngeren (Faschismus) und jüngsten (Transhumanismus) Gegenwart formuliert und ausgestaltet worden sind.

Es verbleibt die Frage, welche Bedeutung den zwei fehlenden, nicht sichtbaren Ecken zukommt. Beide enthalten die Komponenten Dualismus und Immanenz. Es scheint mir, dass diese beiden Komponenten grundsätzlich nicht zusammen auftreten können. Denn die dualistische Existenz einer übernatürlichen Welt bedeutet die Möglichkeit der Transzendenz im Erreichen dieser Ebene. Eine Weltanschauung, die trotzdem immanent ist, müsste also diese Transzendenz ausschließen – sie müsste die Auffassung vertreten, dass es zwar eine Ebene gibt, die über unsere materielle Realität hinausgeht, dass diese aber für immer unerreichbar sein muss. Diese Kombination ist zwar nicht streng widersprüchlich, aber von einem Grad an Nihilismus und Hoffnungslosigkeit geprägt, der es schwer macht, sich vorzustellen, wie eine große Erzählung auf ihr aufbauen könnte und welchen Platz und welche Bestimmung sie dem Menschen zuweisen sollte.

## POLITISCHE IMPLIKATIONEN

Wir haben gesehen, dass der Transhumanismus in unserem Schema der Weltanschauungen einen eigenen Platz einnimmt, gleichberechtigt mit Humanismus, Sozialismus, Faschismus sowie autoritären und nicht-autoritären Religionen. Im gesellschaftlichen Dialog muss er diesen Platz aber erst noch behaupten und so ist es nicht verwunderlich, dass er in der öffentlichen Debatte häufig nur als abgeleitete Nebenform einer der etablierten Weltanschauungen gesehen wird.

Transhumanisten selbst stellen gern den Bezug zum Humanismus heraus, in dessen Tradition sie sich sehen. So gibt es auch immer wieder Versuche, mit humanistischen Vereinigungen zu kooperieren. Diese Versuche sind bis jetzt nur von geringem Erfolg gekrönt gewesen. Der Grund dafür ist, dass Humanismus und Transhumanismus zwar benachbart sind, der Graben zwischen der Immanenz des Humanismus und der Transzendenz des Transhumanismus aber ein besonders tiefer ist. Denn für den Humanismus bedeutete die Ablehnung des Heilsversprechens der Religion historisch auch, dass er sich mit dem Status des Menschen als unvollkommenem Wesen arrangieren musste. Der Humanist ist sich also seiner Beschränkungen nur allzu schmerzlich bewusst und kompensiert dies durch eine Gewissheit der Reife und Überlegenheit gegenüber den in seinen Augen kindischen Allmachtsfantasien der Religion. Die hiermit einhergehende (eschatologische) Bedeutungslosigkeit des Menschen ist ein nur schwer zu ertragender Zustand, der gerade deswegen umso kompromissloser verteidigt werden muss. Dies führt im Regelfall zu einer unbedingten Ablehnung aller Bestrebungen nach Transzendenz und kann dazu führen, dass Transhumanisten gerade auf Grund der sonst starken Übereinstimmungen als Verräter an der gemeinsamen Sache gesehen werden. Dass Transhumanisten sich zudem noch explizit auf den Humanismus berufen, verstärkt den Antagonismus nur zusätzlich.

Tatsächlich sind bisher in der transhumanistischen Bewegung öfter Verbindungen mit religiösen Ideen oder Gruppierungen anzutreffen als mit humanistischen. Transhumanismus und Religion sind vereint in dem gemeinsamen Ziel, die Beschränkungen menschlicher Existenz zu überwinden. Eine Kombination mit autoritären Religionen ist jedoch äußerst selten, da die Beschäftigung mit fortschrittlichen Technologien eine wissenschaftlich-kritische Haltung bedingt, die mit autoritärem Dogmatismus kaum zu vereinbaren ist. Interessanter und viel verbreiteter sind Versuche einer Synthese mit nicht-autoritären Religionen wie z.B. dem Buddhismus. Selbst für Menschen, die überzeugte Monisten sind, können diese Verbindungen eine Art spirituelles Ventil bilden, solange technologische Transzendenz noch nicht möglich ist. Meditation und innere Reflexion bieten zumindest einen erlebten Zugang zu Vorstellungen von transzendenten Zuständen – es ist aber unklar, inwieweit diese für eine technologische Transzendenz hilfreich sind.

## SCHLUSSBEMERKUNGEN

Wir haben gesehen, dass der Transhumanismus eine Weltanschauung *sui generis* ist und nicht auf andere, schon bestehende große Erzählungen zurückgeführt werden kann. Dies ist ein vielversprechender Ansatz für die transhumanistische Bewegung, sich in der öffentlichen Debatte zu positionieren und bietet eine klare Strategie, sich von ungerechtfertigten Vergleichen und Unterordnungen abzugrenzen. Falls Transhumanismus etwa mit Faschismus verglichen wird, kann sofort klargestellt werden, dass dieser auf Selbstbestimmung und Freiheit beruht, die Gräueltaten des Faschismus jedoch auf Diktatur und Unterdrückung. Im Vergleich zur Religion gilt es, das Bestreben nach Transzendenz nicht zu verleugnen, sondern dies als gemeinsames positives Element hervorzuheben; sich gleichzeitig aber auf den technischen Fortschritt zu beziehen und dessen im Alltag erlebbaren Erfolg als zentralen Beleg für die prinzipielle Realisierbarkeit transhumanistischer Ideen anzuführen.

Durch diese klare Abgrenzung in der gesellschaftlichen Diskussion wird sich das Profil des Transhumanismus schärfen und seine Bedeutung noch klarer hervortreten. Der Transhumanismus verkörpert den letzten noch fehlenden Typus einer Weltanschauung. Er stellt die längst überfällige große Erzählung dar, in der die Erkenntnisse der Wissenschaft sich mit dem menschlichen Verlangen nach Selbstbestimmung und nach Überwindung seiner Unvollkommenheit vereinen. Inwieweit der Transhumanismus das

Versprechen einer diesseitigen Transzendenz erfüllen und als Leitmotiv für die weitere menschliche Entwicklung dienen kann, muss die Zukunft zeigen.

# 2 DAS FAUSTISCHE GEFÄNGNIS

*Torsten Nahm*

Man könnte es als eine Prüfung des Glaubens bezeichnen – nur, dass ich gar nicht gläubig bin. Zumindest nicht im traditionellen Sinne. Trotzdem halte ich jetzt, nach jahrelangen Mühen, nach Notarterminen, Gesundheitschecks und mit mehr Wissen über internationales Recht ausgestattet, als ich je besitzen wollte, meine Mitgliedsurkunde bei einem Kryonik-Unternehmen in der Hand. Sie ist Ausdruck meiner Chance – wie gering sie auch sein mag – auf ein Leben nach dem Tod. Durch meine Mitgliedschaft bin ich dem Leben in der fernen Zukunft so nah, wie das ein Mensch im Moment überhaupt sein kann. Was nicht viel heißen will.

Was habe ich also vor? Ich möchte, dass, wenn mich eines Tages die Grenzen menschlicher Biologie und medizinischer Heilkunde einholen und ich sterbe, mein Körper bei -196°C konserviert wird, damit sämtliche biologischen Zerfallsprozesse aufgehalten werden. Vielleicht ist es dann in der Zukunft möglich, meinen Zellen, die in der Agonie des Todeskampfes nun auf unbestimmte Zeit festgefroren sind, neues Leben einzuhauchen. Vielleicht kann ich so in die Welt zurückgeholt werden, um die ferne Zukunft zu erleben, statt dass mein Körper und meine Persönlichkeit unausweichlich zersetzt werden und ins Reich des Anorganischen übergehen. Denn der Tod ist eine fließende Grenze: Wer vor einhundert Jahren bei Herzstillstand als tot galt, wird heute mit einem Defibrillator zurückgeholt. Und eines glaube ich sicher: dass die menschliche Persönlichkeit vollständig durch mein Gehirn, meine Synapsen, meine Nerven und meine Organe verkörpert wird. Wenn diese Information also noch irgendwo in meinem gefrorenen Körper vorhanden ist, ist ihre Reaktivierung zumindest theoretisch erreichbar.

Natürlich ist es gut möglich, dass meine Bemühungen umsonst sind, dass die für Jahrzehnte oder Jahrhunderte erstarrte Information sich mit keinen Mitteln zu meiner Persönlichkeit und zu meinen Erinnerungen wiederherstellen lässt. In diesem Fall war meine Mühe umsonst, mein Aufbäumen gegen den Tod ein leerer Verzweiflungsakt. Aber ich will mich nicht kampflos in das menschliche Schicksal fügen, wie es seit Tausenden von Jahren gilt: Wachse auf, zeuge Kinder und sterbe dann. Ich will die Zukunft erleben, ich will sehen, wohin die Menschen sich entwickeln und wie ich an diesem jahrmillionenalten, ungeheuren Projekt teilhaben kann, das sich Evolution, Fortentwicklung, Fortschritt nennt.

Mit diesem Wunsch habe ich mich in allen etablierten Kreisen, zumindest hier in Deutschland, als unreif zu erkennen gegeben. Ja, manchmal scheint es mir, als wäre dies die Hauptvoraussetzung für die Aufnahme in den Club derjenigen, die in Deutschland die öffentliche

Debatte über Ethik führen: dass als reif nur derjenige gilt, der bekennt, den eigenen Tod zu akzeptieren. Es ist dies dieselbe Reife, die uns lehrt, nicht gegen Windmühlen zu kämpfen und unsere Energien nicht für aussichtslose Unterfangen zu verschwenden. Es ist dieselbe Reife, die Menschen sich vor zweihundert Jahren, vor Hygiene und Antibiotika, damit abfinden ließ, dass die Mehrzahl ihrer Kinder in den ersten Lebensjahren elendig starb. Es ist die Reife, die uns vor zehn Jahren, vor Viagra, lehrte, dass die männliche Impotenz im Alter hinzunehmen sei. Es ist eine Reife, deren Kern die Passivität ist und die ohne Risiko ist, weil sie sich immer nur im Nachhinein als Fehler erweist, wenn sich an die Zweifler nur die Historiker erinnern.

## DER FORTSCHRITT ALS GEFÄNGNIS

Wir wollen nun für das Folgende annehmen, dass ein solcher technischer Fortschritt möglich ist, dass in Zukunft Bedürfnisse erfüllbar werden, die heute noch als kindisch unterdrückt werden, weil sie unerreichbar scheinen. Wenn wir also annehmen, dass dergestalt durch die Technik der Wunsch zur Möglichkeit wird, dann stellt sich sofort die viel grundlegendere Frage: Soll die Möglichkeit auch zur Wirklichkeit werden? Wollen wir diesen Fortschritt überhaupt? Oder raubt uns die Technik die Menschlichkeit, sind wir nicht viel eher Sklaven der Technik, als dass Technik uns dient? Kommt der Fortschritt nur zum Preis der Selbstaufgabe? Diese Auffassung, die tief in der Menschenseele und ihrer Sehnsucht nach unbefleckter Natur verankert scheint, findet ihren Ausdruck in ökologischen Zurück-zur-Natur-Bewegungen ebenso wie in kritischen Essays. Und so stellt sich die Gegenfrage: Sollen wir einfach auf dem jetzigen Stand der Technik bleiben, statt uns den Risiken der Fortentwicklung auszusetzen? Das Sprichwort sagt: „Es gibt zwei Arten von Narren. Die einen sagen: Das ist alt und darum gut, die anderen jedoch meinen: Dies ist neu und darum besser." Mit welchen Narren wollen wir es halten?

Wenn ich darüber nachdenke, schließe ich manchmal meine Augen und gebe mich einer launischen Fantasie hin. Ich stelle mir eine Ansammlung von Bakterien vor, wie sie vor circa 2,5 Milliarden Jahren gelebt haben mag. Die Bakterien sind glücklich, denn ein warmer Strom von Wasser, gefüllt mit energiereichen chemischen Verbindungen, zieht aus einem vulkanischen Schacht auf dem Meeresboden an ihnen vorbei. Sie wachsen und gedeihen und – hier beginnt die Fantasie – sie unterhalten sich. Ein Bakterium sagt: „Uns geht es gut. Wieso sollen wir uns weiterentwickeln? Lasst uns so bleiben." Und die anderen stimmen zu:

„Wieso sollen wir uns unnötig belasten? Der Nährstoffstrom reicht noch für viele Millionen Jahre. Veränderung birgt nur Risiko. Wer weiß, sie löscht uns vielleicht noch alle aus."

Sicher ist, dass der Fortschritt immer Gefahren mit sich bringt. Und wäre es bei den Bakterien geblieben, hätten sich diese entschieden, nicht dem Weg der Evolution zu folgen, dann hätte es nie Folter, Konzentrationslager oder Atombomben gegeben. Aber die Erde hätte auch nie die Liebe, die Kreativität oder die Barmherzigkeit gekannt. Und es hätte auch nie die Möglichkeit gegeben, uns selbst zu erkennen und nach unserem Platz im Universum zu suchen. Dies ist für mich die zentrale Frage: Was bedeutet es, zu leben, und was mache ich aus dem Vermächtnis, das mir durch meine Fähigkeit, zu erkennen und zu spüren, mit auf den Weg gegeben wurde? Es ist die Selbstreflexion, die den Menschen adelt, die ihn kritisch fragen lässt, wofür er lebt und wohin ihn seine Taten führen sollen. Trotz all dem Schlechten, das Menschen vollbracht haben, sind sie doch die einzigen auf diesem Planeten, die darüber hadern und ihre Handlungen im Gespräch mit ihren Mitmenschen reflektieren. Das Bewusstsein setzt den Menschen vom primitiven Leben ab. Wo ein Insekt unwillentlich vom Fluss der Ereignisse fort gerissen wird, kann der Mensch innehalten und sich selbst eine Richtung geben. Aber was soll diese Richtung sein? Bis jetzt können wir immer nur den nächsten Schritt gehen, verwundert und verloren in der weiten Welt und dem ungeheuren Universum. Noch wissen wir zu wenig über uns selbst, um über die Gegenwart hinaus den weiten Horizont des Lebens mit allen seinen Möglichkeiten wahrzunehmen. Doch unser Bewusstsein und unsere Fähigkeit zur Erkenntnis geben uns die Chance, ein tieferes Verständnis der Welt und unserer Bedeutung in ihr zu finden und uns aus dem Sog der Notwendigkeit zu befreien.

Der Drang, sich selbst zu erkennen, und die rastlose Unzufriedenheit, die ihn dazu treibt, immer Neues zu wollen, liegen im Kern des menschlichen Wesens. Es ist diese Rastlosigkeit, die den Menschen zu immer frischen Taten antreibt, die ihn vom Rest des Tierreichs trennt und die ihn zweifelsohne zur dominanten Spezies auf diesem Planeten gemacht hat. Doch der Mensch zahlt für diesen stetigen Drang nach vorn einen hohen psychologischen Preis. Er steht auf der Sprosse einer unendlichen Leiter, die er sein Leben lang erklimmen muss. Doch zugleich wird ihm mit jedem Klimmzug bewusst, dass er auf Grund seiner Beschränktheit, auf Grund der Grenzen seines Menschseins und seiner menschlichen Biologie, für immer auf dieser Leiter gefangen ist, dass jede erreichte Sprosse nur dazu dient, ihn noch weitere Sprossen im Himmel lockend sehen zu lassen.

## Transzendenz als Ausweg

Dieser Druck, nie zur Ruhe zu kommen, das faustische Streben des Menschen nach immer Höherem, lässt sich nur durch das Versprechen der Transzendenz beruhigen. Es ist allein die Hoffnung, die Mühsamkeit und Plage der Existenz hinter sich zu lassen und in der Transzendenz die unentrinnbaren Grenzen seiner Unvollkommenheit zu überwinden, die den Menschen sich mit seinem Schicksal abfinden lässt. Seit Jahrtausenden hat dieses Transzendenzversprechen die Form der Religion angenommen. Doch die wachsende wissenschaftliche Erkenntnis der Aufklärung hat die Transzendenzversprechen der Religion zunehmend unglaubwürdig werden lassen. Der Humanismus hat den Menschen vom Aberglauben befreit, aber nur um den schrecklichen Preis, ihn aller Hoffnung auf ein höheres Ziel und ein Entrinnen aus dem Diktat der Rastlosigkeit zu berauben. Stattdessen hat er diese Rastlosigkeit selbst zum höchsten Ziel erklärt: Jeder Mensch soll sich selbst verwirklichen und seine Möglichkeiten ausloten. Statt ihn von seiner Unvollkommenheit zu erlösen, treibt der Humanismus den Menschen an seine Grenzen und bringt sie ihm damit in geradezu perverser Weise erst recht zu Bewusstsein. Er glorifiziert das Gefängnis, statt aus ihm auszubrechen.

Der Humanismus sieht den Menschen an sich als unveränderbar an und gesteht ihm Fortschritt nur in diesem statischen Rahmen zu. Technik ist nur ein Hilfsmittel auf dem Weg zur Selbstverwirklichung innerhalb dieser Grenzen. Dabei verkennt der Humanismus völlig das zweite, fundamentale Gesicht der Technik: Hilfsmittel für den Menschen zu sein, seine Möglichkeiten und sich selbst im Kern zu verändern und damit diese Welt zu transzendieren.

Es kann nur die Technik sein, die dem Menschen die nötigen Mittel an die Hand gibt, sich aus seinem faustischen Gefängnis zu befreien. Sie hat ihm gezeigt, wie er die Welt um sich herum verändern kann, um immer schneller die unendliche Leiter des Fortschritts emporzuhechten. Aber erst jetzt lernt der Mensch langsam, die Technik auf sich selbst anzuwenden. Sein Schicksal, bis jetzt unverrückbar beschränkt durch die Möglichkeiten, die ihm der Zufall und die Evolution gegeben haben, liegt bald in seiner eigenen Hand. Das Credo des Humanismus, das meiste aus den eigenen Möglichkeiten zu machen, wird ersetzt durch die Fähigkeit, diese Möglichkeiten selbst zu bestimmen, die biologischen Fesseln zu sprengen und – möglicherweise – Transzendenz zu erreichen.

Auf dem Weg zur Transzendenz endlich zeigt sich der Mensch wieder mit dem Humanismus versöhnt. Wo ihm der Humanismus zuerst seine Hoffnung entriss und ihn in ein nebliges Schattenreich der Unsicherheit verbannte, kann er ihn nun auf dem Weg zur Transzendenz begleiten. Denn ohne den humanistischen Glauben an den Wert des Menschen an sich ist der Weg zur Transzendenz seines Sinns entleert. Erst wo der mündige Mensch, ohne Zwang und Fremdbestimmung, sich in vollem Bewusstsein für diesen Weg entscheidet, kann er tatsächlich frei werden. Und nur, wo die Transzendenz ihm zur Selbstverwirklichung dient, kann er in sie hinein sein menschliches Wesen tragen. Es ist der Respekt des Humanismus vor dem Menschen, ohne den die Zukunft blutleer, fremd und kalt werden muss. Doch mit ihm kann das menschliche Wesen in der Transzendenz – im besten Sinne – aufgehoben sein.

Was aber liegt jenseits des faustischen Gefängnisses? Wie soll die Welt aussehen, wenn wir unsere biologischen Grenzen hinter uns lassen? Eines ist sicher: Sie wird dem Menschen so fremd sein wie das Konzept der Selbstverwirklichung dem Bakterium. Aber mit Glück wird sie einen neuen Horizont eröffnen, der die Bestimmung und Bedeutung des Lebens an sich erahnen lässt. Es gibt nur diese Entscheidung: Den Sprung zu wagen, oder sich für immer mit der Gleichförmigkeit und der Unentrinnbarkeit aus unserer Unvollkommenheit abzufinden.

Der Fortschritt trägt immer den Kern der Zerstörung in sich. Aber ohne diese Zerstörung kann der Samen nicht zum Baum, die Raupe nicht zum Schmetterling werden. Das Bekannte für das Ungewisse aufzugeben erfordert Risikobereitschaft und Mut. Der Fortschritt und die Veränderung machen Angst. Aber wenn wir der Angst nicht ins Auge schauen, werden wir nie wissen, welche Möglichkeiten jenseits des Horizonts auf uns warten.

# 3 Transhumanismus und Gesellschaft

*Miriam Ji Sun*

# HISTORISCHER RÜCKBLICK

Blickt man zurück, so ist der heutige Transhumanismus nicht plötzlich aus einem Vakuum heraus entstanden, sondern steht in engem Zusammenhang mit Ideen, Denkweisen und Zielen, wie sie insbesondere in der Zeit der europäischen Aufklärung (um das 16. bis 18. Jahrhundert[1]) entstanden sind. Ebenso waren die unterschiedlichen Auffassungen über das Wesen des Menschen, die Natur, die Rolle der Vernunft und der Religion, den Fortschritt und die Weiterentwicklung der menschlichen Zivilisation bereits vor vielen Jahrhunderten Anlass für philosophische und politische Kontroversen. Dennoch waren es vor allem die Philosophen und Staatstheoretiker der Aufklärung, welche die Basis für die heutigen modernen demokratischen und säkularen Staatsformen schufen. Dies hatte insbesondere damit zu tun, dass die Prinzipien der Physik, Mathematik und Naturwissenschaften einen großen Einfluss auf die frühen Staatstheorien und Philosophen hatten, z.b. die Ideen und Konzepte von Francis Bacon, Thomas Hobbes, René Descartes, John Locke, Jeremy Bentham und John Stuart Mill. Vernunft und die Methoden naturwissenschaftlichen Erkenntnisgewinns – anstelle von Aberglauben und festgefahrenen Vorstellungen – standen für die Advokaten der Aufklärung im Zentrum und wurden als die einzige Möglichkeit gesehen, die Basis für eine bessere Zukunft und Gesellschaft zu schaffen. Ebenfalls sind die Anfänge der heutigen Forschungen über Emergenz und Komplexität in der Naturwissenschaft der Aufklärung zu suchen, vor allem im Bereich der Thermodynamik und der Forschung der Gasbewegungen. Die thermodynamische Entropie wurde bereits damals als Hindernis für so manche Vision von Ordnung und Langlebigkeit gesehen, was sich in der transhumanistischen Bewegung der „Extropianer" – ein Wortspiel gegen die Entropie – widerspiegelt. Ebenso fallen die ersten kontroversen Vergleiche zwischen Mensch und Maschine in diese Zeit, z.B. durch L'homme Machine (1747) von Julien Offray de La Mettrie, der einen frühen Vergleich zwischen Mensch und Maschine wagte.

Im Zusammenhang mit dem Transhumanismus möchte ich insbesondere die Ideen von Francis Bacon (1561-1626), Benjamin Franklin (1706-1790), Marie Jean Antoine de Condorcet (1743-1794) und Jeremy Bentham (1748-1832) nennen. Bereits diese Denker des 16. bis 19. Jahrhunderts brachten Ideen hervor, die in ihrem Kern transhumanistische Elemente enthalten, wenngleich viele dieser Ideen technisch nicht realisiert werden konnten oder auf sozialen Widerstand stießen.

Francis Bacon erschuf die Vision einer perfekten Gesellschaft, welche in seinem Werk *New Atlantis* (1627) festgehalten wurde.[2] Obwohl einige Aspekte darin aus heutiger Sicht durchaus kontrovers anmuten, wie die strikten hierarchischen Strukturen der Gesellschaft von Bensalem (dem Ort seines Utopia), so waren Wissen, Wissenschaft und dessen praktische Anwendung (Technik) zentraler Kern der Gesellschaft, was in einem starken Kontrast zu den damals üblichen Gesellschaftsvorstellungen mit Gott im Zentrum stand. Ebenso schildert Bacon in *New Atlantis* Technologien, die Mineralien und Erze auf künstliche Weise produzieren (die Idee einer Art molekularer Nanotechnik) sowie die Erschaffung künstlicher und neuer Lebensformen (Gentechnik)[3]. Interessanterweise existiert heutzutage ein transhumanistisch orientiertes Magazin, welches sich auch *New Atlantis* nennt.

Benjamin Franklin, ein bedeutender Naturwissenschaftler, vor allem auf dem Gebiet der Elektrizitätstheorie und Thermodynamik, Erfinder, Philosoph und Politiker der Aufklärung, träumte von der Möglichkeit, den menschlichen Metabolismus zu stoppen und neu zu starten, um Menschen somit die Möglichkeit zu geben, die ferne Zukunft zu erleben und nicht sterben zu müssen. Dies sind die modernen Visionen der extremen Lebensverlängerung und die Ideen der derzeitigen Kryonikforschung, welche Franklins Träume heutzutage realistischer erscheinen lassen.

Der Marquis de Condorcet, ebenfalls Philosoph, Mathematiker und Politiktheoretiker der Aufklärung, trat insbesondere für universelle Bildung, Gleichheit, Menschenrechte und die Ideale des Rationalismus und der Aufklärung ein. Er betrachtete die Entwicklung des Menschen und der menschlichen Gesellschaft als evolutionär (vom instinktgetriebenen Tier zum vernunftbegabten Menschen) und sah keinen Grund darin, weshalb diese Entwicklung nicht weiter fortgeführt werden sollte, bis hin zu einer intellektuellen und moralisch-ethischen Perfektion des Menschen. Er war auch der Ansicht, dass die zukünftige Medizin alle Krankheiten heilen könnte und der Mensch zu vernünftig sein werde, um weiterhin Kriege zu führen, wie er es in seinem Werk *Future Progress of Man* (1796) beschreibt. Ebenfalls spricht er von der „wahren Verbesserung des Menschen" („Real Improvement of Man").[4] Somit kann Condorcet als ein früher Transhumanist und Visionär gesehen werden. Ebenfalls widersprach Condorcet den düsteren Prognosen von Malthus, indem er argumentierte, dass Technologie und Zivilisation (Geburtenkontrolle) der prognostizierten Überpopulation und Ressourcenknappheit entgegenwirken könnten.

Jeremy Bentham, der als Begründer des Utilitarismus gilt, wird heute relativ häufig in transhumanistischen Kreisen zitiert, da er die Maximierung des Glücks als oberstes Prinzip für eine Gesellschaft nannte. Auch wenn sein Modell etliche Probleme und Komplexitäten außer Acht lässt und eine Definition von „Glück" sich auch weiterhin als schwierig erweist, so war seine Idee doch wegweisend und sein Plädoyer für Gleichheit, das Wahlrecht für Frauen und das Wohlfahrtsprinzip einflussreich.

Während die Visionen der damaligen Denker der Aufklärung oftmals wegen der mangelnden technologischen, wissenschaftlichen und sozialen Möglichkeiten nicht realisiert werden konnten, so scheint es, als würden sich heutzutage zwar die wissenschaftlichen und technischen Möglichkeiten in der Entwicklung befinden, aber es fehlen die entsprechenden Visionen und vielleicht auch die notwendige Vernunft, die damals so sehr im Zentrum standen.

## BESCHLEUNIGTER FORTSCHRITT?

Versucht man, die neuesten wissenschaftlichen und technologischen Entwicklungen zu verfolgen, so kann man den Eindruck gewinnen, dass sich diese beschleunigen und dem menschlichen Verständnis allmählich davoneilen. Diese Wahrnehmung mag zu einem beachtlichen Teil mit der weiten Verbreitung der Computertechnologie zusammenhängen. Zum einen ist es erheblich einfacher geworden, Informationen über wissenschaftliche und technische Entwicklungen (sowie über alle anderen Bereiche) zu erhalten, was schnell zu einem gefühlten Informations-Overload führen kann. Zum anderen scheint es aber so, dass die steigende Geschwindigkeit von Computertechnologien (z.B. Prozessoren, Internet- und Mobilfunk-verbindungen) und die zunehmenden Vernetzungsmöglichkeiten von Wissenschaftlern ebenso wie die effiziente Kollaboration von menschlicher und künstlicher Intelligenz die wissenschaftlich-technische Leistungsfähigkeit tatsächlich beschleunigen. 1990 startete das *Human Genome Project*, das ursprünglich auf fünfzehn Jahre angelegt war. Noch während dieser Zeit schritt die Technik in einem Maße voran, dass das Projekt bereits nach dreizehn Jahren für beendet erklärt wurde. Die erste vollständige Sequenzierung des Genoms einer Frau, die 2007 von Wissenschaftlern an der Universität Leiden (Niederlande) durchgeführt wurde, dauerte lediglich sechs Monate und hätte bei Ausnutzung der vollen Kapazität der Anlage lediglich zehn Wochen gebraucht. Die anschließende Analyse der sequenzierten Daten belief sich ebenfalls auf sechs Monate,[5] was die gesamte Projektdauer auf lediglich ein Jahr bringt. Das im Januar 2008 gestartete *1000 Genome Project* hat sich zum Ziel gesetzt, innerhalb der nächsten drei Jahre das Genom von mindestens 1.000 Menschen zu sequenzieren und zu analysieren, um nützliche Informationen über Ursachen und Zusammenhänge von Krankheiten zu erhalten.[6] Rein rechnerisch wäre das gemittelt rund ein Genom pro Tag. Ebenfalls sind die Kosten für die Sequenzierung und Analyse drastisch gesunken. Während die Sequenzierung des *Human Genome Projects* 1 Milliarde US-Dollar kostete (einige Quellen sprechen sogar von 3 Milliarden Dollar, welche sich jedoch auf die Gesamtkosten des wissenschaftlichen Projekts beziehen), belief sich der Betrag des Teams der Universität Leiden auf 40.000 US-Dollar. Angestrebt wird die Reduzierung der Kosten auf 1.000 Dollar pro sequenziertem Genom. Dennoch bleibt die Frage, was mit diesen Daten geschehen wird. Einige Skeptiker befürchten bereits, dass die Gendatenbanken eines Tages von Versicherungsträgern oder Arbeitgebern verwendet werden können, um Risikopersonen zu identifizieren. Dies wäre jedoch eine einseitig biologistische Betrachtung, welche allein genetische Dispositionen und keine gesellschaftlichen und kulturellen Faktoren (Lebensstil, riskante Sportarten, Ernährung) mit einbeziehen würde.

Dennoch ist zu beachten, dass, während die Technologien zur Gensequenzierung rapide voranschreiten, das Verständnis über die Informationen noch relativ in den Anfängen steckt. Es ist so als hätte man zwar eine neue Schrift erlernt, würde aber noch nicht alle Vokabeln und grammatischen Strukturen kennen, um die Sprache auch wirklich verstehen und gebrauchen zu können.

## KÜNSTLICHE INTELLIGENZ ALS TRIEBFEDER

Berechnungen, für die ein heutiger Computer weniger als einige Minuten oder gar Sekunden benötigt, hätten ohne Computer das ganze Arbeitsleben eines Wissenschaftlers in Anspruch genommen oder mehr. Um die Leistungsfähigkeit des modernen – aber nicht mehr schnellsten – Supercomputers *JUGENE* zu veranschaulichen, hat das Forschungszentrum Jülich einen interessanten Vergleich angeführt: „Wenn alle 6 Milliarden Menschen in der Sekunde jeweils mehr als 30.000 Rechenoperationen ausführen und ihre Rechenergebnisse austauschen, dann entspricht das etwa der Rechenleistung von JUGENE".[7] Im April 2009 wurde der bis dato leistungsfähigste Supercomputer *Jaguar* am *National Center for*

*Computational Sciences* (NCCS) in den USA in Betrieb genommen. Mit einer Leistung von 1,64 Petaflops (d.h. 1.000.000.000.000.000 Floating Point Operations pro Sekunde) wird er zunächst Berechnungen zu Energie- und Klimafragen durchführen, was wohl mit der derzeitigen sozio-politischen Prioritätensetzung zusammenhängt.[8] Denkbar wären natürlich auch Aufgaben im Bereich der Medizin, Biotechnik, des Ingenieurswesens oder der theoretischen Physik. Ende 2010 stellte der chinesische Supercomputer *Tianhe-I* mit 2,5 Petaflops den neuen Rekord.[9] Dies reflektiert auch die mögliche Verlagerung von wissenschaftlichen und technischen Innovationen nach Asien.

Mit Hilfe von Computern, deren prinzipielle Leistungsfähigkeit zumindest für die kommenden zehn Jahre weiterhin steigen wird, werden wissenschaftliche Forschungen und Entdeckungen ermöglicht, die vor einer Dekade noch unrealisierbar waren, wie z.B. die Analyse von Proteinstrukturen. Auch andere Hilfsmittel mussten erst erfunden werden, um effiziente Forschung zu ermöglichen. Mit einem Mikroskop wie es Louis Pasteur Mitte des 19. Jahrhunderts benutzte, konnten keine Vorgänge auf molekularer oder gar atomarer Ebene betrachtet werden, doch heutige Hilfsmittel hätten ihn vermutlich viel schneller zu seiner Entdeckung der Chiralität geführt. Somit kann durchaus behauptet werden, dass die Künstliche Intelligenz, wenngleich in ihrer „schwachen Form", bereits einen ausschlaggebenden Beitrag zur Beschleunigung des wissenschaftlichen und technologischen Fortschritts geleistet hat.

Aber es sind nicht nur Supercomputer notwendig, um hochkomplexe Berechnungen durchzuführen. Mit der Einführung des so genannten Distributed-Computing oder „verteiltem Computing" werden durch den Zusammen-schluss von normalen PCs und der Ausnutzung ihrer ungenutzten Rechen- und Speicherkapazität virtuelle Supercomputer geschaffen, die rechenaufwändige Probleme wie Proteinfaltung (Folding@home) oder Signalanalysen (SETI@Home) lösen. Diese Demokratisierung der Forschung führt dazu, dass Projekte zusehends preisgünstiger und in höherer Vielfalt durchgeführt werden können. Für ein Projekt wie SETI@Home, welches nach Signalen von außerirdischen Zivilisationen im Weltall fahndet, hätte wohl kaum jemand die Ressourcen für die Nutzung eines Supercomputers bereitgestellt. In gleicher Weise werden auch viele „transhumanistische" Forschungsprojekte z.B. im Bereich der Verlängerung der gesunden Lebensspanne, der Kryonik, der KI oder der Zukunftsforschung in Form von Spenden innerhalb von vereinsähnlichen Nichtregierungs-organisationen (NGOs) durchgeführt.

Zwar sind derzeitige Computer noch weit vom Besitz eines wirklichen Verständnisses und Bewusstseins entfernt, wie wir es mit den menschlichen Fähigkeiten assoziieren, aber der Mensch wäre wohl kaum in der Lage, die meisten Projekte in Forschung und Entwicklung ohne Computerunterstützung durchzuführen. Es stellt sich somit die Frage, ob man den normalen Computer lediglich als Hilfsmittel oder bereits als Enhancement der menschlichen intellektuellen Fähigkeiten betrachten sollte. Jedenfalls machen diese Beispiele deutlich, weshalb viele Transhumanisten der KI einen extrem hohen Stellenwert für die Zukunft von Technik und Gesellschaft einräumen.

Benötigen wir jedoch eine so genannte „starke Künstliche Intelligenz", d.h. Computer, die so denken können wie Menschen und vielleicht eine Art Bewusstsein besitzen? Abgesehen davon, dass die Erschaffung einer starken KI eine faszinierende Herausforderung darstellen würde und ihr etwaiges Gelingen viele Fragen über das menschliche Bewusstsein beantworten könnte und ebenso davon abgesehen, dass es problematisch sein könnte, das Vorhandensein eines künstlichen Bewusstseins empirisch zu messen, stellt sich die praktische Überlegung, welchen Vorteil eine solche starke KI für die Menschheit bringen würde. Wenn sie lediglich dieselben Fähigkeiten hätte wie ein Mensch mit Computerassistenz, wäre der Aufwand ihrer Entwicklung fragwürdig. Wenn sie jedoch in der Lage wäre, zu logischen und interpretativen Schlussfolgerungen jenseits des menschlichen Verständnisses zu kommen, stellt sich dennoch die Frage, wie viele Menschen diesen Ergebnissen trauen würden. Zudem ließen sich Maschinen mit Bewusstsein vielleicht nicht mehr als kostenlose Arbeiter halten und es müssten ihnen Rechte eingeräumt werden, was dem Ursprungszweck einer immer dienenden Maschine widersprechen würde. Andererseits stecken die Menschen bereits heute viel Vertrauen in weitaus weniger intelligente Computersysteme, welche unsere Energie- und Wasserversorgung, Kraftwerke, Transportsysteme, Telekommunikation und die meisten anderen komplexen Systeme unseres Alltags weitgehend steuern und überwachen. Ein Ausfall unserer Computersysteme, z.B. verursacht durch einen terroristischen Anschlag, würde moderne Gesellschaften weitgehend lahmlegen.

## DIE SINGULARITÄT

Ein klassisches transhumanistisches Konzept ist die so genannte „technologische Singularität". Diese wird in der (transhumanistischen)

Zukunftsforschung generell als der Zeitpunkt gesehen, ab dem Künstliche Intelligenz die menschlichen Intelligenzleistungen zu übertreffen beginnt und sich stetig in komplexer Form (d.h. auf unvorhersehbare Weise) selbst verbessern wird. Dies könnte den technischen Fortschritt dermaßen beschleunigen, dass eine Kurve, welche die technologischen Veränderungen pro Zeiteinheit darstellt, geradezu vertikal verlaufen würde. Diese Definition klingt natürlich recht spekulativ und ist – wie es ihre Erfinder, Vernor Vinge und Ray Kurzweil, selbst zugeben – schwer vorstellbar. Eine andere Definition, wie ich sie gerne verwende, bezieht sich auf eine Anmerkung von Ray Kurzweil,[10] dass der technologische Forstschritt so schnell werden kann, dass die Menschen diesem nicht mehr folgen können. Gewissermaßen ist dies bereits heute der Fall, was sich in verspäteten Gesetzgebungen, gesellschaftlicher Technikkritik und immer komplexer, aber auch wichtiger werdenden technischen Systemen zeigt.

## DAS PROBLEM DER GESELLSCHAFTLICHEN ANPASSUNGSFÄHIGKEIT

Das menschliche Wissen wächst und die Hilfsmittel für weitere wissenschaftliche Entdeckungen und technische Entwicklungen werden immer besser. Einmal Gewusstes lässt sich schwerlich ungewusst machen, weshalb die Anzahl der wissenschafts-technischen Erkenntnisse und Möglichkeiten zwangsläufig größer werden wird, wahrscheinlich mit wachsender Geschwindigkeit. Die einzige Möglichkeit, dies zu verhindern, läge in der Eliminierung sämtlicher Menschen, die zum Forschen in der Lage wären ebenso wie die Vernichtung der Aufzeichnungen ihrer Ergebnisse, denn sogar gesetzliche Verbote können den menschlichen Forscherdrang, seine Neugierde und seinen Erfindungsreichtum nicht auslöschen.

Ein Großteil der Gesellschaft scheint in ihrer Anpassungsfähigkeit jedoch generell langsamer zu sein als der wissenschaftliche und technische Fortschritt. Bürokratie, lange Entscheidungsprozesse und die Strukturen großer Organisationen tragen zu Verzögerungen z.B. in der Gesetzgebung oder unternehmerischen Flexibilität bei. Dies hat geringere Auswirkungen, wenn Wissenschaft und Technik relativ langsam voranschreiten oder sich auf einem generell niedrigen Niveau befinden. Beschleunigt sich der Fortschritt jedoch ab einem bestimmten Niveau, kann dies zu erheblichen Asynchronitäten führen, die einen disruptiven Charakter aufweisen, da die Gesetze und das gesellschaftliche Verständnis nicht mehr Schritt halten können. Dies zeigt sich beispielsweise in den politischen Kontroversen über humanembryonale Stammzellforschung, Präimplantationsdiagnostik (PID), synthetische Biologie und Militärrobotik, da das Rechtssystem nicht auf diese neuen Möglichkeiten vorbereitet war, ebenso wie in einem oftmals mangelnden aktuellen Wissensstand der Allgemeinbevölkerung im Hinblick auf aktuelle und aufkommende Forschung und Technologie. Dies kommt in gewisser Weise der von Vernor Vinge und Ray Kurzweil geprägten futurologischen Definition der oben erwähnten Singularität recht nahe. Ich würde den Singularitätsbegriff dahingehend umformulieren, dass hier der technische Fortschritt in Relation zur gesellschaftlichen Anpassungsfähigkeit betrachtet werden sollte. Ist die soziale, politische und ökonomische Anpassungsfähigkeit zu langsam und wird die Schere zwischen den technischen Möglichkeiten und dem gesellschaftlichen Verständnis und der sozio-politischen Steuerbarkeit zu groß, kann dies als disruptives Ereignis empfunden werden, unabhängig davon wie hoch der gegebene technologische Stand in Relation zu den prinzipiellen theoretisch möglichen Technologien zu bewerten ist.

## DER UNTERSCHIED ZWISCHEN KÖNNEN UND WOLLEN

Während früher die Menschheit viele ihrer Ideen aufgrund mangelnder technischer Möglichkeiten nicht realisieren konnte, scheint es inzwischen andersherum zu verlaufen: Nicht alles, was technisch möglich ist, wird auch von der Gesellschaft – oder zumindest von ausschlaggebenden Teilen der Gesellschaft – gewollt. Die Erschaffung von humanembryonalen Stamm-zellen, gezielte Embryoselektion bei künstlichen Befruchtungen, Nanopartikel in Lebensmitteln, die technische Manipulation von Gehirn-funktionen sowie das kostenlose Kopieren digitaler Medieninhalte sind zwar technisch möglich, aber vielerorts verboten. Dennoch kamen auch diese Verbote mit Verzögerung, d.h. nachdem besagte Technologien bereits praktisch realisierbar waren oder gar versucht wurden. Als historische Beispiele können die Einführung von Strahlenschutzbestimmungen, Verbote von Contergan und Asbest sowie Umweltschutzgesetzgebungen genannt werden, die ebenfalls mit erheblicher Verzögerung implementiert wurden. Die Gesellschaft ist aber im Laufe der Zeit präventiver geworden, d.h. es wird versucht, potenzielle Gefährdungen im Vorfeld auszuschließen. Dennoch hinkt sie weiterhin der technischen Entwicklung hinterher. Dies wird mit stärkeren Forderungen nach Prävention und Vorsicht oder gar mit Aufrufen zu einem technischen Rückschritt zu kompensieren versucht, was aber ein problematisches Spannungsfeld zwischen technischen Möglichkeiten, (ökonomisch gewollten) Innovationsbestrebungen und Vorkehrungsmaßnahmen hervorruft. Das technische Wissen erweitert sich prinzipiell solange geforscht wird und ermöglicht die Implementierung von Neuerungen, für die es aber logischerweise noch keine längerfristigen Erfahrungswerte gibt. Somit stehen Bestrebungen nach Innovationsförderung, wie sie z.b. auch von der EU und der Europäischen Kommission gewollt sind, in einem prinzipiellen Konflikt mit dem Vorbeugeprinzip („Precautionary Principle"), zumindest wenn dieses streng interpretiert wird. Es ist nun einmal unmöglich, langfristige Erfahrungen über Innovationen und neue Technologien zu haben – sonst wären diese ja nicht mehr neu. Die Forderung, Technologien erst zuzulassen, wenn geklärt ist, dass diese auch zukünftig keinen Schaden anrichten können ist wissenschaftstheoretisch betrachtet auch nicht möglich, da mögliche zukünftige Auswirkungen in der Gegenwart ja noch gar nicht gewusst werden können – und sämtliche denkbaren Gefahren auszuschließen ist ebenfalls unmöglich, da man nicht wissen kann, ob man jegliches Denkbare weiß. Sollte man es dann für immer beim Status quo belassen? Dies steht wiederum im Konflikt damit, die Probleme des Status quo beheben und verbessern zu wollen.

## EINE TRANSHUMANISTISCHE RISIKOGESELLSCHAFT?

Die Erkenntnis, dass die Produktion von technischem Fortschritt mit der Produktion von Risiken einhergeht[11] und das Bestreben, diese Risiken im Vorfeld zu verhindern, scheint dazu geführt zu haben, dass die Verbindung zwischen Technik und Risiko in der Wahrnehmung von Entscheidungsträgern und weiten Teilen der Bevölkerung gestiegen ist. War es früher die Natur, die aufgrund mangelnder technischer Abwehr- und Schutzmöglichkeiten als Gefahr erachtet wurde, scheint sich die Situation inzwischen umgekehrt zu haben. Während heute die technischen Möglichkeiten existieren oder in der Entwicklung sind, die eine wachsende Kontrolle über die (Zufälligkeiten und Unberechenbarkeit der) Natur ermöglichen, wird die Natur gegenüber der Technik zusehends als „unschuldig" und gut erachtet. Sogar bei Naturkatastrophen wird die „Schuld" nun nicht mehr in der Natur gesehen, sondern im Menschen: entweder als direkte Folge menschlicher Aktivitäten (Wirbelstürme aufgrund von Treibhausgas-Emissionen) oder dahingehend, dass lediglich das Vorhandensein von Menschen ein Naturereignis zu einer Katastrophe werden lässt (z.B.

38

Siedlungen in erdbebengefährdeten Gebieten). Ebenso hat sich der Risikobegriff generell gewandelt.

In der klassischen Definition ist das Risiko die Wahrscheinlichkeit für das Eintreten eines negativen Ereignisses (unter Berücksichtigung der Schadenshöhe) und kann mit Hilfe statistischer/mathematischer Methoden ermittelt werden. Dies ist jedoch davon zu unterscheiden, welches Risiko ein Individuum bereit ist, einzugehen. Die Risiken der „Risikogesellschaft"[12] beziehen sich jedoch überwiegend auf Gefährdungen, die durch Technik entstehen, was eine erste Verschiebung in Richtung anthropogener Verantwortlichkeit zeigt. Während diese Risiken noch empirisch überprüfbar sind (z.b. Höhe der Radioaktivität, Konzentration einer Chemikalie im Wasser), hat sich die Risikoevaluation in jüngster Zeit auf schwer-evaluierbare und ideologiebasierte Aspekte ausgeweitet. Kontroversen über humanembryonale Stammzellen, Präimplantations-diagnostik und Kryonik z.b. werden großteils nicht um konkret empirisch evaluierbare physische Gefährdungen geführt. Natürlich wird von den Gegnern der human-embryonalen Stammzellforschung damit argumentiert, dass dadurch menschliches Leben zerstört wird, aber dieses Argument beruht auf einer ideologischen (christlichen) Prämisse über den Beginn des menschlichen Lebens, die längst nicht von allen Menschen geteilt wird. Im Judentum z.b. wird der Embryo als Teil des Körpers der Mutter angesehen und unterliegt somit zwar einem gewissen Schutz, aber er besitzt kein absolutes Recht auf Leben.[13] Im Buddhismus und Hinduismus stellt sich wegen des Reinkarnationsglaubens die Frage aus einer ganz anderen Perspektive heraus. Indien, Singapur, Südkorea und Japan gehören als wissenschaftlich fortschrittliche, überwiegend hinduistische, buddhistische oder konfessionsneutrale Länder zu den liberalen im Hinblick auf humanembryonale Stammzellforschung, ebenso wie das weitgehend jüdische Israel[14].

Aus transhumanistischer Perspektive ist es somit ein Unterschied, ob die Technologien im Hinblick auf (potenzielle) Gefahren für existente Personen (z.B. Frauen, die sich als Ei-Spenderinnen riskanten Hormonbehandlungen und Operationen unterziehen müssen oder die Gefahr, dass Stammzellbehandlungen Krebs verursachen könnten) diskutiert werden oder ob die Ablehnung allein auf kultureller oder religiöser Basis beruht. Für ersteres Problem könnten weitere technische Lösungen gefunden werden, für letztere wohl kaum. Hier tritt auch das Gedankengut der Aufklärung wieder zum Vorschein.

Die unterschiedlichen Perspektiven zeigen sich z.B. in den Kontroversen über die Chimärenbildung. Um das Problem der menschlichen Ei-Spenden und das einhergehende physische Risiko für die beteiligten Frauen zu lösen, haben britische Forscher die staatliche Erlaubnis erhalten, menschliche DNA in entkernte Kuh-Eizellen einzufügen, um somit ohne Verwendung von menschlichen Eizellen hybride embryonale Stammzellen zu schaffen, welche zu 99,9 Prozent menschlich und zu 0,1 Prozent Kuh sind. In Deutschland und vor allem von Seiten der Kirchen stieß die Erlaubnis für dieses Experiment jedoch auf heftige Proteste.[15] In Anbetracht der Tatsache, dass Menschen und Schimpansen über 95 Prozent des Erbguts gemeinsam haben und der Mensch dem Wissenschaftler Steve Jones zufolge sogar bis zu 50 Prozent seiner DNA mit Bananen teilt[16] (sind wir deshalb alle zu 50 Prozent Kannibalen?), erscheinen die heftigen Reaktionen gegen die 99,9 zu 0,1 Prozent Mensch-Kuh-"Chimären" etwas unverhältnismäßig.

Interessant ist in diesem Fall jedoch, dass das klassische christliche Argument gegen die humanembryonale Stammzellforschung, welches sich auf die Menschwerdung zum Zeitpunkt der Verschmelzung von menschlicher Ei- und Samenzelle stützt, bei den britischen Chimären nicht anwendbar ist (es kam ja zu keiner Verschmelzung) und deshalb andere Argumente wie die generelle Ablehnung eines Eingriffs in die Schöpfung herangezogen werden. Solange jedoch dieses Argument anerkannt wird, kann auch die sicherste und sozialverträglichste gen- und medizintechnische Modifikation niemals Akzeptanz finden.

Und hier setzt das an, was ich als „transhumanistische Risikogesellschaft" bezeichnen möchte. Im zukünftigen Schritt der Risikobewertung wird es vielleicht gar nicht mehr um die negativen Folgen und Risiken von technischen Fehlschlägen und Unfällen gehen, sondern das Problem und Risiko wird gerade im Funktionieren der Technologie gesehen. Was ist, wenn leistungssteigernde Substanzen ohne die bisherigen gemeinhin mit „Drogen" assoziierten negativen physischen Nebenwirkungen entwickelt werden? Was ist, wenn die Ähnlichkeiten zwischen Gehirn und Computern doch hinreichend groß sind, so dass neuronale Prozesse auf Computern simuliert werden können? Was ist, wenn Wege gefunden werden, um Menschen in Biostase zu versetzen und ohne Schäden zu reanimieren? Was ist, wenn kybernetische Implantate auf biokompatibler Basis erschaffen werden und somit eine Cyborgisierung zu nicht-therapeutischen Zwecken ermöglicht wird? Was ist, wenn durch adulte (nicht humanembryonale) Stammzellforschung die regenerative Medizin derart entwickelt wird, dass alterndes Gewebe prinzipiell einfach durch neues ersetzt werden kann? Wie wird die Gesellschaft mit diesen Möglichkeiten umgehen, wenn sie sich ihr eröffnen? Ohne religiösen Kontext hätten die meisten Menschen wohl kaum etwas dagegen einzuwenden und würden die neuen Möglichkeiten wohl als positiv erachten. Hier stellt sich die Frage, mit welcher Begründung hier eine ablehnende Haltung gerechtfertigt sein würde. (Trans)humanisten wünschen sich hier eine Auseinandersetzung, die auf objektiv evaluierbaren Fakten basiert – gemäß der Tradition der Aufklärung.

Es ist anzumerken, dass alle genannten Beispiele zwei Dimensionen enthalten: ein auch von Nicht-Transhumanisten geteiltes Interesse, um z.B. Krankheiten zu heilen und ein transhumanistisches Interesse, um den generellen derzeitigen Status quo menschlicher Potentiale zu erweitern. Aber bedeutet nicht die Fähigkeit, eine bisher unheilbare Krankheit zu heilen oder neue empfängeridentische Ersatzorgane zu züchten, welche ohne die bisherigen Probleme der Organtransplantation einsetzbar wären, eine Erweiterung der natürlichen Potentiale des Menschen? Die strikte Trennung zwischen „normalem" und „transhumanistischem" Interesse wird vermutlich objektiv gesehen kaum noch aufrechtzuerhalten sein.

## TRANSHUMANISMUS UND RELIGION

### TECHNIK UND MENSCHENBILD

Von einer generellen Technikfeindlichkeit kann jedoch auch nicht gesprochen werden. Obwohl beispielsweise die Gentechnik umstritten ist, erfreuen sich die Automobiltechnik, Informations- und Kommunikationstechnologien sowie Unterhaltungselektronik sehr hoher und derweilen kritikloser Beliebtheit. Dies legt die Hypothese nahe, dass eine Technologie umso kontroverser diskutiert wird, je stärker sich diese auf den menschlichen Körper selbst bezieht. Während der Mensch mit „klassischer" Technologie lediglich die vorhandenen Rohstoffe der Natur technisch nutzen konnte, hat ihn die moderne Technik in die Lage versetzt, die vorhandene Natur und vor allem sich selbst nach seinen Vorstellungen gezielt zu modifizieren. Somit ist der technische Fortschritt dabei, gängige Annahmen über das Menschenbild in empirischer Weise in Frage zu stellen. Sowohl die klare Abgrenzung zwischen Mensch und Tier als auch zwischen Mensch und Maschine beginnt zusehends zu verschwimmen.

Hier stellt sich jedoch die Frage, was eigentlich das herkömmliche, „traditionelle" Menschenbild definiert hat. Der Mensch hat eine Definition seiner selbst versucht, bevor ihm die heutigen Möglichkeiten der DNA-Analyse und der Kognitionsforschung überhaupt zur Verfügung standen. Künstliche Intelligenz und interaktive nicht-belebte Objekte waren dem Menschen lange Zeit fremd, außer in religiösen Vorstellungen wie z.b. von „beseelten" Artefakten oder Statuen als Manifestierung von Gottheiten. Der Mensch schien einzigartig im Verhältnis zu seiner Umwelt: intelligenter als andere Lebewesen und fundamental anders als nicht-belebte Objekte. Um diese Unterschiede zu erklären, entwickelten sich in praktisch allen Kulturen Vorstellungen über eine menschliche Seele und die Erschaffung der belebten Materie, vor allem des Menschen, durch eine göttliche – übermenschliche – Instanz. Erst in jüngster Zeit hat die Naturwissenschaft Alternativerklärungen in Form von Darwins Evolutionstheorie, Genforschung und Neurowissenschaften hervorgebracht, welche eine Erklärung für die menschliche Existenz bieten, ohne auf religiöse Vorstellungen und das Konzept der „Seele" im metaphysischen Sinn angewiesen zu sein. Ebenso ist der Mensch erst seit einigen Jahrzehnten in der Lage, künstliche Objekte in Form von Robotern und Computerprogrammen zu erschaffen, welche den wirklichen Anschein geben, mit Menschen und der Umwelt autonom, d.h. ohne Fernsteuerung und ohne detailliert vorprogrammierte Abläufe oder direkte Einflussnahme, zu interagieren.

Diese neuen Erkenntnisse und Entwicklungen gleichen einem gesellschaftlichen Paradigmenwechsel, der so fundamental ist, dass er von vielen noch nicht akzeptiert wird. Und was könnte erschütternder für das tradierte Weltbild sein als wissenschaftliche Belege dafür, dass man ohne die hergebrachten Annahmen auskommen kann? Dieser Paradigmenwechsel definiert den Menschen als etwas gewissermaßen Zufälliges, das evolutionär aus den Umständen der Natur hervorgegangen ist. Ein solch „zufälliges" Wesen hätte jedoch einen legitimen Anspruch darauf, sein weiteres evolutionäres Schicksal selbst zu gestalten, da es keinem „Schöpfer" gegenüber Rechenschaft schuldig wäre. Aus diesem Grunde ist die Ablehnung der transhumanistischen Idee seitens religiöser und konservativer Kräfte verständlich, da einerseits viele vom Transhumanismus befürworteten Aktionen gegen das tradierte Welt- und Menschenbild „verstoßen" würden und andererseits ein potentieller Paradigmenwechsel bezüglich des Menschenbildes die Notwendigkeit und Glaubwürdigkeit religiöser Vorstellungen sowie ihren Autoritätsanspruch in Frage stellt. Die einzigen logischen Reaktionen sind somit Protest und Kritik.

# TRANSHUMANISTISCHE (A)THEOLOGIE – EIN VERSUCH

## POLITISIERTE RELIGION

In gewisser Hinsicht kann der Transhumanismus als eine Abwandlung der gnostischen Tradition angesehen werden, wenngleich der Transhumanismus die Gnosis gewissermaßen umkehrt. Anstatt den nach gnostischer Vorstellung dem Menschen innewohnenden „göttlichen Funken" jenseits der empirischen Realität verwirklichen zu können, sieht der Transhumanismus eine mögliche Verwirklichung innerhalb der empirischen Realität. Zudem ist hier die Idee des „göttlichen Funken" nicht religiös zu interpretieren, sondern als Symbol für die schöpferischen Fähigkeiten des Menschen zu sehen. Dennoch wird aufgrund tradierter Interpretationsmuster der Transhumanismus oftmals mit quasireligiösen Vorstellungen verglichen. Dies ist jedoch aus meiner Sicht inkorrekt und als Ergebnis mangelnder kultureller Vergleichsmöglichkeiten zu werten, zumindest wenn der empirisch nicht überprüfbare Glaube an übernatürliche Mächte als zentraler Aspekt von Religion definiert wird. Ebenfalls erachten es Transhumanisten generell als problematisch, wenn Gesetze und gesellschaftliche Verhaltensvorschriften einzig auf Basis religiöser Vorstellung erlassen und gerechtfertigt werden und nicht aufgrund weltlicher, empirischer und rationaler Überlegungen.

Die schärfste Kritik gegenüber dem Transhumanismus scheint von christlich-religiöser Seite zu kommen (wobei die weitgehend fehlende Kritik von islamischer Seite wohl damit zusammenhängt, dass es kaum Transhumanisten in islamischen Ländern gibt). Dies trifft sowohl auf Europa als auch für die USA zu. Bei genauer Betrachtung scheint diese problematische Beziehung zwischen dem Transhumanismus und dem Christentum recht komplex zu sein, da es sowohl Ähnlichkeiten – zumindest in einigen generellen Aspekten, die das menschliche Handeln betreffen – als auch recht fundamentale Unterschiede gibt.

Der Hauptunterschied liegt in dem bereits oben genannten Punkt, dass es der überwiegende Teil der (Trans)humanisten ablehnt, ihre Lebensweise von einem nicht empirisch evaluierbaren Glauben an eine oder mehrere höhere Mächte abhängig zu machen. Dennoch können (Trans)humanisten durchaus zu der Schlussfolgerung gelangen, dass z.B. Gebote wie „Du sollst nicht töten" oder „Du sollst kein falsches Zeugnis geben" sinnvoll sind und man sie deshalb befolgen sollte. Dennoch tun sie dies aus persönlicher Einsicht heraus und nicht z.B. aus Angst vor einer göttlichen Strafe. Zudem zählt sich der Großteil der Transhumanisten meist aus wissenschaftstheoretischen oder politischen Gründen (Ablehnung religiös motivierter Gesetze) zu den Agnostikern oder Atheisten. Dennoch, so könnte man fragen, müssten nicht auch alle Christen eigentlich Agnostiker sein, d.h. die Überzeugung vertreten, keine Aussage über die Existenz oder Nicht-Existenz Gottes treffen zu können? Wie sollte ein Mensch, wenn er nicht gottgleich ist (und sein darf) und kein allumfassendes Wissen besitzt und sogar an empirischen Tatsachen und wissenschaftlichen Entdeckungen zweifeln kann, behaupten, mit Sicherheit um die Existenz Gottes zu wissen? Ist nicht die Behauptung, um die Existenz Gottes zu wissen, eigentlich Hybris? Oder wieso sollte die Behauptung zu wissen, dass es keinen Gott gibt, anmaßender sein als die Behauptung zu wissen, dass es Gott gibt?

Es ist vor allem die Politisierung von Religion und die Idee, soziokulturell dazu erzogen zu werden, sein Leben und seine Taten vom Glauben an eine nicht-empirisch evaluierbaren Instanz abhängig zu machen, was Transhumanisten generell skeptisch gegenüber der Religion macht. Dies schließt aber nicht aus, dass bestimmte Werte und Sichtweisen, die durch Religionen vermittelt werden, Ablehnung erfahren. Ihre Befürwortung durch Humanisten und Transhumanisten beruht jedoch auf persönlicher und überlegter Einsicht und nicht auf der Grundlage eines Dogmas oder aus Angst vor einer göttlichen Strafe.

## EINGRIFFE IN DIE NATUR

Es gibt aber Aspekte, in denen die christliche Ablehnung von transhumanistischen Ideen unverständlich erscheint. Dies betrifft vor allem die Hybris-Vorwürfe und die Kritik an der transhumanistischen Vorstellung, die Natur verändern zu können und zu wollen.

Dies beginnt bereits mit dem umstrittenen Satz in Genesis 1,28: „Macht euch die Erde untertan". Dieser Satz kann sicherlich mannigfaltig interpretiert werden: von „beherrschen" bis „bewahren", aber zu behaupten, dass der Transhumanismus aus dem Grunde abzulehnen ist, da er einige Technologien befürwortet, welche die Natur verändern könnten, wäre eine sehr einseitige Betrachtung, da der Mensch seit jeher die Natur fundamental verändert hat wie z.B. durch die ganz normale (nicht-gentechnische) Tier- und Pflanzenzucht. Generell lässt sich kritisieren, dass der Verfasser eines (religiösen) Buches, welches als Grundlage für das menschliche Handeln dienen soll, sich eindeutiger und klarer hätte ausdrücken sollen, um somit vielseitige Interpretationen und Streitigkeiten auszuschließen. Aber weder Tora noch Bibel noch Koran (sowie andere religiöse Schriften) scheinen dieses Kriterium zu erfüllen.

Die christliche Ablehnung der humanembryonalen Stammzellforschung, um ein inzwischen klassisches Beispiel zu nennen, stützt sich auf die Festlegung, dass das menschliche Leben mit der Verschmelzung von Ei- und Samenzelle beginnt und die Entität ab diesem Zeitpunkt an den vollen Status einer menschlichen Person erlangt. Die Entdeckung, dass Ei- und Samenzelle überhaupt verschmelzen, machte aber erstmalig der deutsche Biologe Oskar Hertwig im Jahr 1875,[17] was wohl kaum ein biblisches Datum ist. Des Weiteren wird oftmals versucht, die humanembryonale Stammzellforschung mit dem Potentialitätsargument abzulehnen, d.h., dass durch die Forschung verhindert wird, dass sich die Stammzellen zu einem vollständigen Menschen entwickeln. Nur stellt sich die Frage, wo dieses Potential beginnt. Ist es bereits eine Verhinderung des Potentials, wenn man Ei- und Samenzelle erst gar nicht verschmelzen lässt, z.b. durch Verhütung oder Keuschheit? Und wäre ein hypothetischer menschlicher Klon kein Mensch, da keine Samenzelle beteiligt war? Und was wäre, wenn man einen natürlich erzeugten Zwilling einmal klonen würde? Wäre einer dieser Drillinge anders als die beiden anderen? Zudem ist es sicherlich nicht das Ziel, ausgewachsene Klone als Organspender zu halten, da dies eine ziemlich ineffiziente Methode wäre um das Organspendeproblem zu lösen. So etwas können sich wohl nur Drehbuchautoren (z.B. *Die Insel*) ausdenken mit dem Ziel den Unterhaltungswert zu vergrößern. Die Verwendung adulter Stammzellen wäre für therapeutische Zwecke sinnvoller, da auf diese Art und Weise sogar einfacher empfängeridentisches Gewebe gezüchtet werden könnte.

## TRANSHUMANISMUS IN DER JESUSVORSTELLUNG?

Für die meisten Christen ist jedoch Jesus die Zentralfigur ihres Glaubens. Sicherlich würde jemand mit der Behauptung, dass mit Jesus ein Transhumanist beschrieben wird, eine Menge Kritik und vermutlich auch Anfeindungen auf sich ziehen. Dennoch werde ich es hier wagen.

Jesus hat dem neuen Testament zufolge vielerorts fundamental in den natürlichen Lauf der Dinge eingegriffen. So hat er z.B. Blinde, Gehörlose, Aussätzige, geistig Kranke und Gelähmte geheilt, Naturgewalten beherrscht, Brot „repliziert" (Speisung der 5000), Wasser in Wein umgewandelt und sogar Tote wieder zum Leben erweckt. Was damals sicherlich unglaublich gewirkt hat (und ohne moderne Technologie wohl auch weiterhin unglaublich wäre), erscheint heute aufgrund technischer Entwicklungen bereits viel weniger sensationell. So ist es bereits gelungen, Gehörlosen mit Hilfe von Cochlea-Implantaten das Hören zu ermöglichen und Gelähmten sowie Amputierten mit technischen Hilfsmitteln zumindest einen Teil ihrer Beweglichkeit zurück zu geben. Aussatz kann prinzipiell mit Antibiotika behandelt werden und geistige Erkrankungen mit Medikamenten oder Neurotechnik. Ebenfalls wird weltweit mit wachsendem Erfolg an Möglichkeiten geforscht, mit Hilfe von technischen Implantaten Blinden ihre Sehfähigkeit zurück zu geben. Die heutige Notfall- und Intensivmedizin ermöglicht es, Menschen zu retten, die noch vor einer Dekade in derselben Verfassung gestorben wären. Defibrillatoren können das Leben von Menschen retten, die ohne ihren Einsatz sicherlich gestorben wären. Wenngleich auch mit fortschrittlicher Nanotechnologie vielleicht kein Brot aus dem Nichts vermehrt werden kann, wäre aber die Umwandlung von weniger brauchbaren Substanzen in brauchbare durchaus denkbar. Letztendlich wandelt auch eine Kuh mit Hilfe von Enzymen für Menschen ungenießbares Grünfutter in Milch und Fleisch um.

Wenn jedoch die Taten Jesu als positiv erachtet werden, ist es unverständlich, weshalb Technologien, mit denen praktisch dasselbe erzielt werden kann, abgelehnt werden sollten. Zudem scheinen die Beispiele zu zeigen, dass Krankheiten, Behinderungen und sogar der Tod auch im Christentum eigentlich negativ betrachtet werden. Weshalb sonst hätte Jesus diese Menschen geheilt und sogar Tote erweckt? Mit Jesus wird eine Entität in Menschengestalt dargestellt, die Fähigkeiten besaß, die weit über das Normalmenschliche hinausgingen (neben der Vollbringung der Wunder ist er auch der Überlieferung nach über das Wasser gegangen und von den Toten auferstanden). Hierin sind objektiv betrachtet durchaus Parallelen zu transhumanistischen Elementen vorhanden, wenngleich die biblische Überlieferung wohl kaum mit den technischen Entwicklungen, die sich in den darauf folgenden zwei Jahrtausenden entwickelten, im Zusammenhang steht.

Generell besteht im Christentum die Problematik, wo Jesus einzuordnen wäre, als Mensch oder Gott. Einige interpretieren Jesus als Gott, da er dies indirekt von sich behauptete, andere sehen ihn jedoch als Menschen und wieder andere interpretieren ihn als eine Entität, die Gott und Mensch zugleich war. Dennoch birgt jede dieser Interpretation Probleme. War Jesus lediglich Mensch, könnte ihm „Hybris" vorgeworfen werden (und er wäre zudem gewissermaßen „transhuman"), war er Gott, lassen sich die Aussagen am Kreuz: „Mein Gott, mein Gott, warum hast Du mich verlassen?" (Markus 15, 34) und „Vater, in Deine Hände lege ich meinen Geist." (Lukas 23, 46) nur schwerlich verstehen und war er „Mensch und Gott" zugleich, so müssten Warnungen dahingehend, dass der Mensch nicht „gottgleich" werden darf (ein Vorwurf der auch gegenüber dem Transhumanismus gemacht wird), zumindest neu überdacht werden.

## TRANSHUMANISTISCHES ARGUMENT

Der Transhumanismus stützt sich auf die folgende Grundannahme: „Die Menschheit wird in der Zukunft durch Technologie grundlegend verändert werden. Voraussichtlich werden sich Möglichkeiten eröffnen, um die Bedingungen menschlichen Daseins neu zu gestalten und um unter anderem die Unvermeidbarkeit des Alterns, die Grenzen des menschlichen Verstandes und künstlicher Intelligenz, eine nicht selbst gewählte Psyche, menschliches Leiden und unser Gebundensein an den Planeten Erde in einem unvorstellbaren Maße zu verändern bzw. zu verbessern."[18] Daraus werden folgende bedeutende Schlussfolgerungen abgeleitet:

> (1) Transhumanisten vertreten die Ansicht, dass wir bessere Aussichten haben, aus neuen Technologien Nutzen zu ziehen, wenn wir sie begrüßen und ihnen mit Offenheit begegnen, als wenn wir versuchen, sie zu ächten oder zu verbieten.

> (2) Transhumanisten treten für das Recht derer ein, die technologische Mittel zur Erweiterung ihrer geistigen und körperlichen Fähigkeiten und zur Verbesserung der Kontrolle über ihr eigenes Leben einzusetzen wünschen. Wir streben nach individuellem Wachstum über unsere gegenwärtigen biologischen Grenzen hinaus.

> (3) Der Transhumanismus tritt für das Wohl aller fühlenden Lebewesen ein (seien es künstliche Intelligenzen, Menschen, Tiere oder mögliche außerirdische Spezies), und er beinhaltet viele Grundsätze des modernen weltlichen Humanismus.[19]

Somit mögen vielleicht einige Ziele der Transhumanisten religiösen oder gnostischen Vorstellungen ähneln (z.B. der Wunsch nach der Überwindung des Status quo), aber ihre Motivation entspringt den Möglichkeiten, die Wissenschaft und Technik bieten können.

Der Transhumanismus unterscheidet sich von religiösen Vorstellungen maßgeblich, da ihm der Glaube an als Gott oder Götter bezeichnete höhere Instanzen fehlt. Zudem wird im Transhumanismus die Möglichkeit zur „Erlösung" (wenn man diesen Begriff überhaupt verwenden möchte) einzig in einer Umgestaltung der empirischem, „diesseitigen" Welt durch technische und soziale Fortschritte gesehen. Im Hinblick auf die Diesseitigkeit weist der Transhumanismus sicherlich Parallelen zum Humanismus auf, geht aber mit seinem Ziel des „Überwindenwollens" (Transzendenz) der dem Menschen inhärenten Limitationen über die Ziele des Humanismus hinaus. Somit ist der Transhumanismus weder Religion noch Humanismus noch einfache Technikgläubigkeit, denn letzteres wäre wiederum eine Art von „Glauben".

## DER TRANSHUMANISMUS ALS PROJEKTIONSFLÄCHE VON BEDENKEN?

Wie vielleicht aus meinen Erörterungen zu Beginn des Kapitels ersichtlich wurde, werden viele transhumanistische Technologien im Rahmen diverser „normaler" und teilweise staatlich geförderter Forschungsprojekte entwickelt. Weltweit werden Forschungsprojekte zu regenerativer Medizin unterstützt und staatlich gefördert, um z.b. derzeitige Probleme der Organtransplantation (Abstoßungsgefahr und Spendermangel) zu beheben. Ebenso wird die Entwicklung von BCI, Nahrungsmitteln zur Erhöhung der gesunden Lebensspanne, intelligenter Prothesen und sogar der Versuch, ein komplettes Gehirn in einem Computermodell zuverlässig zu modellieren,[20] unterstützt, um z.B. Krankheiten und die Wirkung von Medikamenten *in silico* (virtuell) zu erforschen. Fortschritte in der medizinischen Operationstechnik ebenso wie die Suche nach Lösungen zur Konservierung von Spenderorganen und zur Erhöhung der Überlebenschancen von Schwerverletzten hat das wissenschaftliche Interesse an der Biostase und Kryobiologie auch im Mainstream, jedoch jenseits der so genannte Kryonik, geweckt.[21]

Die Frage, die ich mir stelle, ist, weshalb dennoch eine recht hohe Distanzierung vieler „Mainstream-Forscher" und Befürworter der oben erwähnten Technologien gegenüber dem Transhumanismus vorherrscht (zumindest öffentlich), obwohl beide Parteien letztendlich von denselben Basistechnologien- und Innovationen ausgehen? Meine erste Hypothese war, dass das Problem in der relativ stark visionär und derweilen utopisch anmutenden (Selbst-)Darstellung des Transhumanismus zu suchen ist. In

Anbetracht dessen, dass aber Sciencefiction-Visionen und -Autoren wie Jules Verne im Bereich der Raumfahrt und Tiefsee-Erforschung durchaus inspirierende Wirkung haben (so wurde z.b. das erste automatische Weltraumtransferfahrzeug der ESA nach Jules Verne benannt), muss dieser Erklärungsversuch vielleicht relativiert werden.

Es könnte sich bei der Transhumanismuskritik der Fortschrittsbefürworter oder zumindest ihrer Distanzierung diesem gegenüber eventuell vielmehr um den Versuch einer Absicherung und Abgrenzung handeln. Durch die Transhumanismuskritik wird eine Art künstliche Demarkationslinie geschaffen, um mit der Problematik fertig zu werden, dass man einerseits den medizinischen Fortschritt und den Einsatz von Technologie zur Verbesserung der Lebensqualität befürwortet, sich aber andererseits nicht zu dem finalen Bekenntnis traut, diese Möglichkeiten auch zur Überwindung des menschlichen physischen und psychischen Status quo einzusetzen. Dennoch ist diese Demarkationslinie eher symbolisch zu betrachten und wird sich auf Dauer vermutlich nicht aufrechterhalten lassen, aber sie bietet derzeit eine Art Gewissensberuhigung. Dennoch habe ich den Eindruck gewonnen, dass transhumanistische Ideen zusehends auf Interesse von Politikberatern und sogar der Europäischen Kommission stoßen.

## SYMBOL DES UNBEHAGENS?

Von konservativer Seite scheint der Transhumanismus als Symbol für das generelle Unbehagen im Umgang mit Technologien zu stehen, die auf eine Veränderung der Natur abzielen und auch gesellschaftliche Änderungen nach sich ziehen. Aber auch hier sieht es so aus, als ob sich die letztendlichen Ziele von Transhumanisten und seinen radikalen Kritikern gar nicht so stark zu unterscheiden. Auch unter Transhumanismusgegnern gibt es eine Vielzahl, welche die Verbesserung der natürlichen menschlichen Leistungsfähigkeit und die Schaffung einer Gesellschaftsform ohne Not und Knappheit durchaus befürwortet. Nur streben diese eine strikte Trennung zwischen „natürlich" und „unnatürlich" an, die sich aber vielleicht nicht aufrechterhalten lässt. Natürliche Mittel zur Erhöhung der Leistungsfähigkeit und Gesundheitsspanne sind durchaus willkommen, technische und artifizielle jedoch nicht. Auch hier hege ich die Vermutung, dass die Transhumanismuskritik derweilen zur Schaffung einer künstlichen Demarkationslinie eingesetzt wird, um die sich empirisch aufweichenden Grenzen zwischen „natürlich" und „unnatürlich" sowie zwischen

„menschlich" und „nicht-menschlich" aufrechterhalten zu können. Damit, sich als Gegner des Transhumanismus zu bezeichnen, kann man sich positiv gegenüber bestimmten Technologien z.b. zur Behebung von Krankheiten oder zur Lösung von Umweltproblemen bekennen, ohne mit tradierten Vorstellungen über das Menschenbild zu brechen und sich der komplizierten Auseinandersetzung mit künstlich geschaffenen Grenzziehungen zu stellen. Es würde wohl schwerlich auf Verständnis stoßen, wenn jemand sagen würde, dass es nicht wünschenswert wäre, unerwünschte Aspekte der menschlichen Kondition wie Behinderungen, Leid, Krankheit, die negativen Effekte des Alterns und unfreiwilligen Tod überwinden zu wollen – die Grundziele des Transhumanismus. Die Ablehnung des Transhumanismus ermöglicht die Befürwortung der Behebung dieser Probleme mit der *conditio humana*, ohne jedoch eine Verantwortung für die damit verbundenen „unintendierten Nebenfolgen" für das Verständnis des Menschenbildes übernehmen zu müssen.

Zum anderen scheinen aber auch Technologien wie die Gentechnik, Nanotechnik, Computer, Roboter und der Transhumanismus als Schuldige für Gegebenheiten verantwortlich gemacht zu werden, deren Ursachen jedoch ganz woanders liegen, nämlich in sozio-ökonomischen Faktoren. Landwirtschaftliche Monokulturen gab es bereits vor der Einführung von gentechnisch verändertem Saatgut und es gibt weiterhin auch Monokulturen von nicht gentechnisch veränderten Pflanzenbeständen. Ebenfalls hätten Saatguthersteller wohl auch ein Interesse daran, mit konventionellem oder „biologischem" Saatgut Profite zu machen. Eine mangelhafte Zivilgesellschaft, schlechte mitmenschliche Kommunikation und Gewaltbereitschaft unter Jugendlichen haben wohl mannigfaltige sozio-ökonomische Ursachen, die nicht auf den Einsatz von Computern und Videospielen reduziert werden können. Niedriglöhne und Arbeitslosigkeit sind wohl auch nicht eine primäre Folge der Automatisierung und des Robotereinsatzes, und früher hielt man sich menschliche Sklaven zum kostenlosen Verrichten schwerer und gefährlicher Arbeiten. Zum einen vollführen Roboter viele Aufgaben, dessen Verrichtung durch Menschen schon aus Gründen der Sicherheit und des Arbeitsschutzes nicht erlaubt wären und zum anderen sind gerade Tätigkeiten, die menschliches Personal erfordern – von Callcenter-Agenten bis zu akademischen Wissensarbeitern – ebenfalls stark von Niedriglöhnen und Stellenabbau betroffen. Ebenso wenig ist es gerechtfertigt, den Transhumanismus oder den technischen Fortschritt für gesellschaftliche Missstände wie Neid, schädlichen Konkurrenzdruck und ökonomische Profitgier, Werteverfall,

Diskriminierung von Behinderten und Personen anderer Herkunft, Umwelt-zerstörung und Missachtung der Menschenwürde verantwortlich zu machen. Es ist jedoch generell einfacher, komplexe Probleme auf ein paar Ursachen und Schlagworte (z.b. „technischer Fortschritt") zu reduzieren, die zudem neu- oder fremdartig sind, als diese im eigenen komplexen und eigentlich bekannten System zu suchen.

Weder eine technik-deterministische noch eine sozialdeterministische Sichtweise reflektieren die Realität. Betrachtet man z.b. das Phänomen des sozialen Netzwerke (Facebook), ist es sicherlich der Fall, dass die neuen Kommunikationstechnologien die menschlichen Kommunikationsformen verändert haben, aber andererseits gäbe es gar keine sozialen Netzwerke wie Facebook wenn kein Mensch sie nutzen würde.

## ZWISCHENKOMMENTAR

### DER FEHLINTERPRETIERTE DARWIN UND DIE TRANSHUMANISTISCHE SICHTWEISE

Ein Kommentar zu Darwins Evolutionstheorie: Genau genommen meinte Darwin in seiner Evolutionstheorie mit dem Ausspruch „Survival of the Fittest" nicht das „Überleben des Stärkeren", sondern des „Angepasstesten", welcher der Motor der Evolution ist.[22] Dennoch passte die Fehlinterpretation als „Überleben des Stärkeren" recht gut in die damalige Zeit zur „wissenschaftlichen" Rechtfertigung von Rassismus, Kolonialismus und Kapitalismus. Es war insbesondere der britische Philosoph und Soziologe Herbert Spencer, der einen als „Survival of the Fittest" („Überleben des Stärksten") interpretierten Darwinismus auf Gesellschaften übertrug und somit den so genannten Sozialdarwinismus prägte. Dieser wurde später von Politikern und Machthabern zur Rechtfertigung von Rassismus und Kolonialismus herangezogen.

Der Transhumanismus setzt hingegen bei dem Aspekt des „Angepasstesten" an. Die einzigartige menschliche Fähigkeit zur komplexen und gezielten Technologieentwicklung ermöglicht es ihm, sich Veränderungen in seiner Umwelt sehr viel schneller anzupassen, als es anderen Lebewesen je möglich wäre. Der Mensch bewohnt jede Klimazone und kann sowohl auf dem Land als auch unter Wasser und sogar im Weltall überleben, da er in der Lage ist, seinen Körper mit Hilfe von Technologie vor feindlichen Umwelteinflüssen zu schützen. Diese Technologien reichen von einfacher Kleidung und Behausungen über Raumanzüge mit künstlicher Atmosphäre bis hin zu Impfungen und Medikamenten, welche den Körper biologisch und biochemisch modifizieren, um ihn vor Krankheitserregern zu schützen. Somit ist der Transhumanismus eigentlich eine Weiterführung dieser Logik der Anpassung – nur dass diese nicht durch Glück und Zufall entsteht (bestimmte Menschen sind eben zufällig immun gegen eine bestimmte Krankheit), sondern nunmehr gezielt gesteuert werden kann.

Diese Sichtweise lässt natürlich auch den Tod in einem anderen Licht erscheinen. Waren die Einheit von Tod und Fortpflanzung früher gewissermaßen notwendig, um eine hinreichende auf Zufällen beruhende genetische Vielfalt zu entwickeln, scheint dieser Mechanismus in einer fortschrittlich technisierten Gesellschaft aus oben genannten Gründen nicht mehr unbedingt erforderlich. In den heutigen Kultur- und Wissensgesellschaften der Menschheit ist der Tod sogar ein hinderliches Ereignis für die Weiterentwicklung und Weiterführung von Wissen und Erkenntnissen. Hierbei liegt das Augenmerk gar nicht einmal auf dem Körper, sondern auf dem Geist, den Gedanken und dem Intellekt eines Individuums, welche mit dem körperlichen Tod aufhören zu existieren. Zwar ermöglicht die Kulturtechnik der Schrift und Informationsspeicherung die Konservierung einiger Kerngedanken, nicht aber der Persönlichkeit. Man kann nicht mit einem Buch in Interaktion treten wie mit dem Autor persönlich. Die hinterlassenen Artefakte eines Verstorbenen können den Verlust seiner Interaktionsfähigkeit und Weiterentwicklung der aufgebauten Gedanken nicht ersetzen.

Der transhumanistische Philosoph Nick Bostrom führte auf der TED-Konferenz 2008 den folgenden Vergleich zum Tod der Menschen an, indem er das Sterben mit dem Informationsverlust brennender Bibliotheken verglich: „At an annual death rate of 56 million, that's three Library of Congress repositories burned down every year. All those highly condensed volumes are gone forever." Diese Gedankengänge und Schlussfolgerungen lassen das Interesse der Transhumanisten an der Unsterblichkeit – zumindest einer interaktionsfähigen informatorischen Unsterblichkeit, wie sie durch ein so genanntes „Uploading" realisiert werden könnte – vielleicht verständlicher erscheinen.

## ARGUMENTATIVER BIAS DER KRITIKER

Einige Kritiken gegenüber Technologien, die mit dem Transhumanismus in Verbindung gebracht werden, erscheinen mit einem argumentativen Bias behaftet zu sein. Kritiker, die z.B. das Verbot des Klonens oder von vorgeburtlichen gentechnischen Modifikationen damit begründen, dass damit dem geklonten oder genetisch modifizierten Individuum die eigene Entscheidung über seine physische Ausstattung verwehrt bliebe, argumentieren somit sehr biologistisch, da sie die Gene für die Identitätsbildung als entscheidender erachten als die kulturelle Prägung. Diese Argumentationsweisen sind insbesondere bemerkenswert, da sie häufig von Sozialwissenschaftlern und Geisteswissenschaftlern geäußert werden. Ist nicht das kulturelle Umfeld ebenso oder sogar noch viel stärker entscheidend für die Entwicklung und Identitätsfindung eines Menschen als sein Genom? Und wenn eine genetische Modifikation negative Auswirkungen auf die Identitätsfindung hätte, wären die Ursachen wirklich in der genetischen Ausstattung selbst zu suchen, oder in den sozialen Bedingungen, welche die Motivation für derartige Auswirkungen geliefert haben (z.B. eine potentielle Diskriminierung gentechnisch veränderter Menschen). Derartige Situationen betreffen jedoch nicht nur hypothetische Anwendungen der Gentechnik, sondern sind auf kultureller und erzieherischer Ebene weit verbreitet. Viele Kinder werden so erzogen, dass sie den Wünschen der Eltern entsprechen sollen, bestimmte Berufe erlernen und bestimmte vorgezeichnete Wege und Interessen verfolgen sollen. In ärmeren Regionen der Erde werden Kinder auch häufig immer noch vorrangig als Arbeitskräfte und künftige Ernährer der Eltern angesehen. Aber kann sich ein Kind aussuchen, in welche Familie und Kultur es hineingeboren werden möchte, wie es diese Kultur zu bewerten hat und kann dieser Mensch später mit Einfachheit beschließen, seine kulturelle Prägung rückgängig zu machen? Einige genetische Dispositionen lassen sich hingegen *ex-post* einfacher beheben, allem voran äußere Merkmale wie Haar- und Augenfarbe, das optische Erscheinungsbild und sogar das biologische Geschlecht. Zudem stellt sich hier zwangsläufig die Frage, ob sich denn ein Mensch sein natürliches, durch Zufall geprägtes Genom ausgesucht hat? Zudem spiegelt sich auch hier die bereits erwähnte positive Bewertung der „Natur" und die negative Besetzung des „Künstlichen" wider. Weshalb sollte etwas natürlich Induziertes – egal ob positiv oder negativ – als besser erachtet werden, als etwas Nicht-Natürliches? Wieso ist es erfreulich, wenn ich zufälligerweise von Natur aus keine Disposition für eine genetisch bedingte ernsthafte Erkrankung habe, die künstliche und gezielte Verhinderung dieser Disposition hingegen nicht? Wieso ist es erfreulich, wenn meine intellektuellen oder physischen Fähigkeiten von Natur aus über denen der meisten Menschen liegen, eine künstliche

Verbesserung diesbezüglich hingegen ethisch bedenklich? Viele behaupten, der Zufall an und für sich sei gerecht und würde niemanden absichtlich bevorzugen und generell jedem dieselben Chancen eröffnen. Dennoch erscheint es bei genauer Betrachtung zumindest für Transhumanisten schwer akzeptierbar, dass das Schicksal im Hinblick auf das möglicherweise einzige Leben eines Menschen von (vorgeburtlichen) Zufällen abhängen soll. Somit ist es das Fernziel des Transhumanismus, nicht nur seine eigenen kulturellen Entscheidungen treffen zu können, sondern auch seine physischen und kognitiven Eigenschaften und Möglichkeiten nach eigenen Wünschen zu gestalten. Während kulturelle Fortschritte das erste ermöglichen, ermöglicht der wissenschaftliche und technische Fortschritt das zweite.

## TRANSHUMANISMUSINTERPRETATIONEN IM KONTEXT HEUTIGER MISSSTÄNDE UND DEREN ÜBERWINDUNG

Ein weiterer Kritikpunkt, der im Zusammenhang mit dem Transhuman-ismus und v.a. in Bezug auf die Idee des „Human Enhancement" genannt wird, bezieht sich darauf, dass die Möglichkeit des „Enhancement", d.h. der technisch-induzierten Verbesserung menschlicher Fähigkeiten, die Menschenwürde unterminieren könnte. Diese Bedenken sind aus der Perspektive einiger Entwicklungen der heutigen so genannten Leistungsgesellschaft heraus verständlich, in welcher der persönliche Status mit der persönlichen Leistungsfähigkeit in starkem Zusammenhang steht. Als logische Schlussfolgerung könnte somit berechtigterweise behauptet werden, dass in Zukunft nur diejenigen Chancen haben werden, die sich Optimierungsprozeduren unterziehen. Was in dieser Argumentation jedoch zu fehlen scheint, ist eine symmetrische Sichtweise. Zum einen werden die Chancen in unserer heutigen „Leistungsgesellschaft" von vielen Faktoren bestimmt, auf die das Individuum keinen Einfluss hat, z.B. genetische Anlagen, das kulturelle Umfeld und die soziale oder ökonomische Schicht, in die man hineingeboren wurde. Zum anderen werden hier zweierlei Dinge vermischt, die eigentlich nicht miteinander vermengt werden sollten: die persönlichen Fähigkeiten und der Respekt, den ein Mensch erhält. Ersteres sollte kein Kriterium für Zweiteres sein – und wenn diese Tendenz besteht, dann liegt es nicht an der Technik und nicht an der transhumanistischen Idee, sondern bereits in der derzeitigen Gesellschaft begründet. Aus transhumanistischer Sicht entsteht der Wunsch nach der Erweiterung der eigenen Fähigkeiten in erster Linie aus einem persönlichen,

„konkurrenzlosen" Interesse heraus und ist eng mit der obersten Stufe der „Selbstaktualisierung" der Maslowschen Bedürfnispyramide verbunden.

| | |
|---|---|
| SELBST-VERWIRK-LICHUNG | Individualität, Kreativität, Toleranz, aktives Handeln, Spontanität |
| INDIVIDUAL-BEDÜRFNISSE | Respekt, Anerkennung, Selbstachtung, Erfolg, Selbstvertrauen |
| SOZIALE BEDÜRFNISSE | Freundschaft, Familie, Intimität |
| SICHERHEIT | Schutz des Körpers, der Arbeit, der Moral, von Ressourcen, des Eigentums |
| PHYSIOLOGISCHE BEDÜRFNISSE | Atmung, Nahrung, Fortpflanzung, Schlaf, Ausscheidung |

Wie dieser Beschreibung zu entnehmen ist, gehören ebenfalls Aspekte wie Moralität und Vorurteilsfreiheit dazu. Wenn Enhancement als ein weiterer Förderer destruktiven Konkurrenzdenkens erachtet wird, liegt dies wohl daran, dass bereits auf der Ebene unter der Selbstaktualisierung, der Stufe, wo sich viele unserer heutigen Gesellschaften befinden, die Komponente des Respekts unzureichend ausgeprägt ist. Enhancement würde jedoch auch auf den unteren Ebenen der physischen Bedürfnisse, der Sicherheitsbedürfnisse und der sozialen Bedürfnisse ansetzen, wie z.B. einer verminderten Anfälligkeit für Krankheiten. Je weniger ein Mensch mit der Sorge um den Erhalt seines eigenen Körpers beschäftigt ist, desto mehr Ressourcen können für soziale Beziehungen, Kultur, die Befriedigung von Neugierde und die Realisierung persönlicher Wünsche und Träume aufgebracht werden. Ein weiterer wichtiger Punkt in diesem Zusammenhang ist der, dass sich Leistungsfähigkeit als solche sehr schwer objektiv messen und vergleichen lässt. Zwar können die Geschwindigkeiten von Läufern gemessen und miteinander verglichen werden, ebenso wie Mathematik-Klassenarbeiten oder standardisierte Intelligenztests, aber diese erfassen lediglich nur eine oder sehr wenige Dimensionen von dem sehr großen Gesamtspektrum der Fähigkeiten, die einen Menschen ausmachen. Enhancement würde die generelle Möglichkeit eröffnen, sich nicht mit dem biologisch bedingten Spektrum seiner Fähigkeiten zufrieden zu sein, sondern sein Spektrum selbst zu wählen. Hier wird oftmals das Argument eingebracht, dass diese Fähigkeit dazu führen würde, dass alle Menschen gleich würden. Dies würde meines Erachtens aber nur dann geschehen, wenn dem Individuum seine eigenen Interessen und seine Individualität genommen würden. Solange sich die Interessen unterscheiden, solange werden sich auch die Ziele, Wünsche und gewählten Fähigkeiten unterscheiden.

## SCHLUSSBETRACHTUNG – ABER NICHT DAS ENDE

Transhumanismus ist nicht nur eine Sache des technologischen Fortschritts, der ohnehin zumindest prinzipiell fortschreiten wird, sondern erfordert, um erfolgreich zu sein, ebenfalls ein soziales und ökonomisches Umdenken in mehrerer Hinsicht.

Auch wenn man den Transhumanismus als kulturelle Bewegung untersagen würde, würden die mit ihm verbundenen gesellschaftlichen Themen und Fragestellungen nicht eliminiert werden, da das Wissen über bestimmte wissenschaftliche und technische Anwendungen existent ist. Wenn man sich zum Ziel setzen würde, die Entwicklung potentieller „transhumanistischer" Technologien gänzlich zu verhindern, würde dies bedeuten, dass ebenfalls erwünschte Enabling-Technologien verhindert werden müssen, die bereits in der Entwicklung sind. Vielversprechende Lösungsansätze z.b. für Energie- und Umwelttechnologien (Nanotechnik für Solarzellen und Wasserfilterungssysteme), Sicherheitstechnologien (Mustererkennungssoftware) und Medizintechnik (bessere Prothetik und Technologien für Menschen mit Behinderung, Bekämpfung von altersbedingten Erkrankungen, künstliche Gewebezüchtung – Tissue Engineering – für Ersatzorgane) ebenso wie Innovationen für die Unterhaltungselektronik (kleinere und leistungsfähigere Mobilgeräte, Wearable Computers, Virtual Reality) könnten nicht weiterentwickelt werden. Man dürfte keine schnelleren Computer entwickeln, ebenso wenig wie bessere Prothesen, Medizingeräte, Operations- und Behandlungsmethoden, Medikamente, Energiesysteme, Software und Möglichkeiten der adulten Stammzellforschung.

Interessanterweise verfolgen viele Kritiker und Gegner des Transhumanismus ähnliche Ziele wie Transhumanisten. So sind diese z.b. ebenfalls an einer langen und gesunden Lebensspanne interessiert, an einer generellen Verbesserung der Lebensqualität und Formen des Human Enhancement, wenngleich sie weitgehend die technologische Komponente ablehnen. Aus ihrer Sicht gibt es einen fundamentalen Unterschied zwischen „natürlich" und „künstlich", wobei das Natürliche als gut und ungefährlich erachtet wird und das Künstliche mit Gefahren assoziiert wird.

Der wissenschaftliche und technische Fortschritt als solcher lässt sich nur schwer aufhalten. Selbst Verbote können einmal Gewusstes nicht ungewusst machen und können ebenso wenig die menschliche Neugierde verhindern. Und selbst Verbote und Restriktionen sind nur sehr schwer auf globaler Ebene durchzusetzen. Im Hinblick auf die humanembryonale Stammzellforschung lebt bereits mehr als die Hälfte der Weltbevölkerung in Ländern, die eine liberale oder flexible Position zu Gunsten der Forschung vertreten.[23]

Die Enabling-Technologien, welche zur Ermöglichung vieler der in diesem Buch beschriebenen Möglichkeiten und darüber hinaus beitragen, werden bereits entwickelt. Initiativen wie die X-Prize-Ausschreibungen sowie Open-Source-Projekte stellen eine gänzlich neue Art der Innovationsförderung dar und tragen zudem zu einer Demokratisierung des Zugangs zu neuen Technologien bei, was ein wichtiges Fundament für einen sozialverträglichen Einstieg in ein „transhumanes Zeitalter" ist.

Transhumanistische Themen werden in naher Zukunft vielleicht eine ebenso große Relevanz erhalten wie es derzeit mit Umweltthemen der Fall ist. Rein wissenschaftlich-technisch gesehen befinden wir uns auf dem Weg in eine „transhumane" Zukunft, wenngleich viele der relevanten Entwicklungen lediglich als Basistechnologie zur Lösung gänzlich anderer Probleme entstehen werden, wie z.B. Medikamente gegen Demenzerkrankungen, optimierte Prothesen, Behandlungen zur Behebung von genetisch bedingten Krankheiten oder um Methoden zur Verbesserung der Transplantationsmedizin. Es stellt sich nun die Frage, wie die Gesellschaft mit diesen Potentialen umgehen und wie sie darauf reagieren wird.

[1] Wenngleich es hier historisch gesehen keine einheitliche Einigung der genauen Grenzen zu geben scheint, was damit zusammen hängt, dass es sich um ein soziales Phänomen handelt, welches sich langsam entwickelt hat und langsam von anderen Strömungen (beispielsweise der Romantik) abgelöst wurde.

[2] Bacon, Francis: New Atlantis. 1627. http://tinyurl.com/d467zp

[3] „[…] art likewise, we make them greater or taller than their kind is; and contrariwise dwarf them, and stay their growth : we make them more fruitful and bearing than their kind is ; and contrariwise barren and not generative. Also we make them differ in colour, shape, activity, many ways. We find means to make commixtures and copulations of different kinds; which have produced many new kinds, and them not barren, as the general opinion is. We make a number of kinds of serpents, worms, flies, fishes, of putrefaction ; whereof some are advanced (in effect) to be perfect creatures, like beasts or birds ; and have sexes, and do propagate. Neither do we this by chance, but we know beforehand of what matter and commixture what kind of those creatures will arise." (The New Atlantis)

[4] „It is manifest that the improvement of the practice of medicine, become more efficacious in consequence of the progress of reason and the social order, must in the end put a period to transmissible or contagious disorders, as well to those general maladies resulting from climate, aliments, and the nature of certain occupations. Nor would it be difficult to prove that this hope might be extended to almost every other malady, of which it is probable we shall hereafter discover the most remote causes. Would it even be absurd to suppose this quality of melioration in the human species as susceptible of an indefinate advancement; to suppose that a period must one day arrive when death will be nothing more than the effect either of extraordinary accidents, or of the slow and gradual decay of the vital powers; and that the duration of the middle space, of the interval between the birth of man and this decay, will itself have no assignable limit?" (Condorcet: Tenth Epoch – Future Progress of Mankind. (1796) http://tinyurl.com/3c8ylom)

[5] Ostrovsky, Gene: „First Full Female Genome Sequenced." medGadget, 23.06.2008 http://tinyurl.com/3wptqul [22.09.2011];"Leiden scientists sequence first female DNA." eScienceNews 27.05.2008 http://tinyurl.com/3ea59zw [22.09.2011]; CellNews: „First Human Female DNA Sequenced." CellNEWS, 23.01.2008 http://tinyurl.com/62ef4tm [22.09.2011].

[6] 1000 Genomes. A Deep Catalog of Human Genetic Variation http://www.1000genomes.org/ [22.09.2011].

[7] Forschungszentrum Jülich: Supercomputing made in Jülich. http://tinyurl.com/3cgqfor [22.09.2011].

[8] Simonite, Tom: „Science's most powerful computer tackles first questions." NewScientist, 09.04.2009, http://tinyurl.com/cfa4yf [22.09.2011].

[9] Top 500 Supercomputer Sites: „TOP500 List - November 2010." November 2010, http://www.top500.org/list/2010/11/100 [22.09.2011].

[10] Kurzweil, Ray: „The Law of Accelerating Returns." Kurzweil Accelerating Intelligence, 07.03.2011, http://tinyurl.com/29e82vw [22.09.2011].

[11] Vgl. Beck, Ulrich: Risikogesellschaft. Auf dem Weg in eine andere Moderne. Suhrkamp, 1986.

[12] Ebd.

[13] Beckmann, Franziska: „Buddha und die Stammzellforschung." Berliner Zeitung Online, 02.06.2003, http://tinyurl.com/pr7ml3f [22.09.2011].

[14] Vgl. University of Minnesota Medical School: „Stem Cell Research Map." http://www.mbbnet.umn.edu/scmap.html [22.09.2011].

[15] KNA Katholische Nachrichtenagentur: „Großbritannien genehmigt Mensch-Tier-Versuche." kirchensite, 06.09.2007, http://tinyurl.com/4qw4tn6 [22.09.2011]; afp/aerzteblatt.de: „Heftige Kritik an „Kuh-Mensch-Hybrid"." aerzteblatt.de, 02.04.2008, http://tinyurl.com/644mj8t [22.09.2011].

[16] Jones, S., interviewed at the Australian Museum on *The Science Show*, broadcasted on ABC radio, 12 January 2002..

[17] Vgl. Schröder, Richard: „Ab wann ist der Mensch ein Mensch?" Der Tagesspiegel Online, 29.02.2008, http://tinyurl.com/5v23fgk, [22.09.2011]. Wolbert, Peter: „Theodor Boveri (1862-1915)." Biozentrum Universität Würzburg, 04.11.2010, http://tinyurl.com/5twdd7p, [22.09.2011].

[18] „Die Transhumanistische Erklärung §1." De:Trans, http://www.transhumanism.org/index.php/WTA/more/163/, [22.09.2011].

[19] Ebd.

[20] Graham-Rowe, Duncan: „Der Gehirn-Prozessor." Technology Review, 30.03.2009, http://tinyurl.com/5s4fcp3, [22.09.2011]; Transhumanistische Erklärung.

[21] Spektrum der Wissenschaft: Dossier 6/2007: Medizintechnik der Zukunft. Vom Sehchip zum Mensch 2.0. Spektrum der Wissenschaft Verlagsgesellschaft mbH, 2007.

[22] Baringhorst, Ulrich: Ideengeschichte des Rassismus. 2003.

[23] University of Minnesota Medical School.

# 4 HUMAN ENHANCEMENT TECHNOLOGIES

*Miriam Ji Sun*

# EINFÜHRUNG

## WAS BEDEUTET HUMAN ENHANCEMENT?

Es gibt inzwischen eine Vielzahl unterschiedlicher Definitionen von *Human Enhancement Technologies* (enhancement = engl.: Erweiterung, Erhöhung, Verbesserung). Eine Basisdefinition, wie sie auch in philosophischen, soziologisch-ethischen und transhumanistischen Kontexten verwendet wird, könnte wie folgt zusammengefasst werden: „Unter Human Enhancement Technologien (HET) werden technische Anwendungen verstanden, welche die natürlichen Fähigkeiten eines Menschen temporär oder permanent verbessern oder erweitern sollen."

Wobei hier Technik auf gezielte menschliche (um)gestalterische „Eingriffe" hinweist. Während HET im angelsächsischen Raum recht weit gefasst werden und auch körperliche Verbesserungen wie beispielsweise Stärke, Ausdauer und Lebensverlängerung einschließen, ist der Fokus in der deutschen (öffentlichen) Debatte primär auf die Verbesserung kognitiver Fähigkeiten, d.h. „Neuro-Enhancement" gerichtet.

Dennoch möchte ich hier weitere Unterscheidungen treffen, die für eine rationale Diskussion des Themas von Bedeutung sein können. Zunächst einmal möchte ich den Begriff „Human Enhancement" (ohne die Technologiekomponente) als jegliche Prozedur oder Methode definieren, welche darauf abzielt, die physischen und mentalen/kognitiven Fähigkeiten und Möglichkeiten eines (menschlichen) Individuums über den Status quo hinaus zu erweitern. Dies kann ebenso mystische Praktiken, Glauben, Alchemie usw. einschließen, solange besagtes Ziel verfolgt wird, wobei hier bezüglich des Status quo zwei Unterscheidungen getroffen werden können:

(1) der derzeitige Status quo eines Individuums,

(2) eine angenommene inhärente Grenze einer technisch nicht veränderten Spezies.

Unter „Human Enhancement Technologies" – mit der Betonung auf Technologien – werden hingegen Human Enhancement-Prozeduren verstanden, die auf naturwissenschaftlich evaluierten Methoden unter Anwendung von Technik beruhen (im Gegensatz zu Verfahren, die ausschließlich auf Tradition beruhen und/oder mit natürlichen Mitteln oder lediglich sehr einfacher Technologie durchgeführt werden und/oder dessen Wirkungsmechanismen nicht (natur-)wissenschaftlich evaluiert sind) und darauf abzielen, physische und/oder neuronale Funktionen eines (menschlichen) Individuums über den Status quo hinaus positiv zu verändern oder zu ergänzen. Mit positiv ist gemeint, dass die Methode vom Individuum als Verbesserung gegenüber der Situation vor der Prozedur empfunden wird.

Somit wären beispielsweise Meditation, Kampfkunsttraining, Lernen bzw. auch das Kaffeetrinken zwar Human Enhancement-*Methoden*, aber keine Human Enhancement-*Technologien*. Dennoch ist eine klare Grenzziehung zwischen Technik und Nicht-Technik in bestimmten Fällen schwierig zu begründen, da unsere Welt nicht dichotom ist und Dichotomien wie beispielsweise zwischen natürlich und künstlich, gut und schlecht, konservativ und progressiv usw. idealtypische und künstliche, gesellschaftliche Konzepte zur Kategorisierung und Ordnung der Weltphänomene darstellen. Auch zwischen „Wiederherstellung" beziehungsweise Therapie und „Verbesserung" kann nicht immer eindeutig differenziert werden, insbesondere wenn es sich um präventive Maßnahmen handelt. Durch Vorbeugung – Prävention – soll ja gerade verhindert werden, dass es zu einem krankhaften Vorfall kommt, der ohne diesen Eingriff mit höherer Wahrscheinlichkeit zu erwarten wäre. Folglich stellt der Eingriff eine Form der „künstlichen Verbesserung" dar. Ebenfalls könnte man (bei weiterer philosophischer Betrachtung) zu dem Schluss gelangen, dass jegliches Enhancement „unnatürlich" und somit „technisch" sei.

In ihrem Hintergrundpapier spricht die *European Technology Assessment Group* ebenfalls von „Human Enhancement" einerseits und „Human Enhancement Technologien" andererseits, wobei hier jedoch keine klare definitorische Unterscheidung erkennbar ist und beide Begriffe scheinbar teilweise als Synonym verwendet werden.[1]

Genau genommen müssten sogar vier Varianten im Zusammenhang mit Human Enhancement unterschieden werden:

(1) Wissenschaftlich nicht belegte oder belegbare Praktiken, die dem Zweck der Verbesserung menschlicher Fähigkeiten dienen sollen (definitionsgemäß kann es sich hier nicht um Technologien handeln).

(2) Praktiken, die ohne nennenswerten Einsatz von Technologie zur wissenschaftlich nachweisbaren Verbesserung menschlicher Fähigkeiten führen. Beispiele wären Meditation, Gedächtnistraining und Lerntraining auf neurowissenschaftlicher Basis, Kampfsporttraining, die Einnahme von Koffein usw.

(3) Praktiken, die nur mit Hilfe (moderner) Technologien durchgeführt werden können, um eine individuelle Verbesserung von Fähigkeiten zu erzielen. Beispiele wären Neurotechnologien, Computerassistenzsysteme und synthetisierte Medikamente.

(4) Darüber hinaus sind auch Technologien denkbar, dem Menschen Fähigkeiten ermöglichen, die über die biologischen Kapazitäten der der Spezies gehen. Beispiele hierfür gibt es bereits in Form von Nachtsichtgeräten, Augmented Reality, krafterhöhenden Exoskeletten („Roboter zum Anziehen"), die in Zukunft auf Technologie wie Neurochips, Gentechnik oder verbesserte künstliche Organe und Körperteile erweitert werden können.

Die Möglichkeiten und Grade des Enhancement sind vielseitig und reichen von bereits alltäglichen und kaum beachteten Praktiken (Kaffee trinken) bis hin zu kontrovers diskutierten Anwendungen wie der Gentechnik und kybernetischen Implantaten. So können gewissermaßen bereits Lautsprecher, Fernrohre und Rollschuhe als Enhancement – und in einem gewissen Maße sogar als HET – betrachtet werden, da sie menschliche Fähigkeiten über das Natürliche hinaus erweitern. Auch muss der Begriff „Enhancement" relativ gesehen werden: In einer Population mit Kurzsichtigen kann eine Brille schon ein „übernatürliches" Enhancement bedeuten.

Im Allgemeinverständnis werden jedoch unter HET High-Tech-Methoden verstanden, wie (noch hypothetische) Implantate und Prothesen oder Medikamente (z.B. Psycho-/ Neuropharmaka) zur Verbesserung der natürlichen kognitiven und physischen Fähigkeiten über das als normal menschlich Definierte hinaus. Auch der Erwerb gänzlich neuer und nicht-menschlicher Fähigkeiten, wie die Möglichkeit, mit Hilfe (ebenfalls noch hypothetischer) künstlicher Blutkörperchen (Respirozyten) vier Stunden lang ohne zu atmen unter Wasser überleben zu können, wären HET. In gewissen Kontexten, wie beispielsweise als Notfalleinrichtung auf Kreuzfahrtschiffen oder U-Booten, wäre die Anwendung solcher Respirozyten jedoch durchaus sinnvoll und einer derzeitigen Taucherausrüstung gar nicht so unähnlich. In der Tat entwickelt die Kunstblutforschung bereits Produkte, welche die Fähigkeiten natürlicher Blutkörperchen übertreffen und fünfmal mehr Sauerstoff transportieren können.[2]

Personen, die zukünftiges HET anwenden, können als „Augment" oder „Cyborg" bezeichnet werden. Zählt man Computer, Smartphones,

Navigationsgeräte, Infrarotbrillen und die am Horizont erscheinenden Augmented Reality-Systeme sowie die krafterhöhenden Exoskelette zu HET, wird die weitere Entwicklung des HET vermutlich weniger dramatisch und viel gradueller verlaufen, als von vielen vermutet.

Da die Idee der HET stark mit dem Transhumanismus und Zukunftstechnologien assoziiert wurde und immer noch wird,[3] gibt es den Anschein, als ob diese gewissermaßen verzerrte Wahrnehmung dazu geführt hat, dass reale Entwicklungen auf diesem Gebiet und die allmählich auftretenden Kontroversen – von der „illegalen" Anwendung von Nootropika (Medikamente zur Verbesserung der kognitiven Leistungsfähigkeit) bis zum Gendoping – von Entscheidungsträgern erst relativ spät erkannt wurden. Erst seit einigen Jahren (um 2004 herum) haben politische Entscheidungsträger und die Europäische Kommission damit begonnen sich näher mit dem Thema HET auseinanderzusetzen. Mitte 2009 ist es im Zuge laufender Diskussionen und Evaluationen zum Thema HET jedoch immer noch ungewiss, ob beispielsweise die Europäische Kommission und das Europäische Parlament hier die Notwendigkeit für Handlungsbedarf sehen.[4] In den Jahren 2010 und 2011 wurde das Thema „Cognitive Enhancement" bzw. „Neuro-Enhancement" auch innerhalb geschlossener Kreise im Zusammenhang mit der Informationsgewinnung für politische Entscheidungen diskutiert, hatte aber immer noch den Status „Zukunftsforschung" zu sein.

## KONTROVERSEN UM DAS „T"

Während natürliche Enhancement-Methoden, wie beispielsweise autogenes Training zur Steigerung der Konzentrationsfähigkeit (was sogar von deutschen Krankenkassen finanziert wird), oftmals sogar als positiv betrachtet werden, wird HET – mit dem „T" –kontrovers diskutiert. Dies liegt anscheinend vor allem an dem „T" in dem Begriff, d.h. der Technik-Komponente. Die Hauptbedenken befassen sich mit der gewissermaßen berechtigten Befürchtung, dass HET die soziale Ungleichheit enorm verstärken könnten. Wenn Verbesserung käuflich wäre und angenommen wird, dass wissenschaftlich evaluierte Technologien wohl zuverlässiger funktionieren als tradierte Methoden oder religiöser Glaube, hätten die Reichen, die sich diese Prozeduren leisten könnten, sowohl physische als auch kognitive Vorteile den ärmeren Gesellschaftsschichten gegenüber. Diese verbesserten Individuen hätten bessere Chancen in einer auf Konkurrenz basierenden Gesellschaft; sie hätten bessere

Arbeitsmarktchancen, ein besseres Einkommen, wären anderen physisch überlegen, hätten bessere Überlebenschancen und könnten ihren Nachkommen wiederum HET ermöglichen. Ebenso wird oftmals die Eugenik im Zusammenhang mit HET genannt. Aus diesem Grunde sprechen sich einige Teile der Bevölkerung sowie Entscheidungsträger für ein Verbot von HET aus und fordern eine strikte Trennung zwischen therapeutischen und nicht therapeutischen Anwendungen. Sogar Transhumanisten (zumindest die demokratischen Strömungen) – generell Befürworter von HET – sehen Gefahren in rein marktorientierten und marktliberalen Zugängen zu HET. Dies hat jedoch nicht in erster Linie etwas mit der Technikkomponente zu tun, sondern betrifft auch die weniger kontroversen „natürlichen" Methoden. Letztere scheinen zudem recht stark vom Markt ausgenutzt zu werden, da hier einiges teilweise für viel Geld angeboten wird, was letztendlich keinen objektiv evaluierbaren Nutzen bringt. Andere Kritiker von HET befürchten, dass hierdurch das „Wesen" des Menschen irreversibel verändert werden könnte. Dennoch scheint es meine Beobachtung zu sein, dass sich der Diskurs über Human Enhancement-Technologien von den frühen 2000er Jahren bis 2011 von philosophisch-ethischen Kontroversen stärker hin zu Fragen hinsichtlich der Risiken, Finanzierbarkeit und Evaluierbarkeit verschoben hat.

Natürliche Human Enhancement-Bestrebungen wie beispielsweise die Einnahme von Naturpräparaten (Ginseng, Ginkgo, Lecithin, Kaffee) oder Praktiken wie Meditation, autogenes Training, Silva Mind, (Raja)-Yoga, (Persönlichkeits-)Training usw. werden jedoch immer noch fast durchgehend positiv bewertet, Neuro-/Psycho-Pharmaka (Prozac, Ritalin usw.) eher negativ.

## EINE SYMMETRISCHE BETRACHTUNG

In vielen der meist intellektuellen Debatten über HET wird häufig zweierlei außer Acht gelassen: (1) das weit verbreitete Human Enhancement ohne das technologische „T" sowie (2) die Bewertung der Anwendungen durch die Bevölkerung selbst. Es stellt sich die Frage: Will die Bevölkerung Human Enhancement-Technologien? Sollte die Antwort positiv ausfallen, wäre es eine unratsame Strategie, Ressourcen in schwer durchzusetzende Einschränkungen oder gar Verbote zu stecken, sondern es wäre sinnvoller, die Entwicklung so zu steuern, dass negative Folgen wie gefährliche Methoden, Betrug, sozio-ökonomische Zwänge und die Anwendung unwirksamer Mittel und unzumutbare gesellschaftliche Diskrepanzen minimiert werden können. Sollte die Antwort negativ ausfallen, wäre die Nachfrage wohl so gering, dass entsprechende Ideen schnell vom Markt verschwinden würden. Sicherlich wären auch Situationen und Anwendungen denkbar, die verboten werden müssten – sei es zum Schutz der Enhancement-Willigen oder zum Schutz unbeteiligter Dritter. Auf einige dieser Szenarien werde ich in diesem Beitrag detaillierter eingehen.

Das Anliegen einer Vielzahl der Transhumanisten ist es, anstatt generelle Verbote zu fordern, nach sozialverträglichen und ethisch akzeptablen Möglichkeiten der HET-Anwendung zu suchen. Hierzu ist es notwendig, ein allgemeines soziales Klima der Toleranz, Akzeptanz, Demokratie und des gegenseitigen Respekts zu schaffen. Dies würde einige Gefahren des Zwangs und des Betrugs minimieren. Ebenfalls sollten so genannte natürliche Enhancement-Methoden kritisch überprüft werden und denselben Kriterien – hinsichtlich Sicherheit, Funktion und Preispolitik – unterworfen werden wie technische HET-Anwendungen. Zudem ist auch eine Evaluation möglicher unerwünschter Nebenwirkungen und Sicherheitsbedenken bei traditionellen, natürlichen und Hightech-Enhancement-Methoden sowie etwaiger Zielkonflikte (Trade-offs) von Enhancement und HET notwendig. Derzeitige kritische Evaluationen scheinen sich jedoch großteils nur auf die nicht-natürlichen HET Methoden zu beziehen.

## BOOM DER ENHANCEMENT-PRODUKTE

### TRADIERTE MEDIKAMENTE MIT ENHANCEMENT-WERBUNG

Human Enhancement, d.h. die Verbesserung des Status quo der eigenen physischen und psychischen Leistungsfähigkeit, ist bereits gängige Praxis, ruft kaum Kontroversen hervor und wird sogar gesellschaftlich gefördert. Fußballmannschaften wollen sich verbessern, ebenso wie Manager, Musiker, Mystiker und Fitnessstudiobesucher. Ältere Menschen (und jüngere) wollen – ja sollen – ihre Gedächtnisleistung verbessern oder dem natürlichen Verlauf einer Verschlechterung entgegenwirken (auch eine Verbesserung). Tebonin, ein Medikament mit Ginkgo-Spezialextrakt, wirbt mit dem Slogan „Mehr Energie fürs Gehirn bei nachlassender mentaler Leistungsfähigkeit" (Stand 2011; striktere Gesetzgebung könnte dazu führen, dass unzureichend begründbare Aussagen in der Werbung untersagt werden), wobei die letzte Satzhälfte klein gedruckt ist. Nach Einnahme soll sich der Konsument laut Hersteller ausgeglichener, belastbarer und konzentrierter fühlen. Tebonin kann zwar nur über Apotheken erworben werden, man bekommt es aber ohne Rezept. Somit kann nicht ausgeschlossen werden, dass jemand dieses Medikament erwirbt, der gar nicht an Konzentrationsschwäche leidet, um dieses laut Beipackzettel so „gut verträgliche Medikament ohne Suchtwirkung" zu Enhancementzwecken zu „missbrauchen" (zudem stellt sich die Frage, wo genau „Konzentrationsschwäche" beginnt), denn laut vereinzelten Berichten konnten auch bei Gesunden Verbesserungen der Gedächtnisleistung festgestellt werden.[5] Andere wissenschaftliche Studien weisen jedoch darauf hin, dass Ginkgo generell gar keinen Effekt auf die mentale Leistungsfähigkeit bei Demenzerkrankungen hat.[6] Dennoch sind für die meisten Medikamente, die zur therapeutischen Leistungsverbesserung (d.h. der medizinischen Anwendung zur Behebung eines Defizits) Anwendung finden, mögliche negative – ebenso wie positive – Langzeiteffekte bei Gesunden noch nicht evaluiert. Für die meisten Medikamente dieser Art ist aber auch gar keine dahingehende Prüfung für die Anwendung bei Gesunden vorgesehen, da sich Studien bei Gesunden nicht auf den (Enhancement-)Effekt, sondern auf unerwünschte Nebenwirkungen konzentrieren. Prinzipiell könnte aber eine wissenschaftliche Klärung über Wirkungen und Nebenwirkungen bei Gesunden mehr Sicherheit und Klarheit in Bezug auf Enhancement-Anwendungen schaffen. In Anbetracht der allgemeinen Bestrebungen, Medikamente generell sicherer und nebenwirkungsärmer zu gestalten, scheint eine HET-Kontroverse zudem eventuell eher politischer als medizinischer Natur zu sein. Der Bias gegenüber der Technik-Komponente scheint sich ebenfalls in der eher positiven Bewertung gegenüber Naturpräparaten und Nahrungsmitteln mit „Enhancement"-Effekt (beispielsweise zur besseren Fitness und Konzentration) zu zeigen.

Naturbasierte und als „Enhancementmittel" vermarktete Natur-präparate von Aloe über Knoblauch bis Zink erfreuen sich großer Beliebtheit und finden teilweise bereits seit Jahrhunderten Anwendung. Viele (wenngleich nicht alle) dieser naturbasierten und tradierten Mittel genügen aber nicht den Kriterien der evidenzbasierten Medizin, wie sie bei im Labor synthetisierten Medikamenten vorgeschrieben sind,[7] was durch den Zusatz „tradiert angewendet" zum Ausdruck kommt. Insbesondere bei den tradierten Präparaten steht oft ein Zusatz wie „zur Erhöhung der Widerstandskraft" (Echinacea), zur „Besserung des Allgemeinbefindens" (Tai Ginseng), „zur Unterstützung von…" oder „zur Vorbeugung gegen…", d.h. ziemlich eindeutige Enhancement-Ziele. Der Zusatz „traditionell angewendet" hat jedoch auf viele Kunden keinen abschreckenden, sondern einen positiven Effekt, obwohl hiermit eindeutig bekannt gegeben wird, dass diese Mittel erheblich weniger strengen wissenschaftlichen Kontrollen und Wirkungstests unterzogen wurden. Natürliche und tradierte Mittel sind in der Regel jedem ohne Rezept relativ leicht zugänglich. Dennoch fehlen hier in vielen Fällen weitgehend wissenschaftliche Untersuchungen bezüglich ihres wirklichen Wirkungs- und Nebenwirkungspotentials. Diesbezügliche Forschungen wären jedoch begrüßenswert, um einerseits die wirklichen Potentiale natürlicher Wirkstoffe zu evaluieren und andererseits das gesamte Gebiet zu entmystifizieren und auf eine rationale Basis zu bringen. Vermutlich wird hier mit etlichen Mitteln Profit erzielt, die keine objektiv festzustellende Wirksamkeit aufweisen, was als Betrug zu werten wäre.

## ENHANCEMENT-NAHRUNGSMITTEL

Marktdaten scheinen zu zeigen, dass so genanntes „Functional Food" und „Functional Drinks", d.h. Nahrungsmittel und Getränke, die mit zusätzlichen Inhaltsstoffen angereichert sind, die einen positiven Effekt auf die Gesundheit, Leistungsfähigkeit und das Wohlbefinden haben (sollen), hohe Umsätze erzielen. In den letzten fünf Jahren ist der Markt für Functional Food in Deutschland um ein Drittel gewachsen; weltweit soll der Umsatz von 40,6 Milliarden Dollar im Jahr 2008 auf auf 56,7 Milliarden Dollar im Jahr 2013 steigen.[8] Etwaige Rückgänge gegenüber den Prognosen hängen mit der allgemeinen Finanzkrise zusammen, die eine Vielzahl von Sektoren in Mitleidenschaft gezogen hat.

So genannte Energy Drinks wie *Red Bull*, die laut Herstellern eine Leistungssteigerung bewirken sollen, sind sehr beliebt bei Konsumenten und haben inzwischen viele Nachahmer gefunden. 2010 wurden weltweit über 4,2 Milliarden Dosen Red Bull konsumiert und das Herstellerunternehmen verzeichnete einen Umsatz von 3,78 Milliarden Euro.[9] 2010 ist der Wert weiter auf 3,78 Milliarden gestiegen.[10] Dennoch zeichnet sich auch eine Kritik von Verbrauchern und Verbraucher-schutzorganisationen sowie staatlichen Regulierungsbehörden in Hinblick auf Functional Foods und Drinks ab, was aber nicht pauschal als Ablehnung des Konzepts von Nahrungsmitteln mit Enhancement-Wirkung gewertet werden kann. Vielmehr beziehen sich die Bedenken auf die Frage, ob besagte Produkte wirklich halten, was sie in der Werbung versprechen und inwiefern etwaige Nebenwirkungen (z.B. erhöhter Koffein- und Tauringehalt) vertretbar sind. Dennoch besteht hier auch eine Dysbalance zwischen „natürlich" und „künstlich". So muss beispielsweise bei Energy-

Drinks die Koffeinmenge angegeben werden und es werden Tageshöchstmengen festgelegt. Diese sind jedoch auf normalen Kaffeepackungen und den Kaffeeautomaten der Büros nicht zu finden. (Auf einer Verpackung für Pulver-Instantkaffee steht nur der Hinweis, dass die 56 Tassen Inhalt möglichst innerhalb von vier Wochen aufgebraucht werden sollen).

## KONTROVERSEN UM RITALIN UND CO.

Kontrovers diskutiert werden jedoch insbesondere nicht-natürliche („synthetische") Wirkstoffe mit Enhancementpotential wie Methylphenidat (Ritalin) und Modafinil (Vigil). So sind beispielsweise die möglichen Nebenwirkungen von Methylphenidat (Ritalin) und Modafinil (Vigil) für Gesunde (und Kranke) ebenso wie ihre wirklichen Enhancementwirkungen nach wie vor stark umstritten, zumal anscheinend keine diesbezüglichen groß angelegten und vergleichbaren Studien mit Gesunden durchgeführt wurden. Obwohl beide Medikamente verschreibungspflichtig sind und die Möglichkeit schädlicher Nebenwirkungen nicht auszuschließen ist, werden sie inzwischen auch von Gesunden zu Enhancementzwecken eingenommen, vor allem in den USA und vielleicht auch in Deutschland (Dunkelziffern könnten diesbezüglich u.U. hoch sein).[11] Für Erwachsene mit wirklicher Erkrankung (z.B. mit Aufmerksamkeitsdefizit/Hyperaktivität; ADHS) können sich die strengen Auflagen als negativ erweisen, wenn das Medikament unter Umständen nicht vom Arzt verschrieben wird und die Kosten selbst getragen werden müssen. In den USA belaufen sich die Kosten pro Tablette Ritalin auf drei Euro,[12] was sie billiger macht als so manchen Nobelkaffee. Allein im Jahr 2006 hat der Hersteller Novartis mit Ritalin 330 Millionen Dollar erzielt. Johnson & Johnson brachte mit Concerta ebenfalls ein ADHS-Medikament auf den Markt und erreichte hiermit einen Umsatz von 930 Millionen Dollar.[13] Während laut deutscher Opiumstelle im Jahr 1993 lediglich 34 kg Methylphenidat von Deutschen Apotheken erworben wurden, waren es 2010 schon 1760 kg – ein Anstieg um das mehr als 50-fache.

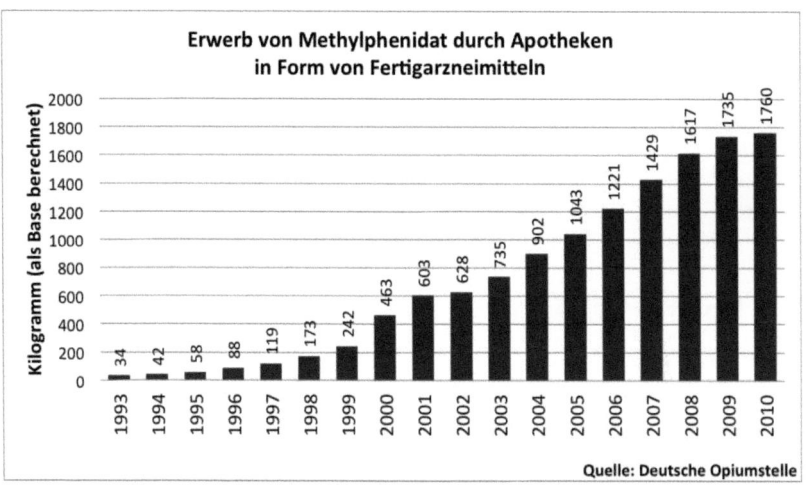

Quelle: Deutsche Opiumstelle

Ein Rückblick gibt jedoch ein interessantes Bild von Methylphenidat, dem Wirkstoff des heute umstrittenen Ritalin. Bis in die 1960er Jahre galt er als Stärkungsmittel ähnlich dem (in jedem Supermarkt erhältlichen) Koffein und wurde zunächst ohne Rezept in Apotheken verkauft. Der Patentschutz erlosch, die Drogenszene entdeckte die Substanz und konsumierte Überdosen und ließ damit den Wirkstoff zum Problem werden. Der Pharmakonzern nahm das Mittel vom Markt, bis es in den 1990er Jahren eine neue Anwendung zur Behandlung von ADHS bei Kindern fand. Wobei sich angesichts der ebenfalls exponentiell ansteigenden Fälle von ADHS die Frage stellt, ob ADHS nicht ein soziales Konstrukt sein könnte, welches mit Fehlentscheidungen und Missmanagement im Bildungssystem zu suchen ist.

Im Vergleich zu dem, was gemeinhin unter „harten Drogen" verstanden wird, sind die bisher evaluierten Nebenwirkungen von Ritalin und Modafinil vergleichsweise gering, auch wenn bei diesen Nebenwirkungen mit tödlichen Folgen belegt sind (wie bei anderen Medikamenten, Alkohol, Koffein und Zigaretten auch) und die Kontroversen über Risiken andauern. Die Interessen unterschiedlicher Interessengruppen erschweren zudem eine objektive Evaluation.

Hersteller von Arzneimitteln gegen Gedächtnisstörungen, Altersdemenz und psychologische Erkrankungen versuchen jedoch ihre Medikamente zusehends risikofreier zu gestalten und für

Langzeiteinnahmen verträglich zu machen sowie das Suchtpotenzial zu mindern (zumindest aus dem Grund, um Zulassungen zu erhalten). Wenn zukünftige nebenwirkungsarme Substanzen zumindest bei Kranken keinen Schaden hervorrufen und bei ihnen deutliche Verbesserungen bewirken, stellt sich nun die Frage, auf welcher Basis Anwendungen bei Gesunden zwecks Enhancement verboten werden sollten. Solange es nicht an Gesunden getestet wird, ist die (formale) Rezeptpflichtigkeit immer zu rechtfertigen. Ob ein solcher Test jedoch stattfindet, könnte eher eine politische als eine wissenschaftliche Frage sein.

## POLITISCHE UND GESELLSCHAFTLICHE MAßNAHMEN

### ALTER WUNSCH, NEUE MITTEL

Sowohl die Daten zum Thema Ritalin und Modafinil als auch die Beliebtheit von Energy Drinks, Sportgetränken, „angereichertem Mineralwasser" und Functional Food (insbesondere mit natürlichen Inhaltsstoffen) scheinen nahe zu legen, dass sich viele Menschen Substanzen wünschen, welche die Leistungsfähigkeit und das Wohlbefinden steigern sowie negative (Alters-)Erscheinungen reduzieren. Ein historischer Rückblick zeigt, dass Menschen auf der ganzen Welt seit jeher versucht haben, durch die Einnahme unterschiedlicher Substanzen – von natürlichen Pflanzenstoffen wie Kakao, Ginseng, Kaffee, Guarana und Kokablättern bis zu synthetischen Substanzen wie Prozac, Ritalin und Modafinil – ihr Gehirn zu beeinflussen. Während früher die biologischen und biochemischen Hintergründe über die Art der Beeinflussung kaum verstanden wurden, eröffnet die moderne Forschung Erkenntnisse über die zu Grunde liegenden Mechanismen, was die Entwicklung gezielt gerichteter Wirkstoffe mit weniger Nebenwirkungen ermöglicht. Somit stellt sich die Frage, inwiefern es hier Regulierungen und Verboten bedarf.

### SINN UND UNSINN VON ENHANCEMENT-REGULATIONEN

STOA, die Science and Technology Options Assessment Institution des Europäischen Parlaments, ist inzwischen zu dem Schluss gelangt, dass ein gänzliches Verbot von HET zumindest aus praktischen Gründen nicht durchsetzbar ist. Dies bedeutet jedoch nicht, dass keine Regulierungen implementierbar wären. Im Folgenden möchte ich mich mit dieser Thematik etwas genauer befassen. Verbote und Regulationen für Dinge und Handlungen, die Personen, insbesondere unbeteiligte Dritte, ernsthaft gefährden und schädigen können, sind durchaus einsichtig und berechtigt (und ein gesundheitsschädigendes Mittel könnte wohl kaum als Enhancement bezeichnet werden). Angenommen, HET wären bezüglich ihrer physischen Auswirkungen hinreichend nebenwirkungs- und risikoarm (jedenfalls nicht nebenwirkungs- und risikoreicher als andere Dinge, die zulässig sind), könnte dann ein HET-Verbot - oder starke Einschränkungen – dennoch gerechtfertigt werden?

Der erste Aspekt der Evaluation betrifft die Auswirkung auf unbeteiligte Dritte, d.h. mögliche negative Folgen für andere Menschen und die Umwelt, die von gesünderen, langlebigeren, intelligenteren und leistungsfähigeren Menschen ausgehen könnten. Eine Behauptung dahingehend, dass die auf natürliche Weise gesünderen, intelligenteren oder stärkeren Menschen eine Bedrohung für diejenigen sind, die das Schicksal stärker getroffen hat, lässt sich wohl kaum aufrechterhalten. Zudem stellt sich in diesem Szenario die Frage, was man gegen eine solche natürliche Ungerechtigkeit unternehmen sollte. Wenn ein künstliches Enhancement der Benachteiligten abgelehnt würde, sollte dann eine künstlich induzierte Verschlechterung der natürlich Bevorteilten ernsthaft in Erwägung gezogen werden? Die normale Praxis geht mit ähnlichen Fragestellungen viel pragmatischer um. So gibt es sowohl Spezialförderung für Lernbenachteiligte als auch Begabtenförderungs-programme.

Aus meiner Sicht ist es nicht abzustreiten, dass bestimmte genetische Veranlagungen zur Intelligenz, Gesundheit und physischen Leistungsfähigkeit, die einem Menschen ungewollt und zufällig mitgegeben wurden, die Herausbildung bestimmter Eigenschaften einfacher machen und über Erfolg und Lebenserwartung des Individuums entscheiden. Eine solche Situation ist jedoch ungerecht, auch wenn sie ein natürliches Ergebnis ist, da einzelnen Menschen hierdurch von vornherein Vorteile und anderen Nachteile eingeräumt werden. Zwar können beispielsweise Ernährung, Bildungssysteme und Training einige dieser genetischen Dispositionen zum Positiven ausgleichen (oder aber vorteilhafte biologische Veranlagungen verkümmern lassen), aber jemand, der von Natur aus weniger intelligent ist, bleibt auch mit gezielten Förderprogrammen und gesunder Ernährung denjenigen gegenüber benachteiligt, die von Natur aus intelligenter sind. Zudem können sich Kinder auch nicht aussuchen, in welchen Kultur-, Sozial- und Bildungsverhältnissen sie aufwachsen. Somit ist die zweite entscheidende Komponente – das soziale Umfeld – auch einem gewissen Zufall unterworfen.

Manche Eigenschaften wie beispielsweise die Körperkraft können mit technischen Hilfen bereits sehr gut kompensiert werden. So ist es beispielsweise einer bezüglich ihrer naturgegebenen Muskelkraft benachteiligten Frau ebenso möglich, mit Hilfe eines Krans schwere Lasten zu befördern wie ihrem körperlich stärkeren männlichen Kollegen. In derselben Weise könnte HET dazu beitragen, natürliche Benachteiligungen auszugleichen. Ob ein solcher Einsatz jedoch als Therapie oder Enhancement anzusiedeln wäre, könnte in bestimmten Fällen schwer zu entscheiden sein.

## FÖRDERT HET GLEICHHEIT ODER UNGLEICHHEIT?

Größere Kritik erfahren HET jedoch dahingehend, dass solche Methoden einigen Personen zusätzliche Vorteile gegenüber anderen bieten könnten. Wenn HET aus dem Grunde abgelehnt werden sollten, da hierdurch einige Menschen einen Vorteil gegenüber anderen gewinnen könnten, stellt sich die bereits oben erwähnte Frage, warum denn natürliche Vorteile künstlichen gegenüber weniger problematisch sein sollten. Eine Gesellschaft, die Human Enhancement aus Gründen der Ungleichheit ablehnt, müsste ebenso dafür sorgen, dass natürlich übervorteilte Individuen ihrer Fähigkeiten (künstlich) beraubt werden und eine konsequente „Dehancement"-Politik (Verschlechterung der natürlichen Fähigkeiten) durchführen. Mehr noch: Eigentlich müssten die in verschiedener Hinsicht Benachteiligsten als Standard herangezogen werden, um Chancengleichheit zu gewähren. Obwohl Dehancement vermutlich preiswerter wäre als Enhancement, wird diese Option für die meisten sicherlich absurd klingen und von keinem Entscheidungsträger ernsthaft in Erwägung gezogen. Somit sind wir wieder bei der Frage, weshalb natürliche Dispositionen als gegeben hingenommen werden sollen. Schaut man genauer hin, zeigt sich, dass Human Enhancement – wenngleich nicht immer mit dem technologischen „T" – in den meisten Gesellschaften (einschließlich Deutschland) sogar gefördert wird.

In Anlehnung an die Klassenreproduktionstheorie von Pierre Bourdieu wird das Problem genannt, dass sich die Reichen und Mächtigen (die mächtig sind, da sie reich sind) HET-Methoden leisten können, was ihnen in erhöhtem Maße Zugang zu Eigenschaften für Führungspositionen verschafft und somit ihre Machtposition (und ihren Reichtum) weiterhin verstärkt. In seinem Buch *Remaking Eden. Cloning and Beyond in a Brave New World* beschreibt der Molekularbiologe Lee M. Silver ein ähnliches

Szenario, in dem eine zukünftige Menschheit in verbesserte „Genreiche" und „Normale" gespalten ist,[14] ein Motiv, welches auch in dem Film *Gattaca* aufgegriffen wird. Hier stellen sich jedoch zwei Fragen: Zum einen scheinen Reichtum und Macht nicht zwangsläufig mit Eigenschaften wie physischer Leistungsfähigkeit und schon gar nicht Intelligenz zu korrelieren und zum anderen existieren solche Probleme bereits heute, jedoch häufig auf eine andere Art und Weise: Reiche sind in der Lage, mit Hilfe von Geld und Beziehungen einflussreiche Posten zu erwerben, für die sie eigentlich gar nicht qualifiziert sind. Somit wäre es wohl auch in Zukunft einfacher, mit dem Geld die eigentlichen Posten und Zugänge zu kaufen, als Enhancements zu erwerben, mit denen man mit anderen Wettbewerbern dennoch konkurrieren müsste. Ebenfalls wäre vor einer allzu biologistischen und physiologischen Sichtweise von Intelligenz zu warnen, da diesbezüglich auch soziale Faktoren eine Rolle spielen.

## PRÄIMPLANTATIONSDIAGNOSTIK – DER SCHRITT VON DER PRÄVENTION ZU HET?

In einigen Ländern, beispielsweise den Niederlanden, Großbritannien und Belgien, ist es erlaubt, bei künstlichen Befruchtungen entstandene Embryonen auf genetische Dispositionen für schwere Erbkrankheiten hin zu untersuchen und diejenigen, welche einen entsprechenden genetischen Defekt aufweisen, nicht zur Austragung auszuwählen. Dieses Verfahren, die so genannte Präimplantationsdiagnostik (PID), ist in anderen Ländern wie Deutschland (aufgrund des Embryonenschutzgesetzes) noch nicht erlaubt. Dennoch haben sich einige Mitglieder des Deutschen Ethikrats im Jahr 2011 dafür ausgesprochen, das PID-Verbot zu lockern, wenn schwerwiegende medizinische Gründe und Risiken vorliegen würden.[15]

Eines der Hauptargumente der PID-Gegner ist, dass hierdurch die Tür für die Kreation von „Menschen nach Maß" geöffnet wird und sich die Selektion schrittweise auf andere Merkmale wie Geschlecht, Körpergröße, Intelligenz und Augenfarbe ausweiten könnte. Hier stellt sich jedoch die Frage, wie die Reaktion wäre, wenn es möglich wäre, genetische Defekte, welche das Risiko für schwere Erbkrankheiten erhöhen, in der embryonalen Phase zu beheben? Dies wäre keine Selektion, aber eine „präventive Maßnahme", welche sich aber in der Grauzone zum Enhancement befinden würde. Was wäre, wenn zusätzlich auch noch genetische Anlagen für Intelligenz und Lebenserwartung zu Gunsten des werdenden Kindes modifiziert würden? Das würde eindeutig ein Enhancement darstellen.

Die oftmals genannte Befürchtung, dass eines Tages Attribute wie Körpergröße und Augen- sowie Haarfarbe selektiert werden könnten und dies zu einer neuen Art der „Eugenik" führen könnte, ist zwar verständlich, liegt aber in rein gesellschaftlichen und kulturellen Fehlentwicklungen begründet. Bereits heute heiraten beispielsweise Akademiker bevorzugt Akademiker. Ebenso spielen ethnische Aspekte bei der Partnerwahl auch in Europa immer noch eine bedeutende Rolle. Es ist ein gesellschaftliches Problem, dass Menschen mit bestimmten optischen Charakteristika anderen gegenüber bevorzugt werden. In einer toleranten und vielseitigen Gesellschaft, in der jeder Mensch das Recht hätte, seinen Körper und Intellekt nach eigenen Vorstellungen zu gestalten, soweit dies andere nicht schädigt, wäre eine PID hinsichtlich äußeren Merkmalen unsinnig. Dieses Recht auf die eigene verantwortungsvolle und freie Gestaltung des eigenen Körpers und Intellekts wird von vielen Transhumanisten und der dem Titel „morphologische Freiheit" (englisch: „morphological freedom") gewünscht. Parameter wie Augen-, Haar- und Hautfarbe lassen sich bereits heute mit Hilfe einfacher Mittel wie farbigen Kontaktlinsen, Haarfärbemitteln und Bräunungs- oder „Whitening-Cremes" (besonders populär in Asien, z.B. Japan und Indien) relativ einfach verändern.

Kritiker der PID wenden zusätzlich ein, dass dieses Verfahren Behinderten und Erkrankten gegenüber diskriminierend sei. Während diese Argumentation im Fall der Embryonenselektion gewissermaßen verständlich ist (wenngleich die Ablehnung einer Krankheit nicht mit der Ablehnung einer erkrankten Person gleichzusetzen ist), würde sie im Falle der (noch hypothetischen) „Präimplantationsbehandlung" implizieren, dass der Versuch einer Heilung als diskriminierender Akt gegen Erkrankte angesehen würde – eine absurd anmutende Behauptung im Lichte aller Bestrebungen der Medizin. Bei der Kontroverse um die PID könnte es sich jedoch eventuell auch nur um ein Übergangsproblem handeln. Sobald Möglichkeiten gefunden werden, bestimmte Krankheiten zu heilen (und eventuell sogar genetische Modifikationen an erwachsenen Personen - zunächst Zwecks Therapie - durchzuführen), könnte diese Thematik obsolet werden.

Dennoch bleibt die Möglichkeit bestehen, dass Eltern in Zukunft in dem oben genannten In-vitro-Fertilisationsverfahren so genannte „Designerbabies" herstellen lassen könnten, d.h. ihrem werdenden Kind gezielt bestimmte genetische Dispositionen für bestimmte Charaktereigenschaften mitgeben (die dann im Erwachsenenalter vielleicht sowieso wieder geändert werden könnten). Auch hier stellt sich die Frage, inwiefern sich Reichere diese Methoden eher leisten können als Ärmere. Obwohl dieser Einwand durchaus gerechtfertigt ist und entsprechende Verfahren sicherlich zumindest anfänglich teuer sein werden (und, wenn verboten und nur auf dem Schwarzmarkt erhältlich, vielleicht noch kostspieliger sein werden), ist vielleicht Reichtum gar nicht der ausschlaggebende Faktor. HET und Biotechnologie sind in erster Linie Produkte der Wissensgesellschaft. Bei den notwendigen Verfahren geht es nicht primär um knappe physische Ressourcen, sondern um Wissen, dessen Wert gesellschaftlich verankert ist. Dies zeigt sich besonders in Copyrightstreitigkeiten und Patentschutzfragen. Preiswerte Generika-Medikamente, beispielsweise aus Indien, sind deshalb erheblich billiger, weil hier der Patentschutz nicht mitbezahlt werden muss. Würden nur die reinen Herstellungskosten der Wirkungsmoleküle berechnet, so käme man wohl auf noch niedrigere Werte. Was Medikamente, Software und HET teuer macht, sind in erster Linie die langen Entwicklungskosten, welche durch Patente und Copyrightschutz kompensiert werden sollen. Die Grundmaterialien sind jedoch meist nicht teuer.

## UNAUFRICHTIGKEIT UND FAIRNESS

Ein weiterer Kritikpunkt gegen HET, der insbesondere im Zusammenhang mit so genanntem Sportdoping genannt wird, betrifft den Aspekt der Unaufrichtigkeit und Fairness. Einerseits wird darauf hingewiesen, dass Sportler, die sich einem Doping unterzogen haben, einen unfairen Vorteil gegenüber Sportlern ohne Doping hätten. Diese Kritik ist aber nur unter der Bedingung stichhaltig aufrecht zu erhalten, wenn das Doping wirklich negative gesundheitliche Schäden mit sich bringen würde, oder der Zugang inhärent ungleich wäre. In diesem Fall könnten Sportler dazu gezwungen werden, sich unfreiwillig gesundheitsschädigenden Prozeduren zu unterziehen. Anderseits wird jedoch kaum ein Mensch dazu gezwungen, Leistungssportler zu werden. Wenn Doping jedoch keine gesundheitlichen Beeinträchtigungen nach sich ziehen würde, wäre eine Argumentation für ein Verbot schwerer zu führen. Ein Einwand würde wieder einmal den finanziellen Aspekt betreffen: Reichere Sportler können sich die Mittel leisten, ärmere hingegen nicht, was zu Wettbewerbsverzerrungen führen würde. Jedoch können sich reichere Sportler auch bessere Trainer, Trainingseinrichtungen, Sportwissenschaftler, Mediziner, Geräte, Kleidung und Nahrung leisten, sowie Bestechungsgelder für Schiedsrichter, was ihnen Vorteile verschafft.

Ein anderer Kritikpunkt betrifft die Unaufrichtigkeit. Es wird einfach als „Mogelei" angesehen, wenn mit einer Pille das erreicht werden kann, wofür andere etliche Jahre Höhentraining in Tibet absolvieren. Hier gilt die Einstellung: Der Weg ist das Ziel, auch wenn das Resultat in beiden Fällen dasselbe ist. Man muss sich abrackern, um Erfolg ernten zu können. Man muss mühsam trainieren, jahrelang Kurse besuchen, Jahrzehnte lang einen Meditationskurs durchführen, um sich Meister nennen zu dürfen. Wenn diese Fähigkeiten praktisch auf „Knopfdruck" erworben werden könnten, wo bleibt der Verdienst – fragen die Kritiker. Gleiches müsste dann aber auch für ererbte materielle Güter und Posten gelten.

Dennoch wird in fast allen anderen Lebensbereichen viel Wert auf Effizienz gelegt, um ein Ziel zu erreichen. Und in den meisten Bereichen zählt einzig das Resultat. So kopieren wir Texte, anstatt sie abzutippen und knüpfen an die Erkenntnisse anderer Leute an, anstatt alles immer wieder von Null an zu entwickeln. Wir wählen den schnellsten Weg zur Arbeitsstelle, statt des mühsamsten und nutzen lieber Online-Übersetzungsprogramme, als erst die Sprache zu lernen. Manchmal mag der Weg das Ziel sein und vielleicht auch eine eigene Erfahrung und einen eigenen Wert beinhalten, aber vieles im Alltag wollen wir einfach können oder haben und der Weg dorthin wird eher als lästig und mit unnötigen Kosten empfunden. Wenn Sie mit einem Medikament dasselbe erreichen können wie mit einem langjährigen und mühsamen Trainingsprogramm und das Medikament dieselben oder sogar geringere Nebenwirkungen aufweisen würde, würden Sie es als unaufrichtig empfinden, von diesem Gebrauch zu machen?

## KÖNNTE EIN STAATLICHES ENHANCEMENT-VERBOT UNERWÜNSCHTE RISIKEN VERSCHÄRFEN?

Staatliche Enhancement-Verbote könnten das Risiko für Ungleichheit und gesellschaftliche Probleme sogar erhöhen. Wenn einmal davon ausgegangen wird, dass sowohl das Grundinteresse an Enhancement-Technologien besteht, als auch das notwendige Know-how, werden Verbote nicht bewirken können, dass beide Faktoren aus der Gesellschaft verschwinden. Lediglich in Bezug auf den Zugang könnte ein Bias dahingehend entstehen, dass Individuen, die sich eher nicht an Gesetze halten, bevorzugt Zugang zu besagten Methoden erhalten, ebenso wie diejenigen, die es sich auf schwer zu kontrollierenden Schwarzmärkten leisten können, was wiederum die Gefahr für Betrug und unqualifizierte Vorgehensweisen erhöht. Zudem gehen wirklich interessierte Konsumenten im Kontext der Globalisierung dort hin, wo die wenigsten Restriktionen und die besten Angebote bestehen, wie es sich z.b. beim Medizintourismus abzeichnet, ebenso wie Bürger strikterer Länder nach Großbritannien gehen können, um eine PID durchführen zu lassen.

Ein vielleicht trivialeres Beispiel ist der so genannte „Filmtourismus". Die deutsche Freiwillige Selbstkontrolle der Filmwirtschaft (FSK) verweigerte die Freigabe des Films *John Rambo (Rambo IV)*, sodass dieser nur in gekürzter Fassung und ausschließlich für erwachsene Personen (ab 18) in deutschen Kinos gezeigt werden darf. In angrenzenden Ländern wie den Niederlanden und Österreich hingegen ist die ungekürzte Fassung für Zuschauer ab 16 Jahren freigegeben, sodass etliche Deutsche für den Kinobesuch nach Österreich oder in die Niederlande gefahren sind oder sich den Film illegal über das Internet besorgt haben. Dieser Fall verdeutlicht die Künstlichkeit von Regulierungen in einer globalen Gesellschaft.

In Zukunft geht es aber vermutlich nicht mehr um Altersbeschränkungen bei Filmen, sondern um die Frage, ob ich als Privatperson das Recht habe, mich Prozeduren zu unterziehen, die meine physische oder psychische Leistungsfähigkeit mittels technologischer Methoden verbessern sollen. Vermutlich werden sich die einzelnen Länder auch hier nicht einigen können und zu unterschiedlichen Ansichten gelangen. Somit könnte man für HET ins Ausland gehen, soweit kein Reiseverbot verhängt wird, oder es wird sich ein unregulierter und unkontrollierter Schwarzmarkt entwickeln. In allen Fällen lässt sich ein Verbot schwer durchsetzen solange hinreichend große Teile der Bevölkerung das Verbot nicht befürworten und es Wege gibt, die Nachfrage zu befriedigen. Aus diesem Grunde erachte ich es als sinnvoll, nicht erstrangig die moralische Rechtfertigung für ein Verbot zu untersuchen, sondern den Ursachen für die Nachfrage nachzugehen. Als nächster Schritt wäre zu evaluieren, wie sich die Befriedigung der Nachfrage am verträglichsten für die Gesellschaft insgesamt und das Individuum im Einzelfall lösen lässt. In manchen Fällen ist sicherlich die Nachfrage bereits aus verzerrten und fragwürdigen Gründen entstanden (z.B. die Nachfrage für Massenvernichtungswaffen oder vielleicht für blutrünstige Filme), weshalb aber eher etwas an den Bedingungen für diese Nachfragesituation geändert werden sollte.

# KULTURELLE ASPEKTE

## GOTTGEWOLLT – VON EINER BERUHIGENDEN VORSTELLUNG ZUM DOGMA

Es gibt Fälle, in denen einzelne Menschen mit dem Ergebnis der Natur nicht zufrieden sind, beispielsweise hinsichtlich ihrer äußeren Merkmale (z.b. Haar- und Augenfarbe, Nasenform), ihrer psychologischen Disposition (beispielsweise Phobien, Schüchternheit, Aggressivität) oder ihres Geschlechts. Bevor es technische Methoden zur Veränderung dieser Merkmale gab – vom Haarfärbemittel bis zur Geschlechtsumwandlung – wurde versucht, den Menschen, die mit ihrer natürlichen Disposition unzufrieden waren, ihre Auflehnung durch gesellschaftliche Maßnahmen auszutreiben. Dies geschah zunächst dadurch, dass die als negativ empfundenen Charakteristika als „gottgewollt" betrachtet wurden (als Segen oder als Strafe), und später, als die technischen Möglichkeiten existierten, dadurch, dass eine solche Auflehnung wie z.b. Schönheitsoperationen oder Geschlechtsumwandlungen (im Christentum) tabuisiert wurde. Wenn die notwendigen Möglichkeiten einer gewünschten künstlichen Korrektur der eigenen naturgegebenen „Identität" nicht möglich sind, ist der Versuch der persönlichen Akzeptanz dieser Situation durchaus verständlich. So ist die Vorstellung eines „Jenseits" nach dem Tod aus der (angenommenen) Gewissheit über die eigene Sterblichkeit durchaus beruhigend und kann dazu beitragen, die Angst vor dem Tod oder die Trauer der Angehörigen über den Verlust zu lindern. Dieses durch Kultur geförderte Abfinden mit natürlichen Gegebenheiten führt jedoch leicht dazu, diese als gegebene und unverrückbare Konstanten anzusehen. Obwohl die Bezeichnung „gottgewollt" vielleicht zunächst dazu gedacht war, das Leben mit einem ungewollten und unglücklichen Schicksal zu erleichtern, hat sich daraus – so meine Hypothese – der Umkehrschluss etabliert, dass etwas aus dem Grunde als gut definiert wird (oder zumindest fraglos akzeptiert werden muss), weil es eben natürlich und damit „gottgewollt" ist. Aus dem beruhigenden Gedankenkonstrukt, dass „Gott" für die Toten sorgt (zumindest für diejenigen, die in Lebzeiten den religiösen Regeln entsprechend gehandelt haben), ist die Vorstellung geworden, dass der Tod an und für sich etwas Gutes darstellt, da „gottgewollt". Eine ähnliche Einstellung HET gegenüber ist zu einem bedeutenden Grad kulturbedingt.

Aus dieser Logik könnte sich auch die ablehnende Haltung einiger Menschen gegenüber HET erklären lassen, welche als genereller Eingriff gegen die Natur und das „Wesen des Menschen" gesehen werden.[16] Aber was ist das „Wesen des Menschen"? Bedeutet dies, dass eine Person, die sich dafür entscheidet, ihre Intelligenz künstlich zu erhöhen, die physische Leistungsfähigkeit künstlich zu verbessern oder sich chirurgisch von einem Mann in eine Frau zu transformieren, weniger „Mensch" ist als diejenigen, die von Natur aus intelligenter, stärker oder weiblich sind? Oder bezieht sich die Befürchtung auf die gesamte Menschheit, wenn diese künstlich auf ein „unnatürlich" höheres Niveau oder eine selbst gewählte „unnatürliche" physiologische Form gebracht wird? Wie werden jedoch solche Konzepte wie „menschliches Wesen" oder „Durchschnitt" definiert? Was bedeutet „natürlich"? Das, was ein bestimmtes Individuum erreichen kann, oder was ein Mensch generell ohne technische Hilfsmittel maximal erreichen kann. Jedenfalls würde wohl kaum jemand auf die Idee kommen, die „Künstlichkeit" eines Herzschrittmacherträgers zum Anlass einer Kontroverse zu nehmen.

## WAS BEDEUTET „NATÜRLICH"?

Im Laufe der Menschheitsgeschichte haben sich viele Grenzen verschoben (zumindest für diejenigen, welche die Darwin-basierte Evolutionstheorie vertreten). Wo genau fand der Übergang statt, an dem ein genetisch mutiertes Sippenmitglied nicht mehr als *Cro Magnon,* sondern als *Homo Sapiens* bezeichnet werden konnte? Ebenso könnte man fragen, wo genau der Übergang vom Homo Sapiens zum *Transhumanen* und vom Transhumanen zum *Posthumanen* stattfindet oder bereits stattgefunden hat. Ein im Jahr 2009 geborenes deutsches Mädchen hat eine Lebenserwartung von 82,6 Jahren, das sind rund 30 Jahre mehr als ein 1900 geborenes Mädchen zu erwarten hatte.[17] Unnatürlich?! Menschen können mit Hilfe von Technologien fliegen, im Dunklen sehen, besser navigieren als Vögel und sich schneller fortbewegen als jegliche andere Tierart (mit mehrfacher Schallgeschwindigkeit). Dies sind Methoden, die jedoch (zumindest in Bezug auf Enhancementfragen) kaum umstritten sind. Hier stellt sich die Frage, weshalb Modifikationen der eigenen Biologie so viel anders sein sollten als extern angewendete Techniken? Zudem rufen noch nicht einmal alle Arten der biologischen Modifikation derartige Kontroversen hervor. Impfungen verändern das Immunsystem, Lernmethoden die neuronalen Konfigurationen und Ernährungsweisen könnten sogar einen Einfluss auf Genexpressionen haben. Sollte sich durch weitere Erkenntnisse auf den noch jungen Gebieten der Nutri- und Epigenetik zeigen, wie Lebensstile unser Genom beeinflussen können, müsste man vielleicht eines Tages Kultur als Teil der Gentechnik betrachten.

Es ist meines Erachtens nicht abwegig anzunehmen, dass beispielsweise die Fortführung der alten ägyptischen Hochkultur der Pharaonenepoche vielleicht zu einer Zivilisation geführt hätte, die moderne Körpermodifikationstechniken ebenso wie Kryonik willkommen geheißen hätte (und vielleicht viel früher auf Solarenergie umgestiegen wäre). Interessanterweise trifft in derzeitigen westlichen Kulturen eine seltsame Kombination aus technischem Know-how für HET und kulturell-religiöser Skepsis demgegenüber zusammen.

## VERSEHENTLICH TRANSHUMAN

Vielleicht geschieht der Übergang der Menschheit zum „Transhumanen" als unintendierte Nebenfolge während des Versuchs, derzeitige Probleme wie Demenz, Krebserkrankungen, Mangel an Spenderorganen und ein Leben mit Behinderung zu lösen. Eine Betrachtung der Technologien, die das Potential haben, zum Enhancement überzugehen, legt diese Vermutung nahe.

### ENHANCEMENT ALS UNINTENDIERTE NEBENFOLGE

Auf der TransVision 2006 in Helsinki hat der Oxforder Philosoph Nick Bostrom ein interessantes Gedankenexperiment vorgestellt. Angenommen, verseuchtes Trinkwasser würde dazu führen, dass die kognitiven Leistungen der Bevölkerung eines Dorfes stark beeinträchtigt würden, z.B. messbar anhand eines Punktverlusts bei einem Intelligenztest. Glücklicherweise wird jedoch ein Medikament entwickelt, welches dieses Unglück erfolgreich rückgängig machen kann. Nach einiger Zeit stellt sich jedoch heraus, dass die Behandlung zu erfolgreich gewesen ist und zu einer generellen Steigerung der kognitiven Leistungen geführt hat. Diese ist jetzt erheblich besser als zu dem Zeitpunkt, bevor das verseuchte Trinkwasser eingenommen wurde, also besser als der natürliche Zustand zuvor. Sollte jetzt wirklich ernsthaft in Erwägung gezogen werden, den Leuten etwas von dem verseuchten Wasser zu geben, um ihre Intelligenz wieder auf den „normalen" Zustand zu reduzieren?

Unintendiertes Enhancement ist bereits ein reales Problem. Oscar Pistorius, ein durch einen Gendefekt unterschenkelamputierter Prothesenträger und paralympischer Leichtathlet (Läufer), hat zwar seine

Möglichkeit auf Teilnahme an den „normalen" Olympischen Spielen 2008 um drei Sekunden verfehlt, ist jedoch als „Behinderter" ein schnellerer Läufer als der Großteil der Weltbevölkerung ohne Behinderung. Für die Paralympischen Spiele war er einfach zu schnell und forderte sein Recht auf Teilnahme an den „normalen" Olympischen Spielen. Zum ersten Mal wurde hier eine Sichtweise eingenommen, dass ein „Behinderter" durch seine Prothese sogar einen Vorteil gegenüber olympischen Nicht-Prothesenträgern haben könnte und seine Teilnahme an „normalen" Olympischen Spielen laut Entscheid der IAAF (International Association of Athletics Federations) nicht zulässig sei; ein Urteil, das später vom CAS (Court of Arbitration for Sport) jedoch aufgehoben wurde. Interessant sind jedoch die Implikationen, die sich hieraus ergeben, da mit dem ersten Urteil ausgesagt wurde, dass Prothesenträger („Behinderte") einen Vorteil gegenüber Nicht-Behinderten haben können und somit eindeutig unter die Bezeichnung „enhanced" fallen könnten. In Zukunft wären beispielsweise auch „behinderte" Sportler denkbar, die mit Hilfe ihrer Robotik-Armprothesen erhebliche Vorteile im Weitwurf hätten. Vielleicht stellt sich in Zukunft die Frage, ob die Paralympischen Spiele nicht eher als Wettbewerb zwischen unterschiedlichen Prothetikherstellern anzusehen sind, ähnlich wie Autorennen?

Derzeit sind jedoch die allermeistem Prothesen ihren natürlichen Gegenstücken noch weit unterlegen, dennoch arbeiten Forscher im Interesse der Behinderten daran, die künstlichen Ersatzteile immer stärker den natürlichen anzugleichen. Ist eines Tages der Punkt erreicht, wo die Prothese der Natur (für alle praktischen Zwecke) ebenbürtig wird, könnte die Situation zugunsten der künstlichen Ersatzteile kippen, da diese z.B. bei Verschleiß ausgetauscht sowie mit „unnatürlichen" Zusatzfunktionen versehen werden können. Einerseits ist es das Ziel, Menschen mit Krankheiten und Behinderungen durch technische Hilfen dieselben Chancen und Möglichkeiten zu bieten wie Gesunden, andererseits besteht durchaus die „Gefahr", hiermit etwas zu schaffen, was viel einfacher über das Natürliche hinaus weiter entwickelt werden kann.

Ebenso stellt sich die Frage, auf welches Niveau die kompensatorischen, d.h. therapeutischen Möglichkeiten der Prothese oder Medikamente gebracht werden sollen. Soll eine Prothese seinem Träger die Fähigkeiten eines gesunden, nicht enhancten 60-Jährigen ermöglichen (immerhin eine Verbesserung gegenüber dem Status quo) oder die prinzipielle Teilnahme an den Olympischen Spielen? Soll ein Medikament gegen (altersbedingte) Gedächtnisschwäche den Patienten auf die

„durchschnittliche" Leistungsfähigkeit der Bevölkerung bringen oder ihm die Möglichkeit geben, den MENSA-Test für Hochbegabte zu bestehen? Soll ein an der Alzheimerschen Krankheit leidender Akademiker andere Medikamente erhalten als ein Nicht-Akademiker?

## DER SCHMALE GRAT ZWISCHEN PRÄVENTION UND ENHANCEMENT

Noch schmaler als der Grat zwischen Heilung und Enhancement ist vielleicht derjenige zwischen Prävention und Enhancement. Prävention ist das neue Schlagwort. Krankenkassen fordern ihre Mitglieder beispielsweise auf, erst gar nicht krank zu werden, da vorbeugende Maßnahmen in der Regel preiswerter sind als medizinische Behandlungen im Krankheitsfall. Die Bevölkerung wird dazu angehalten, sich gesund zu ernähren, Sport zu treiben, durch Denksportaufgaben geistige Fitness zu bewahren und sich impfen zu lassen. Durch eine Impfung soll der Körper in die Lage versetzt werden, durch einen künstlichen Eingriff Antikörper gegen bestimmte Krankheitserreger zu bilden und immun gegen die Krankheit zu werden. Demnach ist eine Impfung keine Behandlung und geht sogar über eine Vorbeugung hinaus. Während jemand durch eine gesunde Lebensweise erreichen kann, dass sein Immunsystem insgesamt besser funktioniert, wird durch eine Impfung das natürliche Immunsystem der betreffenden Person modifiziert, um Krankheiten abzuwehren, die es natürlicherweise – auch im gut funktionierenden Zustand – meist nicht bekämpfen könnte. Somit unterscheidet sich diese klassische Methode nur graduell von der noch visionären Enhancement-Version, künstliche Bio-/Nanoroboter einzusetzen, die als Bestandteil des menschlichen Körpers Krankheitserreger und beschädigte Zellen ausfindig machen, um diese unschädlich zu machen. Es scheint sowohl im Interesse der Personen selbst als auch der Sozialversicherungsträger zu sein, Menschen dahingehend zu „modifizieren", dass sie weniger krankheitsanfällig sind und bis ins hohe Alter ein Leben führen können, in dem sie nicht auf die Hilfe anderer angewiesen sind und aktiv am gesellschaftlichen und wirtschaftlichen Leben teilnehmen können.

In Deutschland wird nach heutigen Schätzungen der Anteil der über 65-Jährigen im Jahr 2030 – dem Zeitraum, wo die Babyboomer in den Ruhestand gehen werden – von derzeit 18 Prozent auf 27,3 Prozent der Gesamtbevölkerung ansteigen.[18] Während 2011 rund 1,3 Millionen Menschen in Deutschland an Demenz erkrankt sind, könnte sich diese Zahl im Jahr 2030 mehr als verdoppelt haben.[19] Wird es beim Status quo bleiben, würde dies eine erhebliche Belastung für die Sozialversicherungssysteme, den Arbeitsmarkt und die Betreuungssysteme bedeuten. Die steigende Lebenserwartung – eine an und für sich erfreuliche Tatsache – wird aus diesem Grunde zusehends als Problem angesehen. Die Optionen, die sich bei einer Weiterführung des Status quo stellen, sind unbefriedigend. So würde es wohl kaum jemand als ethisch gerechtfertigt erachten, die Lebensspanne eines Menschen absichtlich zu verkürzen, um Einsparungen im Renten- und Gesundheitssystem zu erzielen. Ebenso ist es auch kaum möglich, eine kränkelnde Bevölkerung als produktive Arbeitskräfte im Einsatz zu haben. Es ist auch umstritten, inwiefern eine massive Migration diesem Trend entgegenwirken kann – und Migration selbst birgt ebenfalls Probleme, wenn der gesellschaftliche Status quo beibehalten wird. Wenn hier kein Rückschritt in Erwägung gezogen werden soll, d.h. eine absichtliche Verringerung der Lebenserwartung als unethisch erachtet wird, bleibt nur der Schritt nach vorn, sich der Erforschung und Behebung von (altersbedingten) neurodegenerativen Krankheiten und anderen negativen Alterser-scheinungen zu widmen. Somit besteht die einzige sinnvolle Lösung, die sowohl der Bevölkerung als auch den Sozialversicherungs-systemen und der Wirtschaft zugutekäme, darin, den Anteil der krankheitsfreien Lebensjahre zu erhöhen. Aus diesem Grund hat die Suche nach Wegen, Demenzerkrankungen zu erforschen und zu bekämpfen, bereits hohe Priorität und zu dem Boom der Neuro- und Kognitionswissenschaften beigetragen. Ähnliches gilt für die KI-Forschung, da Robotersysteme und intelligente Umgebungen als Möglichkeit gesehen werden, eine alternde Bevölkerung in ihrer Selbstständigkeit zu unterstützen und einem zu erwartenden Pflegenotstand entgegenzuwirken.

Somit erhalten Forschungen und Technologien mit potentiell „transhumanistischem Nebeneffekt" öffentliche Unterstützung. Wer Wege finden möchte, um neurodegenerativen Krankheiten, Krebs und Behinderungen entgegenzuwirken, liefert automatisch ebenfalls Wissen für potentielles Human Enhancement. Werden jedoch Methoden entwickelt, welche die Gedächtnisleistung bereits Erkrankter verbessern, stellt sich die Frage, ob diese Methoden nicht auch bei gesunden Menschen zu einer generellen Verbesserung der kognitiven Leistung Anwendung finden könnten und sollten. Durch die notwendige Forschung im Bereich der Neurowissenschaften, Biotechnologie, Computerwissenschaften (für Simulationen) und anderen Disziplinen wird das Wissen über die Funktionsweise des menschlichen Gehirns zunehmen, was zumindest wertvolle Beiträge für die Entwicklung risiko- und nebenwirkungsarmer Nootropika, Psychopharmaka (Medikamente zur gezielten Beeinflussung der psychologischen Verfassung) und vielleicht für Uploading-Projekte (Gehirnsimulation auf einem Computer) liefern könnte.

Ist es nicht das Ziel der Politik, bis 2030 eine Bevölkerung mit „optimierten" über 65-Jährigen zu schaffen, die nicht an Demenz erkranken, physisch und geistig fit sind und aktiv am gesellschaftlichen und wirtschaftlichen Leben teilhaben können? Aus einer historischen Perspektive heraus, ist es für einen Menschen bereits unnatürlich, so alt zu werden, wie es in heutigen post-industriellen Gesellschaften üblich ist. Ein Rückschritt in frühere Zeiten, d.h. eine Verkürzung der Lebensspanne, ist ethisch jedoch nicht vertretbar. Die Beibehaltung des Status quo birgt erhebliche Probleme für Wirtschaft und Gesellschaft. Somit bleibt nur ein weiterer Schritt nach vorne: die Überwindung natürlicher Krankheitsentwicklungen. Wenn dies jedoch erreicht ist, wird sich wohl auch für Politiker die Frage stellen, weshalb die klassische Grenze der menschlichen Lebenserwartung für eine Gesellschaft mit hoher gesunder Lebensspanne bei achtzig Jahren enden sollte.

## HUMANEMBRYONALE STAMMZELLFORSCHUNG
## UND TISSUE ENGINEERING

Dieser Forschungszweig hat sich aus dem Ziel heraus entwickelt, die mit Organtransplantationen verbundene Probleme wie Abstoßungsreaktionen und einen Mangel an Spenderorganen zu lösen. Ausgereifte Technologien könnten die Züchtung von empfängeridentischem Gewebe und Ersatzorganen ermöglichen, ohne auf Spenderorgane anderer Menschen – mit all den verbundenen Organspenderproblemen – angewiesen zu sein. Da Organtransplantationen möglich sind und vielen Menschen das Leben retten und noch mehr Menschen das Leben retten könnten, wenn genügend geeignete Organe zur Verfügung stünden, würde ein diesbezüglicher Rückschritt, d.h. die Aufgabe der Transplantationsmedizin, nicht vertretbar sein. Die Status quo-Situation birgt jedoch das erwähnte Problem eines Mangels an Organspenden und eine Lockerung des Todeskriteriums zur Organentnahme bereits bei Herzstillstand, wie es bereits teilweise in Großbritannien, Belgien, den Niederlanden, Spanien, Österreich, der Schweiz, den USA und Frankreich möglich ist,[20] ist umstritten und kann nicht als ernsthafte Lösung in Erwägung gezogen werden. Auch der Vorschlag, dass jeder, der sich nicht ausdrücklich dagegen entscheidet, automatisch Organspender sein soll, ist problematisch. Mit steigender Lebenserwartung und besserer (Unfall-)Medizin wird sich der Organmangel in Zukunft wohl weiter erhöhen. Hier stehen sich zwei fundamentale Gegensätze gegenüber: einerseits der Wunsch nach Lebensrettung und andererseits die Erfordernis, eine hinreichend große Anzahl an legal toten Spendern zu erhalten. Dieses Dilemma des Status quo kann entweder durch einen Rückschritt – Aufgabe der Organtransplantation oder Aufgabe lebensrettender Maßnahmen – ermöglicht werden oder durch einen Schritt nach vorne, d.h. die Weiterentwicklung der regenerativen Medizin. Diese birgt jedoch auch ein prinzipielles Enhancementpotential. Man stelle sich lediglich vor, dass man das Tissue Engineering beliebig oft wiederholen könnte.

## INTELLIGENTE PROTHETIK

Es ist notwendig und wünschenswert, Behinderten ein besseres Leben zu ermöglichen und diese in die Gesellschaft zu integrieren. Aus diesem Grund arbeiten Forscher daran, Prothesen zusehends natürlicher zu gestalten und Technologien wie beispielsweise BCI zu entwickeln, um vollständig Gelähmten den Anschluss an moderne Kommunikationsmittel zu ermöglichen. Dieses Bestreben führt zu Fortschritten auf den Gebieten der Neurowissenschaften, KI/Informatik, Biotechnologie und (nano-/biotechnischen) Materialforschung. Somit können diese Erkenntnisse auch dazu verwendet werden, beispielsweise Implantate und „kybernetische" Technologien („Cyborgtechnologien") zu entwickeln, die bei Gesunden zu Enhancementzwecken wie beispielsweise digitaler Gedächtniserweiterung eingesetzt werden können. So hat die Computerspiele-Industrie bereits das BCI entdeckt und Produkte auf den Markt gebracht, die sich auf diese neuartige Weise bedienen lassen (beispielsweise das „Neurosky Mindset").

Wenn Prothesen und künstliche Organe erst einmal hinreichend ähnliche Funktionalitäten aufweisen wie ihre natürlichen Gegenstücke, bieten erstere die Vorteile der Austauschbarkeit und der Möglichkeit zur technischen Erweiterung. Wenn einst Behinderte mit „Cyborg-Technologien" ein normales Leben führen können, wird es vermutlich auch möglich sein, dass Gesunde mit ähnlichen Technologien „enhanced" werden können, d.h. Fähigkeiten erwerben, die sie von Natur aus nicht hätten. Solange es wünschenswert ist, Behinderten durch technische Hilfsmittel das Leben eines Nicht-Behinderten zu ermöglichen, kann Enhancement als potentielle Nebenfolge nicht ausgeschlossen werden.

## COMPUTERTECHNOLOGIEN

Moderne Computertechnologien ermöglichen bereits gängige Enhancementformen. Navigations- und Nachtsichtgeräte sowie Computer und das Internet ermöglichen als eine Art extern ausgelagerter Gedächtniserweiterung dem Menschen bereits routinemäßig übermenschliche Fähigkeiten. Da diese Geräte immer kleiner werden (vom *mobile* zum *wearable*) ist eine komplette „cyborgartige" Symbiose mit ihnen vielleicht weniger abwegig und dramatisch als dies derzeit anmuten lässt. Es wird vermutlich unterschiedliche Präferenzen diesbezüglich geben, wie nahe die Technologie dem Einzelnen kommen soll, aber das Spektrum unserer technischen Begleiter wird sich wohl für viele in Zukunft erweitern.

## SCHLUSSBETRACHTUNG – ABER NICHT DAS ENDE

Es ist zu vermuten, dass sich im Laufe der Zeit die Definition dessen, was als „Enhancement" bezeichnet wird, weiterhin verschieben wird. Bestimmte Verfahren wie beispielsweise Immunsystemoptimierungen, krafterhöhende Exoskelette für zivile und militärische Zwecke, Augmented Reality sowie Medikamente und Lebensmittel zur Gedächtnisverbesserung und Kompensation bestimmter Alterserscheinungen werden uns vielleicht in nicht allzu ferner Zukunft genauso alltäglich erscheinen wie heutzutage Schönheitsoperationen und Organtransplantationen. Das Interesse der Menschen an Wegen, ihre eigene Leistungsfähigkeit zu verbessern und ihre körperlichen Bedingungen selbst zu bestimmen, besteht und wird mit Fortschreiten der Möglichkeiten sehr wahrscheinlich weiter ansteigen.

Die Forderungen nach mehr Sicherheit in ihrer Anwendung sowie die Schaffung von gesellschaftlichen und politischen Rahmenbedingungen, um Missbräuchen und sozialen Konflikten vorzubeugen, sind deshalb von großer Bedeutung. Dennoch wird es vermutlich nicht dazu kommen, dass plötzlich ein Teil der Menschheit praktisch über Nacht zu „Supermenschen" wird. Vielmehr ist anzunehmen, dass Enhancement einen graduellen Prozess darstellt, der sich aus einer Vielzahl unterschiedlicher Komponenten zusammensetzt. Diese beinhalten beispielsweise eine verbesserte Ergänzung von Menschen und Computern, optimierte Ernährung, intelligente Kleidung, verbesserte Medikamente und Optimierungen, die im Zuge medizinischer (Präventions)-Maßnahmen vorgenommen werden, z.B. diverse Anwendungen von Implantaten und biologischer Sensoren.

Vergleicht man einen heutigen westeuropäischen „Durchschnitts-bürger" mit einem durchschnittlichen Menschen des mittelalterlichen Europa, könnte von der heutigen Person durchaus behauptet werden, dass sie Fähigkeiten besitzt, die weit über das hinausgehen, was man im Mittelalter als „menschenmöglich" angesehen hätte. In gewisser Weise würde jemand aus dem Mittelalter – oder gar aus dem frühen 20. Jahrhundert – einen heutigen „Durchschnitts-Westeuropäer" als transhuman bezeichnen können. Dennoch sind keine nennenswerten gesellschaftlichen Konflikte dadurch entstanden, dass die Menschen inzwischen eine fast doppelt so hohe Lebenserwartung haben, mit Hilfe von Computern weltweit und ohne Zeitverzögerung kommunizieren und besser als jeder Vogel navigieren können, dass Blinde und Gelähmte wieder sehen und gehen können, Organe transplantiert werden, Gene repariert und ein direkter Datenaustausch zwischen Gehirn und Computer möglich ist.

Eine viel größere Gefahr kann in der kommerziellen Ausnutzung des menschlichen Interesses an Enhancement durch die Präsentation von Waren, die auf keinerlei wissenschaftlicher Überprüfung beruhen, gesehen werden. Hierzu gehört beispielsweise eine Fülle von Naturheilmitteln und traditioneller „Medizin", die dem Menschen ein verbessertes Wohlbefinden, optimierte geistige Leistung, physische Kräftigung und eine bessere Gesundheit versprechen, ohne dass eine solche Wirkung wissenschaftlich überprüft und nachgewiesen ist. Die Kunden werden zum Kauf von Präparaten verleitet, die etwas versprechen oder zumindest suggerieren, was mit großer Wahrscheinlichkeit in dieser Form nicht erfüllt werden kann. Menschen suchen beispielsweise so genannte Wunderheiler auf (und zahlen oftmals viel Geld hierfür), da sie ihren derzeitigen (gesundheitlichen) Zustand verbessern möchten oder einfach weiter am Leben bleiben wollen, wobei die Mehrheit dieser Wunderheiler die Not und Wünsche der Menschen für den eigenen Profit ausnutzt. Aus diesem Grunde ist es umso wichtiger, Enhancement, ebenso wie die Medizin, auf wissenschaftlicher und überprüfbarer Basis weiterzuentwickeln, um den Menschen reale und fundierte Chancen zur Verbesserung ihrer Gesundheit, Fähigkeiten und Möglichkeiten bieten zu können, bei gleichzeitiger Minimierung negativer Nebeneffekte.

[1] European Parliament. Science and Technology Options Assessment: „A European approach to Human Enhancement. Background document for the STOA workshop 'A European Approach to Human Enhancement' 24 February 2009." http://tinyurl.com/oqaxvgd [21.09.2011].

[2] Oxygen Biotherapeutics: „Oxycyte." http://tinyurl.com/3k7ea4y [21.09.2011].

[3] Vgl. Miah, Andy: „Human Enhancement - A Reasoned Pro Approach." Slideshare.net, 24.02.2009, http://tinyurl.com/dygt5s [21.09.2011].

[4] Science and Technology Options Assessment: „STOA Workshop on Human Enhacement 24 February 2009." http://tinyurl.com/3b5r9jh [21.09.2011].

[5] Gesund & Vital: „Ginkgo - Wappnung gegen Alterungsprozesse." http://tinyurl.com/3v8kw9k [21.09.2011].

[6] DeKosky, Steven T. u.a.: „Ginkgo biloba for Prevention of Dementia. A Randomized Controlled Trial." JAMA Journal of the American Medical Association, Vol. 300 No. 19, 19.11.2008. http://jama.ama-assn.org/content/300/19/2253.full [11.11.2011].

[7] Dingermann, Theodor: „Stellungnahme der Kommission „Qualität und Transparenz von Phytopharmaka" im Auftrag des Komitees Forschung Naturmedizin e.V. (KFN)." Forschende Komplementärmedizin. 1.7.2007. http://tinyurl.com/cov5h25 [11.11.2011].

[8] Anette Dowideit: „Die gefährliche Illusion vom Essen, das gesund macht." Welt Online, 17.07.2011, http://www.welt.de/wirtschaft/article13491513/Die-gefaehrliche-Illusion-vom-Essen-das-gesund-macht.html, [05.01.2012]; Marie-Thérèse Nercessian: „Bio-Boom sorgt weiter für wachsende Job-Vielfalt." Welt Online, 04.11.2011, http://www.welt.de/wirtschaft/karriere/leadership/article13695841/Bio-Boom-sorgt-weiter-fuer-wachsende-Job-Vielfalt.html, [05.01.2012].

[9] „Unternehmenszahlen." Red Bull Website, http://www.redbull.ch/cs/Satellite/de_CH/Company/001243091738978?pcs_cid=1243090197634&pcs_c=PCS_Product, [05.01.2012].

[10] „AUSTRIA: Red Bull sees sales jump in 2010." just-drinks, 24.01.2011, http://www.just-drinks.com/news/red-bull-sees-sales-jump-in-2010_id102885.aspx [01.01.2012].

[11] Jacke, Christiane: „Neuro-Enhancement. Doping fürs Gehirn." Stern, 18.11.2005, http://www.stern.de/wissen/gesund_leben/neuro-enhancement-doping-fuers-gehirn-549716.html [01.01.2012].

[12] Schuh, Claudia: „Gehirndoping. Ritalin-Partys in Amerika." Focus, 25.07.2007, http://www.focus.de/schule/lernen/tid-6935/lerndoping_aid_67661.html [01.01.2012].

[13] Nienhaus, Lisa: „Ritalin. Die Karriere einer Pille." FAZ, 02.10.2007, http://www.faz.net/aktuell/wirtschaft/unternehmen/ritalin-die-karriere-einer-pille-1459215.html [01.01.2012].

[14] Silver, Lee M.: Remaking Eden: Cloning and Beyond in a Brave New World. Avon, 1998.

[15] „Deutscher Ethikrat legt Stellungnahme zur Präimplantationsdiagnostik vor." Deutscher Ethikrat, 08.03.2011, http://www.ethikrat.org/presse/pressemitteilungen/2011/pressemitteilung-03-2011 [01.01.2012].

[16] Fukuyama, Francis: Das Ende des Menschen. Deutsche Verlags-Anstalt, 2002.

[17] „Lebenserwartung von Frauen bei Geburt." Statistisches Bundesamt Deutschland, 02.10.2012, http://tinyurl.com/d565tol [06.10.2013].

[18] UN Datenbank 2008.

[19] Berlin-Institut für Bevölkerung und Entwicklung: „Demenz-Report. Wie sich die Regionen in Deutschland, Österreich und der Schweiz auf die Alterung der Gesellschaft vorbereiten können." Februar 2011, http://tinyurl.com/3nzejz4 [25.08.2011]

[20] Le Ker, Heike: „Schon Herzstillstand reicht Ärzten für Organentnahme." Spiegel Online, 16.06.2008, http://www.spiegel.de/wissenschaft/mensch/0,1518,559972,00.html [01.01.2012].

# 5 LEBENSVERLÄNGERUNG

*Patrick Burgermeister*

Transhumanisten sind keine homogene Gruppe, wie Sie aus den Artikeln dieses Buches ersehen können. Wenn es aber ein paar gemeinsame Eigenschaften gibt, dann gehören Neugier, Freude am Fortschritt und die Bereitschaft, ungewohnte Fragen zu stellen sicher dazu. Diese Bereitschaft macht auch vor Dogmen keinen Halt. Ein biologisches Dogma, das uns buchstäblich in Fleisch und Blut übergegangen ist, lautet:

„Wir sterben alle früher oder später und wir können nichts dagegen tun."

Kaum jemand getraut sich bisher, diese Aussage anzuzweifeln. Zu selbstverständlich scheint die Feststellung, zu groß das Risiko ausgelacht zu werden. Stimmt sie aber auf alle Ewigkeit? Und falls nein, ändert sich bereits etwas im noch jungen 21. Jahrhundert?

Es war in der Vergangenheit fast unmöglich, einigermaßen verlässliche Prognosen über den Fortschritt über mehr als ein paar Jahre hinaus zu machen. Man erinnere sich beispielsweise an den 1968 erschienenen Film *2001: Odyssee im Weltraum* von Stanley Kubrick. Vor den Dreharbeiten haben sich Experten zusammengesetzt, um ein realistisches Bild von diesem Zukunftsjahr zu zeichnen. Mittlerweile ist das besagte Jahr längst Vergangenheit. Gewisse Dinge wurden richtig erraten, wie etwa die Möglichkeit einer permanent bemannten Raumstation. Wir müssen jedoch schmunzeln, wenn wir im Film sehen, wie riesig die Computermodule von HAL sind. Die Miniaturisierung wurde massiv unterschätzt. Auch auf biologischem Gebiet sind unsere Fähigkeiten zu Vorhersagen äußerst bescheiden. Noch Mitte der 1990er Jahre gab es unzählige Fachkräfte, welche die Möglichkeit, menschliche embryonale Stammzellen zu kultivieren, kategorisch verneinten. Der Grund war, dass dies bereits 1981 mit Mauszellen gelang,[1] aber schließlich siebzehn (!) Jahre dauerte, bis diese Technik mit menschlichen Zellen funktionierte.[2] Heute gehört das Gebiet der Stammzellen zu den heißesten Anwärtern für Durchbrüche in der Bekämpfung von Krankheiten. Die Geschwindigkeit, mit der Resultate aus Tierversuchen auf den Menschen übertragen werden, scheint sich dabei eher beschleunigt zu haben. Der Japaner Shinya Yamanaka etwa zeigte 2006, dass sich erwachsene Hautzellen mithilfe von lediglich vier Genen in einen pluripotenten („alles-könnenden"), embryonalen Zustand zurück programmieren lassen.[3] Es dauerte nur sechzehn Monate, bis ihm dasselbe mit menschlichen Zellen gelang.[4] 2012 erhielt er dafür den Nobelpreis und bereits 2014 soll ein erster klinischer Versuch mit diesen sogenannten iPS-Zellen (induzierte pluripotente Stammzellen) beginnen.

Lassen Sie uns auf die eingangs gestellten Fragen zurückkommen. Die Möglichkeit praktisch jeden Fortschritts wurde bis kurz vor seinem Eintreten verneint. Selbstredend hat jeder Durchbruch auch eine Reifungsphase. Ein Höhlenmensch war viel zu weit davon entfernt, das Zeitalter der Flugzeuge zu erleben und hätte seinen Stammesfreunden am Lagerfeuer sicher mit Überzeugung verkündet:

„Menschen können nicht fliegen und werden es auch nie können."

Viele Menschen erkennen nach kurzem Nachdenken (oder auch intuitiv) die Parallelen dieser beiden Behauptungen. Im Prinzip gibt es nichts Zwingendes am Alterungsprozess. Versuchen Sie es einmal selbst mit einem Gesprächspartner, der behauptet, dass man gegen Alterung nichts tun kann. Er/Sie wird zuerst vielleicht ein relativ einfach zu widerlegendes Argument wählen, wie die Tatsache, dass wir alle weiße Haare und Falten bekommen. Es wird dann rasch klar, dass dies im Prinzip korrigierbare Veränderungen sind. Aber auch bei grundlegenderen Einwänden von Personen mit mehr Vorwissen, kommt man nie zu dem Punkt, an dem man sagen muss, dass es grundsätzlich und für alle Zeit unmöglich bleiben muss, etwas dagegen zu tun. Auch die letzte Bastion, das Gehirn, ist „reparierbar": mit den oben beschriebenen iPS-Zellen kann man auch genetisch kompatible Nervenzellen generieren.

Die zweite Frage ist sodann, *wann* die Zeit für erfolgreiche Interventionen auf diesem Gebiet gekommen ist. Hier kann man sich erstens auf Tierversuche besinnen, in welchen bei einfacheren Organismen wie Hefe oder dem Fadenwurm C. Elegans bereits eine Vervielfachung der Lebensspanne erreicht wurde.[5] Aber auch bei höheren Organismen, von der Fruchtfliege Drosophila bis zur Maus, gibt es bereits vielversprechende Resultate.[6]

Zudem sind wir seit wenigen Jahren in der glücklichen Lage, den genetischen Code des Menschen in seiner Gesamtheit lesen zu können. Es gibt bereits erste Privatpersonen, die von diesem Angebot Gebrauch machen. Reichen Tierdaten und jüngste Fortschritte in der Genetik und Biologie (z.B. Stammzellen) jedoch aus, um mit einer gewissen Zuversicht prognostizieren zu können, dass wir den Alterungsprozess bereits in diesem Jahrhundert in den Griff bekommen?

## FORTSCHRITT VERLÄUFT SCHNELLER ALS LINEAR

Ich persönlich bin dieser Ansicht. Wir Menschen sind grundsätzlich schlechte Prognostiker, wenn ein Prozess exponentiell verläuft, denn wir sind lineare Entwicklungen gewohnt. Seit den 1960er Jahren etwa erleben wir jedoch auf dem Gebiet der Informationstechnologie einen exponentiellen Fortschritt bezüglich Datendichte und Verarbeitungsgeschwindigkeit. Das als *Mooresches Gesetz* bekannte Phänomen besagt, dass sich die Anzahl informationsverarbeitender Elemente (Transistoren) pro Flächeneinheit etwa alle achtzehn Monate verdoppelt. Dass der Fortschritt auch auf dem Gebiet der Biologie schneller als linear verläuft, lässt sich an vielen Indikatoren ablesen: der Anzahl eingereichter Patentanmeldungen, der Menge sequenzierter Gendaten oder der Zahl veröffentlichter wissenschaftlicher Publikationen.

## ABWEHRMECHANISMEN

Objektiv betrachtet könnte es also durchaus sein, dass wir sehr nahe (oder bereits in) der Zeit leben, die Eingriffe in den Alterungsprozess ermöglicht. Wahrscheinlich ist das größte Problem gar nicht die Machbarkeit, sondern wir selbst. Die meisten Leute erlauben es sich nicht zu glauben, dass etwas gegen die Alterung bewirkt werden kann. Die Abwehrmechanismen diesbezüglich sind vielfältig. Eine häufige Reaktion ist beispielsweise die Haltung: „Das darf nicht sein!" Das muss nicht einmal religiöse Gründe haben, sondern kann schlicht auf einem Bauchgefühl beruhen. Ähnliche Reaktionen gibt es natürlich vor jeder technischen Neuerung. Vor der Entwicklung der Eisenbahn machte man sich Sorgen, ob der menschliche Körper diese „horrenden" Geschwindigkeiten tatsächlich aushalten oder schlicht auseinander fallen würde. Bei der Einführung der Elektrizität grillten fanatische Fortschrittsgegner Hunde im New Yorker Central Park mit Strom zu Tode, um zu zeigen wie lächerlich die Behauptung, Strom sei ungefährlich und für die Menschheit in jedem Haushalt nützlich, sei.

Wir orientieren uns häufig daran, was „normal" ist. Wenn eine Krankheit einen Freund oder Verwandten in wenigen Monaten oder Jahren hinwegrafft, empfinden wir dies nicht als normal und verlangen medizinische Behandlung. Da jedoch alle Menschen altern, ist das die Norm, also norm-al. Nur weil es alle betrifft, heißt das aber noch nicht, dass es etwas Wünschenswertes sei. Niemand konnte früher fliegen, um zu dem Beispiel zurückzukehren. Glücklicherweise ist es aber auch nicht normal, dass sich Menschen mit den grausamen und ungewollten Aspekten der Natur einfach abfinden. Der Alterungsprozess war bis vor kurzem (mit Ausnahme gewisser Quacksalber und Heilsversprecher) gegenüber dem menschlichen Erfindungsgeist resistent. Die Menschen haben sich viele Strategien zurechtgelegt, um mit der unangenehm bis unerträglichen Tatsache fertig zu werden, dass wir alle sterben. Viele Religionen versprechen gewissermaßen als Trost ein „Leben" nach dem Tod.

Als zweite Strategie wird das Altern als würdevoll und ehrwürdig dargestellt. In Büchern, Filmen und anderen Medien wird Alter mit Weisheit und Respekt gleichgesetzt. Gleichzeitig wird der Wunsch nach Unsterblichkeit regelmäßig verteufelt. Man indoktriniert die Leute, dass das Bedürfnis, nicht sterben zu wollen, egoistisch sei und nur mit inakzeptablen Eingeständnissen erfüllt werden kann. Vampire sind zwar unsterblich, müssen aber das Blut von Lebenden trinken. Zombies sind untot, doch grausam und geistlos. Von *Grimms Märchen* bis zu *Harry Potter* wird der Wunsch nach Unsterblichkeit mit dem Bösen in Verbindung gebracht, damit sich die Menschheit eher mit der Unausweichlichkeit des Todes abfinden kann. Seit kurzem liest man auch immer häufiger den  Im den Euphemismus „erfolgreiches Altern", der die Alterung sogar mit Erfolg verbindet![7]

Der Lebenserhaltungstrieb ist der dominanteste aller Triebe. Der Mensch hat jedoch als einziges Wesen den Nachteil, sich der eigenen Vergänglichkeit bewusst zu sein. Daher muss er sich Denkschemata zurechtlegen, die es ihm erlauben, mit dieser brutalen Wahrheit fertig zu werden. Eine weitere dieser Strategien ist, dass man sich einredet, der Tod gebe dem Leben einen Sinn. Ein unbegrenzt verlängertes Leben sei gewissermaßen sinnlos! Denkbar, dass es uns nach fünfhundert Jahren langweilig würde. Das würde ich aber gerne selbst entscheiden! Es geht schließlich darum, die Wahlfreiheit zu haben, uns nicht von der Biologie einen grausamen Zerfallsprozess vorschreiben zu lassen. Stoisch Schmerzen zu ertragen, sich freiwillig dem Exitus zu ergeben, sind nur dann akzeptable Strategien, wenn man keinerlei Alternativen hat oder sieht.

Die häufigsten Argumente, die dafür angeführt werden, dass die Verlängerung des Lebens erst gar nicht verfolgt werden sollte, lassen sich grob in verschiedene Kategorien einteilen. Ich möchte im Folgenden kurz darauf eingehen. Zunächst aber noch eine kurze Klärung: *Das Ziel ist nie eine Verlängerung der Gebrechlichkeits- und Krankheitsphase am Ende des Lebens, sondern immer der Gewinn von zusätzlichen gesunden Jahren!*

## „ÜBERBEVÖLKERUNG"

Soll man eine medizinische Behandlung anstreben und anbieten, welche die Lebenserwartung und damit die Bevölkerungszahl drastisch erhöht? Lassen Sie uns dazu einen analogen Fall betrachten. Stellen Sie sich vor, Sie befinden sich im Jahre 1900 und Sie sind ein wichtiger Politiker oder Minister der Gesundheitsbehörde, der entscheiden muss, wie rasch eine wirksame, neue Impfung auf den Markt kommt, die viele Kinder vor dem Tod rettet. Würden Sie das Wissen zurückhalten, den Fortschritt verzögern, um eine Bevölkerungsexplosion zu verhindern? Wohl kaum. Mit der Alterung verhält es sich genauso. Falls Sie sagen, dass es einen Unterschied macht, ob es um eine Kinderimpfung oder eine Verlängerung des Lebens von alten Leuten geht, irren Sie. Denn:

## „Alte Leute sind auch Menschen."

Die Ansicht, dass 80 (oder irgendeine Anzahl) Jahre genug sind, ist nur ein weiterer unserer Schutzmechanismen gegen die Alterung. Er hilft uns, mit dem Tod von Freunden und Verwandten fertig zu werden. Das Recht auf Leben hängt aber nicht vom Alter ab. Sie sprechen ja auch nicht einem 80-Jährigen, ansonsten gesunden Alzheimerpatienten das Recht auf ein neues Medikament ab, das ihm wieder ermöglicht, seine eigenen Kinder zu erkennen. Früher war eine durchschnittliche Lebenserwartung von 45 Jahren „natürlich" und „normal", heute eher 80. Diese Zahl wird sich weiter verändern. Ich stelle mir Schulkinder im Jahre 2100 vor, die über jemanden lesen, der 90 Jahre alt wurde und ausrufen: „So jung ist er/sie gestorben!"

In den letzten Jahrzehnten hat sich das Bevölkerungswachstum in vielen Industrieländern auf etwa null (zum Teil sogar negativ) verlangsamt.[8] Es ist durchaus denkbar, dass bei fallender Todesrate die Geburtenrate weiter sinkt. Der Hauptpunkt ist aber wohl der, dass die Alternative, nichts zu unternehmen und Menschen sterben zu lassen, inakzeptabel ist. Ja, vielleicht gibt es neue Schwierigkeiten, vielleicht müssen neue Formen des Zusammenlebens, der Altersvorsorge, des Arbeitslebens usw. gefunden werden. Falls wir Anti-Alterungstherapien jedoch verzögern, verdammen wir die zukünftige Generation dazu, ebenso schnell zu sterben wie wir, ob sie das will oder nicht. Wir haben kein Recht, diese Entscheidung für sie zu fällen.

## „LANGLEBIGE TYRANNEN"

Ein weiteres Argument gegen ein verlängertes Leben besteht darin, dass einige befürchten, dass dadurch gewisse Despoten und Diktatoren (noch) länger über ihr Volk herrschen. Dass ein (nicht demokratischer) Staat ewig oder sehr, sehr lange von einem böswilligen Tyrannen regiert wird, ist eine kleine Gefahr. Es gibt immer weniger Staaten auf der Welt, die noch keine Demokratien sind und daher keine zeitlich beschränkten Amtszeiten kennen. Zudem sterben schon heute Diktatoren häufig nicht an Altersschwäche, sondern an gewaltsameren Akten. Außerdem: Diktatoren wurden in der Vergangenheit häufig wieder von Diktatoren abgelöst. Es gibt also immer auch die Möglichkeit, dass auf einen Tyrannen nicht unbedingt etwas Besseres folgt.

## „NUR REICHE PROFITIEREN"

Es ist praktisch ausgeschlossen, dass wirksame Verjüngungstherapien auch nur kurze Zeit den Reichen vorbehalten bleiben. Dafür gibt es viele triftige Gründe. Lassen Sie mich zwei davon vorbringen: Erstens werden diese Verjüngungstherapien derart zentral werden, dass Menschen alles tun werden, um sie zu erhalten. Bisher waren wir es gewohnt, dass Elektrizität, Telefone, Autos usw. zuerst den Reichen vorbehalten bleiben und, nach einer gewissen Übergangszeit, immer mehr Menschen zur Verfügung stehen. Das war deshalb (einigermaßen) tolerierbar, weil das Argument galt, dass man auch ohne diese Dinge leben kann. Bei wirksamen Behandlungen gegen das Altern gilt genau das nicht mehr. Würden diese auf einige wenige Länder oder Personen beschränkt, würden die Ausgeschlossenen alle Mittel (auch gewaltsame) einsetzen, um an die Behandlung zu kommen. Zudem würde wohl kaum ein Politiker gewählt werden, wenn er/sie sich nicht dazu bekennt, allen Menschen eine solche Behandlung zu ermöglichen. Aus sicherheitstechnischen und politischen Gründen würde daher ein noch nie da gewesenes, global koordiniertes Bemühen einsetzen, die weltumspannende Verfügbarkeit sicherzustellen.

Zweitens wird der Verfügbarkeit dieser Therapie ein Zeitraum von mindestens einem Jahrzehnt vorausgehen, in dem sich deren Machbarkeit und Wirksamkeit abzeichnet. Die Gesellschaften aller Länder werden in dieser Zeit wohl starke Veränderungen erfahren und vieles diesem Ziel unterordnen. Von den Prioritäten her wird es wohl unmöglich, keine Steuergelder für dessen Realisierung einzusetzen. Gesetze werden geändert werden, Patente gebrochen und Länder kooperieren, noch mehr als dies beim internationalen Genomprojekt oder bei Impfprojekten bereits der Fall ist. Mit anderen Worten wird die Gesellschaft schon deutlich vor der Verfügbarkeit dieser Behandlungen dafür sorgen, dass möglichst viele (Personen und Länder) von Beginn an Zugang haben werden.

## „ES GIBT WICHTIGERES"

Dieses Argument sagt im Prinzip, dass es Vorrang hat, zum Beispiel den Welthunger zu bekämpfen als die Alterung. Diese auf den ersten Blick sehr noble Prioritätensetzung macht eigentlich gar keinen Unterschied. In beiden Fällen geht es um die Rettung von Leben und jedes Leben ist gleich viel wert, ob arm oder reich, jung oder alt. Ein Unterschied besteht jedoch hinsichtlich der Einflussmöglichkeiten: die wenigsten von uns können etwas an den politischen und wirtschaftlichen Umstände in der Dritten Welt ändern. Die Einflussmöglichkeiten auf die Forschung des Landes, in dem wir Steuern zahlen und in dem wir vielleicht die Entwicklung einer Behandlung fördern können, die der ganzen Menschheit nützt, sind deutlich größer. Möglich ist dies durch eine direkte Einflussnahme auf Politiker (beispielsweise in Form von Petitionen), die Wahl von fortschrittlichen Politikern, den starken Einfluss von Patienten-Organisationen oder das Lobbying in den Medien.

Das Prioritätenargument impliziert überdies den Vorwurf, dass länger leben zu wollen, egoistisch sei und dass wir zunächst einmal in moralischer Hinsicht 'bessere' Menschen werden sollten. Es ist einfach zu moralisieren, ohne eine Alternative vorzuschlagen. Die menschliche Natur wird wohl nie engelsgleich werden. Wahrscheinlich ist aber eine markante Lebensverlängerung sogar eine wirksame Strategie, um die Menschen verantwortungsvoller und altruistischer zu machen. Es gibt berechtigte Hoffnungen, dass Menschen, die deutlich länger leben als heute, auch verantwortungsvoller und philanthropischer handeln als es derzeit der Fall ist. Ein bekanntes Beispiel ist die Umwelt: Wenn ich weiss, dass ich viele hundert Jahre auf diesem Planeten verbringe, werde ich vermutlich auch schonender mit ihm und seinen Ressourcen umgehen. Ein weiterer wichtiger Punkt ist das Gefühl der Hilflosigkeit. Viele Menschen werden im Alter defätistisch, da es ihnen/uns nicht einmal gelingt, dasjenige zu erhalten, was uns am liebsten und teuersten ist: unser Leben. Wenn wir erst mal nicht mehr Spielball der zufälligen biologischen Natur mit ihren degenerativen Erkrankungen, Schlaganfällen und Krebs sind, dann werden wir vielleicht auch stärker daran glauben, dass wir die Welt um uns herum erhalten und verbessern können.

## „WIR MÜSSEN DEN NÄCHSTEN GENERATIONEN PLATZ MACHEN"

Lassen Sie uns zu diesem Argument überlegen, wie wir uns heute verhalten. Ermöglichen wir heute möglichst vielen (ungeborenen) Menschen das Leben? Wie viele Kinder haben Sie? Und wie viele hätten Sie theoretisch haben können? Eben! Mit Ausnahme einiger Religionen, die eine möglichst hohe Anzahl an Nachkommen fordern (müssen), verlangt niemand, dass wir uns möglichst oft fortpflanzen. Uns allen ist die Qualität des Lebens (wozu auch die Länge gehört) wichtiger. Bereits heute ist es also so, dass wir ziemlich vielen Ungeborenen das Leben verwehren. Außerdem können wir uns fragen, ob das Recht darauf geboren zu werden (falls es so etwas gibt) bedeutet, dass ein bereits Lebender sein Leben aufgeben soll. Auch hier hat sich unsere Gesellschaft längst entschieden. Ein Beenden der Alterung würde diesbezüglich kein neues Dilemma mit sich bringen.

## „MAN DARF NICHT GOTT SPIELEN"

Das Argument, man dürfe nicht Gott spielen, schüchtert vor allem gläubige Menschen zunächst massiv ein. Es wirkt ungefähr so wie die Warnung an ein kleines Kind, dass es gerade etwas Verbotenes tue. Wenn man sich jedoch überlegt, worum es geht, erscheint die vermeintliche Warnung jedoch fast absurd. Es geht darum, Leben zu retten! Es ist absolut unnatürlich und unmenschlich, nichts gegen den Tod zu unternehmen. An dieser Stelle möchte ich kurz auf den Begriff 'natürlich' eingehen. Er hat im Deutschen eine gefährliche Doppelbedeutung und legt nahe, dass alles was von der Natur kommt, natürlich und daher gut ist. So gesehen ist jeder Herzinfarkt und jedes Erdbeben natürlich. Es ist ganz natürlich, dass Ihr Vater den Verstand durch Alzheimer verliert und Sie als eigenen Sohn/Tochter nicht mehr erkennt. Es gehört zum Menschsein, die Natur nicht so zu akzeptieren, wie sie ist. Das beginnt schon beim Regenschirm (es wäre ganz „natürlich", nass zu werden) oder der Brille (Sie sollten „natürlich" schlechter sehen). Der Mensch wird seine Intelligenz und seine Kreativität immer dazu einsetzen, sich und seine Umwelt zu verbessern.

Nehmen wir einmal an, obige Argumente haben Sie (einigermaßen) überzeugt und Sie gehören nicht zur fatalistischen Mehrheit der Leute, die den Tod als auf ewige Zeiten unausweichlich (oder vielleicht sogar als gut und natürlich) empfinden. Dann fragen Sie sich bestimmt, wie man denn konkret gegen die Alterungsprozesse vorgehen könnte.

## DENKE WIE EIN INGENIEUR, NICHT WIE EIN GRUNDLAGENFORSCHER!

Wie könnte ein möglicher Ansatz zur Bekämpfung der Alterung per se aussehen? Im Folgenden werde ich starken Bezug auf die Arbeiten des britischen Biogerontologen Dr. Aubrey de Grey nehmen. Er hat einen wissenschaftlichen Ansatz zur Bekämpfung der Alterung vorgeschlagen, der neue Wege geht.[9] Forscher tendieren dazu, sich damit zufrieden zu geben, Fragen mit gezielten und intelligenten Experimenten zu beantworten, die wiederum neue Fragen aufwerfen. Grundlagenforschung kennt im Prinzip nur das Ziel des *Verstehens*. Molekulare Zusammenhänge in einem System von etwa 23 000 Genen und einem Mehrfachen davon an Proteinen, kann man aber fast beliebig lang untersuchen. Für reine Forscher ist es normal, nur ein winziges Teilchen zu einem Puzzle beitragen zu können und jedes Forschungsgebiet (auch wenn es noch so spezialisiert ist) ist viel zu groß, um endgültige Resultate produzieren zu können. Dr. de Grey schlägt in diesem Zusammenhang einen neuen Denk- und Handlungsansatz vor, der dem eines Ingenieurs gleicht. Um zum Beispiel eine Brücke zu bauen, muss man nicht jedes Betonteilchen und jeden Stein einzeln kennen und analysieren. Es reicht, wenn die Brücke so gebaut ist, dass sie hält. Sie muss nicht einmal ewig halten, sondern kann bei Alterung repariert werden. Diese Simplifizierung ist auch auf biologischem Gebiet anwendbar. Fast alle Forschungsansätze (und auch die Entwicklungsprojekte der großen Pharmafirmen) beruhen darauf, einen Stoffwechselpfad zu finden, der irgendwie etwas mit einer bestimmten Krankheit zu tun hat. Man findet schließlich ein einzelnes Molekül auf diesem Pfad und entwickelt daraufhin einen Hemmstoff (oder einen Aktivator), um den Pfad irgendwie beeinflussen zu können.

Lassen Sie mich als konkretes Beispiel die Alzheimersche Krankheit nehmen. Alzheimer trifft uns wahrscheinlich alle irgendwann, wenn wir nur lange genug leben. Der mit großer Wahrscheinlichkeit für die Pathologie verantwortliche Hauptschuldige heißt *Amyloid beta*. Es ist ein Proteinstückchen, das entsteht, wenn zwei Enzyme (molekulare „Scheren") aus einem Vorläuferprotein einen Teil herausschneiden. Entsteht es in zu großen Mengen, bildet es Ablagerungen, welche die Nervenzellen schädigen. Man spricht dann von *Plaques*. Der Denkansatz alter Schule wäre nun: 1. Ich habe zwei Protein gefunden (die Scheren), die man beeinflussen kann. 2. Wenn ich die Scheren genug hemme, gibt es vielleicht weniger Alzheimer. Leider haben diese beiden molekularen Scheren im Körper sicherlich eine Aufgabe (sonst hätte sie die Evolution nicht weitergegeben). Hemmen wir nun eine oder beide von ihnen, greifen wir wahrscheinlich auch in einen lebensnotwendigen Prozess ein (ich vereinfache hier, aber das Prinzip wird klar). Der Ingenieuransatz erlaubt eine deutlich vereinfachte Herangehensweise. Der Ingenieur sagt sich, dass er gar nicht wissen muss, wie diese Amyloid beta-Ablagerungen zustande kommen, welches die molekularen Scheren sind usw. Er bemerkt lediglich Ablagerungen, die giftig für die Nervenzellen sind und fragt sich, wie man sie beseitigen kann. Seine Schlussfolgerung lautet daher:

„Lass dem Stoffwechsel seinen Lauf, behebe nur den Schaden!"

So könnte das Credo in etwa lauten. Und das Beispiel Alzheimer steht nicht alleine da. Nebst Amyloid beta gibt es weitere Ablagerungen, die verschiedene Pathologien auslösen. Dr. de Grey fasst sie als *extrazelluläre Aggregate* zusammen. Dies ist eine Kategorie von Schäden, die durch die Alterungsprozesse entstehen. Dr. de Grey hat in langjähriger Arbeit noch sechs weitere solche Schadenskategorien definiert und die Interventionen, welche zur Behebung oder Sanierung dieser Schäden angewandt werden könnten, SENS getauft (*Strategies for Engineered Negligible Senescence*, zu Deutsch etwa: Technische Strategien zur Seneszenz-Minimierung; Seneszenz heißt in etwa Vergreisung).

Im nächsten Teil möchte ich kurz auf die sieben Schadenskategorien eingehen und umreißen, welche Ansätze bestehen, diese zu beheben.

## DIE SIEBEN SCHADENSKATEGORIEN VON SENS

| | Schaden | Ansatz zur Abhilfe/Behebung |
|---|---|---|
| 1 | Mitochondrielle Mutationen | Expression der dreizehn mitochondriellen Proteine im Zellkern |
| 2 | Extrazelluläre Ablagerungen | Phagozytose („Auffressen") durch Stimulierung des Immunsystems |

| Schaden | Ansatz zur Abhilfe/Behebung |
|---------|------------------------------|
| 3 Intrazelluläre Ablagerungen | Mikrobielle Enzyme |
| 4 Quervernetzungen außerhalb der Zellen | Moleküle/Enzyme, die AGE (Advanced Glycosylation Endproducts/fortgeschrittene Glykosylierungs-Endprodukte) aufbrechen können |
| 5 Mutationen im Zellkern (Krebs) | Löschen der Telomerase / ALT (Alternative Lengthening of Telomeres) und periodische Stammzelltherapie |
| 6 Seneszente Zellen | Suizid-Gene, Immunstimulierung |
| 7 Zellverlust oder -schrumpfung | Zelltherapie |

## 1. MITOCHONDRIALE MUTATIONEN

Mitochondrien sind die Kraftwerke unserer Zellen. In ihnen wird die lebensnotwendige chemische Energie namens ATP generiert. In diesen Prozess fließt der Sauerstoff ein, den wir atmen. Sauerstoff ist ein sehr reaktiver Stoff und richtig gefährlich wird er, wenn er ein so genanntes *ungepaartes Elektron* enthält. Dies geschieht zwar selten, doch ganz perfekt ist der Stoffwechsel nicht. Wenn es also passiert, spricht man von so genannten *(freien) Radikalen.* Unsere Sauerstoff veratmenden Mitochondrien sind daher ein relativ heißes Pflaster. Das wäre nicht weiter schlimm, doch die Mitochondrien beherbergen leider auch einen kleinen Teil genetischen Codes, der für dreizehn Proteine verantwortlich ist. Sie können sich vorstellen, dass diese dreizehn Baupläne viel gefährdeter sind als alle anderen Gene, die geschützt und sicher im Zellkern sitzen, weit weg von den freien Radikalen, die mit allem reagieren, was ihnen gerade in den Weg kommt. Der exakte Mechanismus, wie mutierte Mitochondrien zur Alterung beitragen, soll uns hier nicht weiter kümmern. Nur soviel: die Hypothese geht dahin, dass kaputte Mitochondrien vom Körper nicht als defekt erkannt werden, da ihre Membranen intakt bleiben. So können sie sich still anhäufen und Fettmoleküle oxidieren, die anschließend den ursprünglich lokalen Schaden in den ganzen Körper transportieren.

Dr. de Greys Vorschlag, wie dieser Schadenskategorie beizukommen sei, lautet: *Sicherheitskopien der dreizehn mitochondrialen Proteine in den Zellkern!* Die Evolution hat bereits den Code vieler mitochondrial kodierter Proteine in den Kern gebracht. Die verbliebenen dreizehn sind sehr lipophil ('fettliebend') und bräuchten Hilfe, um in den Kern verschoben zu werden. Für drei dieser Proteine wurden bereits erste Erfolge erzielt[10] und die Arbeit an den anderen läuft in wissenschaftlich hochkarätigen Labors, darunter das *Institut de la Vision at Pierre and Marie Curie University* in Paris unter der Leitung von Dr. Marisol Corral-Debrinski. Ein wichtiger Grund, wieso am Import mitochondrialen Codes in den Kern gearbeitet wird, ist die Existenz erblich bedingter Krankheiten, die durch mitochondriale Mutationen entstehen. Die Alterungsforschung kann hier gewissermaßen 'Trittbrett fahren', da die Resultate auch ihr zugute kommen. Dieses Muster wird sich bei den anderen Schadenskategorien noch oft wiederholen.

## 2. BESEITIGUNG EXTRAZELLULÄRER ABLAGERUNGEN

Der Stoffwechsel in unseren Körpern ist ausgesprochen gut organisiert, aber nicht perfekt. Ab und zu kommt es vor, dass sich ein Molekül falsch faltet oder dass sich ein anderes ablagert und nicht mehr mit unseren körpereigenen Enzymen abgebaut werden kann. Viele dieser Ablagerungen gehören zur Familie der *Amyloide* und das unbestritten bekannteste davon ist *Amyloid Beta* oder kurz A-beta. Es ist der Auslöser (oder zumindest Mitverursacher) der Alzheimerschen Krankheit. Andere Amyloid-Erkrankungen entstehen durch sich langsam anhäufende Ablagerungen im Herz, der Bauchspeicheldrüse oder anderen Organen. Da wir alle bis zu einem gewissen Grade Amyloid produzieren, ist es eine reine Zeitfrage, bis man an Alzheimer oder einer anderen so genannten *Amyloidose* erkrankt. Der vielversprechendste Ansatz, wie dieser Schadenskategorie beizukommen ist, besteht in einer Impfstrategie. Wie in Tierversuchen (und in klinischen Studien mit Patienten) überzeugend nachgewiesen wurde, ist es möglich, das körpereigene Immunsystem durch Impfung mit der krankmachenden Substanz (oder einem Antikörper) für die Ablagerungen zu sensibilisieren. Man kann die Anhäufung nicht nur verlangsamen (was ein reines Verzögern und nicht im Sinne von SENS wäre), sondern auch bestehende Ablagerungen auflösen.[11] Für diese Kategorie dürfen wir optimistisch sein, sind doch einige Wirksubstanzen bereits in fortgeschrittenen klinischen Versuchen der Pharmafirmen.

### 3. VERBESSERUNG DER KÖRPEREIGENEN LYSOSOMEN

Lysosomen sind wie Mitochondrien Organellen, d.h. Teile einer Zelle. Man könnte von Lysosomen als Papierkorb sprechen. Noch besser ist aber wohl der Vergleich mit einer Müllverbrennungsanlage. Die Lysosomen umhüllen und verschlucken alle Zellbestandteile, die als kaputt oder veraltet erkannt werden. Sie sind mit einem großen Arsenal von Werkzeugen, den Enzymen, ausgestattet, mit denen sie diesen Müll in wiederverwendbare Einzelteile aufbrechen. Auch hier wiederholt sich das Spiel: Der Stoffwechsel produziert sehr selten, aber eben doch ab und zu nicht abbaubare Produkte. An diesen beißen sich die Lysosomen die Zähne aus. Eine bekannte Substanz, die zu diesem hartnäckigen Müll gehört, ist etwa *Lipofuszin*, der Stoff aus dem die Altersflecken bestehen. Der Ansatz, um gegen diese Rückstände vorzugehen, klingt zunächst makaber. Bakterien und Mikroben haben über Jahrmillionen unzählige Enzyme entwickelt, um von zum Teil recht exotischen Stoffen zu leben. Auf Friedhöfen ist der Boden sehr stark mit menschlichen Überresten angereichert und es ist gut möglich, dass dort Mikroben leben, die Lipofuszin und anderen Müll problemlos verdauen können. Es gilt also diese Mikroben zu finden, ihre Verdauungsenzyme zu identifizieren und diese schließlich in unsere Zellen einzufügen. Das würde den Werkzeugkasten unserer Lysosomen so ergänzen, dass sie auch mit dem hartnäckigsten Abfall fertig werden.[12]

### 4. RÜCKGÄNGIGMACHEN VON AGE-VERNETZUNGEN

AGE steht für *Advanced Glycosylation End-products* oder zu Deutsch etwa *fortgeschrittene Glykosylierungs-Endprodukte*. Glykosylierung ist die Verbindung eines Proteins (Eiweiß) mit einem Zucker. In vielen Fällen wird diese vom Körper selbst hergestellt (mit Enzymen). Es gibt jedoch auch Protein-Zucker-Verbindungen, die zufällig entstehen und wofür kein körpereigenes Enzym existiert, das diese Verbindung wieder auflösen könnte. Auf die Gefahr hin mich zu wiederholen: auch dieser Prozess ist unumgänglich. Wir alle brauchen Zucker als Treibstoff und wir alle bestehen zu einem wichtigen Teil aus Proteinen. Man kann versuchen, den Blutzuckerspiegel auf fast komatöse Konzentrationen herunterzudrücken, aber ganz ausschalten können wir die Glykosylierung nicht. Auch hier propagiert SENS: *fummle nicht am Stoffwechsel rum, lass den (geringen) Schaden entstehen, aber beseitige ihn danach!*

Auch im Falle der AGE wird die Lösung bereits von Pharmafirmen verfolgt. Es gibt so genannte *AGE-Brecher*, welche die ungewollten Verbindungen wieder aufbrechen können. Zum Teil sind diese Wirksubstanzen bereits in klinischen Versuchen. Hier kurz ein Wort zur Entwicklungsstrategie dieser Moleküle und Therapien: Da bisher keine Zulassungsbehörde Altern als eine Krankheit betrachtet, kann auch kein Medikament mit dieser Indikation entwickelt werden. Es findet sich jedoch praktisch immer eine Erkrankung, die mit Alterung einhergeht und die dann gewissermaßen als Ersatzindikation herhalten kann. Im Beispiel der AGE sind dies Diabetiker. Da sie einen erhöhten Blutzuckerspiegel haben, bilden sie auch häufiger und schneller AGE. Die ersten auf den Markt kommenden AGE-Brecher werden vermutlich für diabetische Komplikationen zugelassen werden.

## 5. KREBS UND TELOMERE

Dies ist vielleicht die ambitionierteste Kategorie, die es als Todesursache zu eliminieren gilt. Krebs ist deshalb ein so erbitterter Gegner, da er im Prinzip die Evolution auf seiner Seite hat. Entwickelt man ein wirksames Medikament gegen einen Tumor, stirbt vielleicht ein Großteil der Tumormasse ab. Die restlichen Zellen entwickeln sich weiter und häufen immer neue Mutationen an, was sie für ein einzelnes Medikament praktisch unverwundbar macht. Die Einteilung in über 200 verschiedene Krebsarten zeigt, wie vielfältig dieser Feind ist. Gigantische Probleme verlangen nach unkonventionellen Ideen. Dr. de Grey hat hierzu einen überaus gewagten Vorschlag gemacht. Es ist seit langem bekannt, dass jede Zelle nur eine bestimmt Anzahl an Teilungen durchmachen kann, bevor sie seneszent und nicht mehr teilungsfähig wird. Dies liegt an den Chromosomen-Enden, den so genannten *Telomeren*, die bei jeder Zellteilung nicht vollständig kopiert werden können. Jedesmal geht ein Stückchen verloren und nach etwa fünfzig Teilungen geht gar nichts mehr. Krebszellen aktivieren jedoch fast immer ein Enzym namens *Telomerase*, das die Fähigkeit hat, die verloren gegangenen Stückchen wieder anzusetzen. Dr. de Greys Idee ist, den Code für die Telomerase (und einen alternativen Mechanismus mit derselben Fähigkeit namens *ALT Alternative Lengthening of Telomeres*) in allen unseren Zellen zu löschen. Um dies zu schaffen, braucht es zwei Dinge: erstens eine Gentherapie, die alle Zellen erreicht und nur den gewünschten

Code entfernt. Zweitens müsste man diejenigen Zellen/Gewebe alle paar Jahrzehnte ersetzen, die ebenfalls auf Telomerase angewiesen sind. Mit Stammzellen könnten wir beispielsweise Darmepithel, Haut oder blutbildendes Gewebe regelmäßig ersetzen. Das würde uns zwar alle paar Jahre eine Operation aufzwingen, aber dies ist wohl ein akzeptabler Preis für die Eliminierung von Krebs.

## 6. BESEITIGUNG SENESZENTER ZELLEN

Diese Kategorie könnte vergleichbar einfach sein. Es geht darum, überschüssige Zellen zu beseitigen, die sich nicht mehr teilen und negative Auswirkungen auf ihre Nachbarschaft haben. Es gibt gewisse Immunzellen, die sich anhäufen und dadurch mit steigendem Alter wirksame Immunantworten blockieren. Auch im Fettgewebe und in Knorpeln finden wir solche unerwünschten Zellen. Auch bei diesem Ansatz können wir auf unser Immunsystem zurückgreifen. Dieses soll dazu gebracht werden, die überschüssigen Zellen zu attackieren und zu beseitigen. Die seneszenten Zellen tragen bestimmte Erkennungsmerkmale auf ihrer Oberfläche, die sie für das Immunsystem oder andere Angreifer erkennbar machen.

## 7. STAMMZELLTHERAPIE

Das Gegenteil seneszenter Zellen, die nicht abtreten wollen, ist Zellverlust. Viele Gewebe und Organe, wie etwa der Thymus oder die Muskeln, bilden sich im Alter kontinuierlich zurück. Im Prinzip gibt es zwei Möglichkeiten: entweder regt man die verbleibenden Zellen zur Teilung an oder man ersetzt die verschwundenen. Die jüngsten, raschen Fortschritte, die auf dem Gebiet der Stammzellforschung erzielt wurden, lassen vermuten, dass die zweite Lösung nicht nur gangbar, sondern auch mittelfristig absehbar ist.

# SCHLUSSFOLGERUNGEN UND KRITIK AN DER SENS-STRATEGIE

Die beschriebenen Ansätze mögen sich noch in der einen oder anderen Weise verschieben oder verändern. Das Hauptproblem ist jedoch nicht, auf welchem Wege die sieben Kategorien am Besten angegangen werden, sondern der eklatante Mangel an privaten und öffentlichen Mitteln, die ihrer Erforschung und Entwicklung zur Verfügung stehen. Die herrschenden Dogmen und oben beschriebenen Denkschemata zur

Verdrängung und/oder Akzeptanz des Todes verhindern, dass sich in Forschung, Politik und Gesellschaft viel bewegt. Was denken Sie, welches der folgenden Forschungsgesuche bewilligt werden wird? Das, welches als Projektziel angibt, die molekularen Zusammenhänge altersbedingter Erblindung verstehen zu wollen oder jenes, welches mit einer innovativen Gentherapie versucht, den Alterungsprozess in Mäusen rückgängig zu machen? Auch Forscher sind Herdentiere. Je größer die Innovation, umso größer auch das Risiko. Wer allzu divergierende Ansichten hat, kann von dem Gros der Forscherkollegen schnell das Signal erhalten, keiner von ihnen zu sein. Das vermindert meist auch die Aussicht auf Forschungsgelder. Die Einstellung, dass diejenige Forschungsrichtung die vielversprechendste ist, die von den meisten (vor allem älteren und etablierten) Wissenschaftlern unterstützt wird, trifft zum Teil auch Dr. de Grey. Er wird gewissermaßen als Enfant terrible der Szene gehandelt und hat auf eine äußerst mutige Weise reagiert: Er rief öffentlich zum Nachweis auf, dass sein SENS-Ansatz wissenschaftlich nicht fundiert sei und dass es sich nicht lohne, ihn weiter zu verfolgen. Diese vom renommierten *Technology Review*-Magazin des MIT (Massachusetts Institute of Technology) publizierte Debatte[13] ging klar zugunsten von de Grey aus. Bislang konnte kein Wissenschaftler fundamentale Mängel aufzeigen, die der SENS-Strategie ihre Berechtigung absprechen würden.

## ERST DIE MAUS, DANN DER MENSCH

Was kann man nun tun, um den Fortschritt zu beschleunigen und eventuell sogar dazu beizutragen, dass die Früchte noch zu unseren Lebzeiten geerntet werden können? Dr. de Grey argumentiert, dass sich der Großteil der öffentlichen Meinung und damit auch die Anzahl der verfügbaren Mittel massiv ändern wird, sobald an einer Maus erfolgreich nachgewiesen wurde, dass man das Leben markant verlängern kann. Dies soll an einer Maus mittleren Alters gezeigt werden, um die Anwendbarkeit auf uns Menschen zu demonstrieren. Die durch Spenden finanzierte SENS-Forschungsstiftung (www.sens.org) und die Methusalem-Stiftung mit ihrem Mprize (www.mprize.org) haben genau das zum Ziel.

## REICHT ES FÜR MICH?

Die Frage, die Sie sich bewusst oder unbewusst während der Lektüre gestellt haben, lautet: *Ist der Fortschritt schnell genug, damit ich noch davon profitieren kann?* Bereits oben habe ich angesprochen, dass der Fortschritt schneller als linear verläuft, was nicht weiter verwunderlich ist, da er ein sich selbst verstärkender Prozess ist. Es gibt aber noch ein weiteres Konzept, mit dem ich Sie gerne vertraut machen möchte und das ebenfalls Grund zur Zuversicht gibt: die *Langlebigkeits-Fluchtgeschwindigkeit.* Vielleicht kennen Sie die Fluchtgeschwindigkeit von der Raumfahrt. Fliegt ein Raumschiff schnell genug, ist es der Erdanziehungskraft irgendwann entwichen und danach ist der Weg ins Weltall frei. Im Kampf gegen die Alterung gibt es eine Analogie. Es ist nämlich nicht zwingend nötig, dass sämtliche Probleme gleichzeitig gelöst werden. Stellen Sie sich vor, in etwa fünf Jahren wird ein Medikament gefunden, das es Ihnen erlaubt (statistisch gesehen) durchschnittlich fünf Jahre länger zu leben. Dann dauert es wieder eine Weile und die Forschung macht einen weiteren Durchbruch, der Ihnen erlaubt, ein paar weitere zusätzliche Jahre erwarten zu dürfen. Sie sehen, worauf ich hinaus will. Irgendwann ist die Geschwindigkeit des Fortschritts rasch genug, um den Tod auf unbestimmte Zeit hinauszuschieben. Es gilt also lange genug zu leben, um jeweils von den nächsten, immer rascher erfolgenden Durchbrüchen profitieren zu können.

Ich bin überzeugt, dass wir zum ersten Mal in einer Zeit leben, in der wir ein schlechtes Gewissen haben müssen, wenn wir uns aus gesellschaftlichen oder wissenschaftlichen Gründen weiterhin kampflos mit der Unabwendbarkeit unseres größten Feindes abgeben.[14] Lassen Sie mich mit zwei Zeilen eines Kurzgedichts des britischen Dichters Dylan Thomas schließen:

„Do not go gentle into that good night.
Rage, rage against the dying of the light."

---

[1] Evans, M.J. / Kaufman, M.H.: „Establishment in culture of pluripotential cells from mouse embryos." Nature 292, 1981, 154-156.

[2] Thomson, J.A. et al.: „Embryonic stem cell lines derived from human blastocysts." Science 282, 1998, 1145-1147.

[3] Takahashi, K. / Yamanaka, S.: „Induction of pluripotent stem cells from mouse embryonic and adult fibroblast cultures by defined factors." Cell 126, 2006, 663-676.

[4] Takahashi, K. et al.: „Induction of pluripotent stem cells from adult human fibroblasts by defined factors." Cell 131, 2007, 861-872.

[5] Die Gruppe um Valter Longo (University of Southern California) hat die Lebensdauer von Hefe um das Zehnfache verlängert (PLoS Genetics, 25.01.2008). Cynthia Kenyons Gruppe konnte die Lebensspanne des Fadenwurms C.elegans um das Sechsfache verlängern, ohne deren Gesundheit oder Aktivität zu beeinträchtigen (Arantes-Oliveira et al.: „Healthy animals with extreme longevity." Science 302, 2003, 611)

[6] Die Lebensspanne der Drosophila konnte verdoppelt werden, s. Harshman LG.: „Life span extension of Drosophila melanogaster: Genetic and population studies." In: Carey J R / Tuljapurkar S. (Hgg.): „Life span: Evolutionary, Ecological, and Demographic Perspectives." Supplement to Population and Development Review, Vol 29, New York: Population Council, 2003. Bei Mäusen hat man ebenfalls bereits signifikante Verlängerungen der Lebensspanne in der Größenordung von 60-70 Prozent erreicht. (Bartke A / Brown-Borg H.: „Life extension in the dwarf mouse." Curr Top Dev Biol. 63, 2004, 189-225.)

[7] Rowe JW / Kahn RL: „Successful ageing". Gerontologist 37: 4, 1997, 433–40.

[8] „List of countries by population growth rate." Wikipedia, http://en.wikipedia.org/wiki/List_of_countries_by_population_growth_rate, [01.01.2012].

[9] De Grey, Aubrey / Rae, Michael: Niemals alt!: So lässt sich das Altern umkehren. Fortschritte der Verjüngungsforschung. transcript, 2010.

[10] Bonnet, C. et al.: „Allotopic mRNA Localization to the Mitochondrial Surface Rescues Respiratory Chain Defects in Fibroblasts Harboring Mitochondrial DNA Mutations Affecting Complex I or V Subunits." Rejuvenation Research 10, 2007, 127-143; Ellouze S, Augustin S, Bouaita A, Bonnet C, Simonutti M, Forster V, Picaud S, Sahel JA, Corral-Debrinski M.: „Optimized allotopic expression of the human mitochondrial ND4 prevents blindness in a rat model of mitochondrial dysfunction." Am J Hum Genet. 2008 Sep; 83 (3): 373-87. Epub 2008 Sep 4.; Cwerman-Thibault H, Sahel JA, Corral-Debrinski M.: „Optimized allotopic expression of the human mitochondrial ND4 prevents blindness in a rat model of mitochondrial dysfunction." Am J Hum Genet. 2008 Sep; 83 (3): 373-87. Epub 2008 Sep 4.

[11] Lemere C.A. et al.: „Alzheimer's disease abeta vaccine reduces central nervous system abeta levels in a nonhuman primate, the Caribbean vervet." Am J Pathol 165: 1, 2004, 283-297.

[12] De Grey, ADNJ.: „Appropriating microbial catabolism: a proposal to treat and prevent neurodegeneration." Neurobiol Aging, 27: 4, 2006, 589-595.

[13] Pontin, Jason: „Is Defeating Aging Only a Dream?" Technology Review, 11.07.2006, http://www.technologyreview.com/sens/ [01.01.2012].

[14] Nick Bostrom: „The Fable of the Dragon-Tyrant."– Journal of Medical Ethics, 31: 5, 2005, 273-277. http://www.nickbostrom.com/fable/dragon.html [01.01.2012].

# 6 KRYONIK

*Klaus Mathwig und Klaus Sames*

Vor zweihundert Jahren sind die meisten Menschen an Krankheiten gestorben, die heute heilbar sind. Heute sterben Menschen an Krankheiten, von denen wohl einige oder sogar alle in der Zukunft heilbar sein werden. Kryonik ist die medizintechnische Option, den Körper eines Menschen durch Kühlung auf die Temperatur von flüssigem Stickstoff (-196°C) auf dem Status quo zu halten, wenn ein Organversagen von der heutigen Medizin nicht verhindert oder behoben werden kann. So bleibt die Möglichkeit bestehen, dass er in den Genuss zukünftiger Entwicklungen der Medizin kommt. Diese könnten es erlauben, seine Schäden durch Krankheit, unausgereifte Methoden der heutigen Kryonik und das Altern zu beheben, und bereits eingetretene Verluste an Zellen und Strukturen könnten durch Rekonstruktion rückgängig gemacht werden. Kryonik klingt zwar nach Sciencefiction, ist aber ein legitimes – wenn auch weit gestecktes – Ziel, solange bei ihrer Verwirklichung der wissenschaftliche Realismus bewahrt wird.

Kryonik umfasst Kältekonservierung (Kryokonservierung, Kryosuspension), einen Kälteschlaf (Biostase), Wiedererwärmung (Resuspension) und Wiederbelebung sowie die damit zusammenhängende Reparatur. Beim heutigen Stand unseres Wissens ist es hochgradig unseriös, an die Machbarkeit der Kryonik zu glauben oder sie in voreingenommener Weise für hundertprozentig machbar zu halten. Das gleiche gilt für die voreingenommene Behauptung, Kryonik sei nicht durchführbar oder gar Unfug. Im Allgemeinen arbeiten Naturwissenschaftler heute empirisch, d.h. mit Versuch und Irrtum. Sie lassen es auf das Experiment und sein Ergebnis ankommen. Vorgefasste Meinungen haben in der Wissenschaft keinen Platz. Die Kryonik ist ein Experiment, dessen Ergebnis man erst in einer ungewissen Zukunft beurteilen kann, aber sie ist auch ein Experiment, das man so anlegen sollte, dass es wissenschaftlichen Kriterien standhält. Befremdlich erscheint, dass Kryonik unmittelbar am Menschen angewandt wird, bevor Tierversuche die Unschädlichkeit und Durchführbarkeit nachgewiesen haben. Was die Unschädlichkeit betrifft, so ist der Patient auch tot, wenn keine Kryonik angewandt wird; und was die Durchführbarkeit betrifft, so versuchen todgeweihte Menschen ständig unausgereifte Methoden aus eigenem Antrieb und einige Fortschritte der Medizin sind dadurch bereits gefördert worden.

## Kann so etwas überhaupt funktionieren?

Einige wissenschaftliche Tatsachen sprechen für die Durchführbarkeit. Abnehmende Temperaturen führen zur Verlangsamung von chemischen Vorgängen, so auch von Stoffwechselprozessen. Der große Vorteil ist, dass Zellen bei niedrigen Temperaturen weniger Energie verbrauchen, d.h. weniger auf die Zufuhr von Stoffen angewiesen sind und weniger schädliche Abfallprodukte produzieren. So werden Störungen der Durchblutung erstaunlich gut vertragen. In der Medizin ist dies schon vor langer Zeit durch Unfälle bekannt geworden, bei denen Menschen im Eis eingebrochen sind und nach langer Zeit in kaltem Wasser wiederbelebt werden konnten. Bei sehr tiefen Temperaturen wie derjenigen von flüssigem Stickstoff finden dann praktisch keine Veränderungen mehr statt. Unter bestimmten Bedingungen (so genannte „Vitrifikation") können Proben von gesundem Körpergewebe mit nur geringen Veränderungen erhalten bleiben. Jedoch begünstigt eine so tiefe Kühlung auch gewisse Schäden. Hier setzt die Kryonik an. Ihr Ziel ist es, den Patienten nach seinem klinischen Tod stark zu kühlen und damit alle chemischen Prozesse in seinem Körper zu verlangsamen. Anders gesagt, durch das Kühlen wird der Prozess des Sterbens immer weiter verlangsamt und schließlich zum Anhalten gebracht. Durch die gute Erhaltung von Geweben bei tiefsten Temperaturen ergibt sich die verblüffende Möglichkeit, das Leben vorübergehend bei Kühlung anzuhalten und später wieder zu starten. Und das ist keine Sciencefiction – es passiert jedes Jahr millionenfach:

1.  Bei kleinen Lebewesen oder lebenden Einheiten wie z.B. Gewebestückchen kann im Labor immerhin das Leben angehalten und wieder gestartet werden. Krebszellen unterschiedlicher Art, auch aus den Geweben von Menschen, können eingefroren und nach dem Auftauen wieder vermehrt und erneut eingefroren werden, und das viele Male. Jeder Biologe und Medizinforscher beherrscht heute diese Techniken. Dies ist für viele Zellarten möglich, jedoch lassen sich nur Stammzellen beliebig vermehren, ohne dass sie altern. Spermien bleiben auch nach langer Aufbewahrung bei der Temperaturen von flüssigem Stickstoff befruchtungsfähig. Ähnliches ist mit sehr kleinen Gewebestückchen möglich,[1] und heute leben viele Menschen, die im Embryonalstadium kältekonserviert waren.[2]

2.  In der Medizin ist bekannt, dass eine Absenkung der Körpertemperatur oberhalb von 0°C infolge von Umwelteinwirkungen (kaltes

Wasser, Schnee) für bis zu einer Stunde überlebt werden kann. Auch bei medizinischer Operation ist durch Kühlung ein Herzstillstand bis zu etwa einer Stunde möglich.

3. Tiere der Polarregion können das Erstarren ihrer Körperflüssigkeit bei Temperaturen unter 0°C im Winter überleben. Allerdings ist nicht geklärt, ob eine flüssige Phase in ihren Geweben erhalten bleibt, da die Temperaturen nicht diejenige von flüssigem Stickstoff erreichen. Der Trick der Tiere besteht darin, ihren Stoffwechsel schrittweise vorher zu drosseln und „Frostschutzmittel" in Form von Zuckern und Eiweißsubstanzen in ihrem Körper zu bilden.[3]

4. Einige Wüstentiere können eine ähnliche Erstarrung auch in der Wärme durch eine Art von Vitrifikation überleben.[4]

5. Niere und Hirngewebe von Ratten erlangten im Experiment nach Erwärmung aus der Vitrifikation ihre Funktionen zurück, waren aber geschädigt.[5]

Große Organe lassen sich aber noch nicht problemlos kryokonservieren. Und das gilt erst recht für einen Organismus, der aus mehreren unterschiedlichen Organen besteht. Hier wachsen die Probleme vor allem durch den unterschiedlichen Zeitbedarf für den Wärmeaustausch.

Diese Tatsachen sprechen also dafür, dass Leben bei Tiefkühlung nicht zwangsläufig erlischt und dass wir Zellen sowie kleine Gewebe und Organe bei Tiefkühlung erhalten können. Es spricht auch vieles dafür, dass zumindest kleine Tiere sowohl durch Tiefkühlung als auch durch Vitrifikation in der Wärme erhalten werden können, und vor allem dafür, dass sie nach langem Organstillstand ins Leben zurückkehren können.

Unter dem Gefrieren des Wassers versteht man die Bildung von Eiskristallen und diese schädigen Zellen und Gewebe auf verschiedene Weise. Spezielle Medikamente, Kryoprotektiva, können die Temperatur erniedrigen, bei der die Eisbildung stattfindet. Und so genannte Eisblocker[6] hemmen das Wachstum der Kristalle. Durch ihre Anwendung kann Gewebe unterkühlt werden, es bilden sich keine Eiskristalle. Ein ähnlicher Prozess geschieht in Zellen, in denen sich viele gelöste Stoffe finden, die eine entsprechende Wirkung haben. Die Flüssigkeit außerhalb der Zelle ist weniger konzentriert und gibt auch beim Kühlen früher Wärme ab als die besser geschützte Zelle. Daher startet die Eisbildung außerhalb der Zelle zuerst und entzieht der Zelle Wasser, so dass die Stoffkonzentration in der Zelle ansteigt. Kühlt man langsam, so wird diesem Wasserentzug Zeit gegeben. Die Zelle friert nicht mehr, sondern ihre Flüssigkeit erstarrt ohne umfangreiche Kristallbildung, sie vitrifiziert. Zellen können also das Einfrieren überleben.[7] Mit einem ähnlichen Trick lassen sich neben Zellen auch ganze Gewebe schützen, wenn man hochkonzentrierte Kryoprotektiva verwendet und schnell kühlt. Dabei kann das gesamte Gewebewasser (also auch das außerhalb der Zellen) ohne Kristallbildung glasartig erstarren; diesen Vorgang nennt man Glasbildung oder Vitrifikation. Es ist im Prinzip dieselbe Methode, mit der Fensterglas hergestellt wird.

Kühlung ist ein biologischer Schutzmechanismus, der auch von der Natur genutzt wird. Die Kryonik befindet sich heute in einer optimistischen Phase, nachdem Vitrifikation und Wiedererlangen der Funktion oder Wiedererlangen von Lebenszeichen bei Rattenhirnen und Kaninchennieren – wenn auch mit der Einschränkung einer kurzer Überlebenszeit – erfolgreich waren. Nun sollen die nächsten beiden Probleme angegangen werden:

1. Größere Organe sollen vitrifiziert werden.

2. Die gleichzeitige Vitrifikation verschiedener Organe mit unterschiedlicher Wärmeleitfähigkeit (wie sie auch in einem menschlichen Organismus vorliegen).

Die Chancen, ein Versuchstier zu vitrifizieren und wieder zu reanimieren, sind durch die erwähnten Erfolge enorm gestiegen. Die Durchführbarkeit kann bei kleinen Organismen nicht mehr als Unmöglichkeit dargestellt werden. Es kommt auf die weiteren Experimente an. Sollte das Experiment mit kleinen Säugern gelingen, kann man größere Tiere und schließlich den Menschen in Betracht ziehen. Daran wäre z.B. die Raumfahrt sehr interessiert. Das zeitlich noch nicht abschätzbare Fernziel ist die Kältekonservierung (Kryokonservierung) und Wiederbelebung des lebenden Menschen. Günstigenfalls wird dies in naher Zukunft möglich sein, vor allem wenn die Raumfahrtorganisationen in die Forschung einsteigen würden. Damit würde es auch möglich und wohl erlaubt sein, Patienten vor ihrem Tod (bzw. ihrer „Deanimierung") einzufrieren, da nachgewiesen wäre, dass man sie damit nicht tötet. Dadurch würden die Schäden vermieden, die bereits Minuten nach dem Organstillstand eintreten. Bisher ist nicht auszuschließen, dass die Kryokonservierung einen noch lebenden Menschen tötet. Daher kann man sie erst nach Eintritt des globalen Organversagens durchführen. Zudem hat Deutschland als fortschrittliches Land sehr darauf geachtet, dass niemand fälschlich für tot erklärt und etwa lebendig begraben wird. Menschen, die an kein Leben nach dem Tode glauben und nur fürchten, lebend begraben zu werden, haben dazu beigetragen. Man ist sich hier seit langem bewusst, dass ein Patient nach dem Herzversagen noch keineswegs tot ist. Daher müssen sichere Todeszeichen wie Leichenflecke und Totenstarre vom Arzt nachgewiesen werden und der Tod wird frühestens zwanzig Minuten nach dem Organversagen bescheinigt. Dies ist durchaus richtig gedacht und im Moment nicht zu ändern. Für die Kryonik ist die Verzögerung von extremem Nachteil solange nicht nachgewiesen werden kann, dass der Kryonikpatient überlebt. Allerdings gelingt es auch in den USA bei weit laxeren Gesetzen in einer großen Zahl von Fällen nicht, die Kühlung innerhalb von zwanzig Minuten einzuleiten, da oft keine erfahrenen Kryoniker vor Ort sind, die den Beginn der Kryokonservierung beschleunigen können.

Können nun überhaupt bereits vorher verstorbene Lebewesen nach Tiefkühlung wieder ins Leben zurückkehren? Wir wissen es nicht. Was wir aber wissen ist, dass nach dem Versagen der Organe die Zellen noch für unterschiedlich lange Zeit leben und ihre Strukturen auch noch erhalten bleiben, wenn ihre Funktionen zusammengebrochen sind. Hier haben wir aber einen Bereich betreten, in dem sichere Vorhersagen unmöglich werden, denn bisher sind Lebewesen, die vor der Tiefkühlung verstorben waren noch nicht wieder aufgeweckt worden. Wir kennen nicht alle Schäden, die nach Stopp der Blutversorgung und Organversagen auftreten, und wir wissen wenig darüber, welche von ihnen reparabel sind und welche nicht. Allerdings sind eine Reihe von Reaktionen der Zellen bei Durchblutungsmangel wie z.B. Ischämie relativ gut bekannt, und es gibt Medikamente und Maßnahmen dagegen. Eine der besten ist schnelles Kühlen.

Und wie ist es, wenn der Körper durch Krankheit völlig verändert ist, und was ist, wenn er unwiederbringlich gealtert ist? Was ist mit den Schäden, die bei der Kühlung und Wiedererwärmung verursacht werden? Wir wissen immerhin zweierlei: Auch hier leben noch Zellen und durch Tiefkühlung können wir die Veränderungen stoppen und den Körper unverändert für die Zukunft erhalten. Das ist die große Chance, die Kryonik den Menschen bietet. Die Entwicklung der Medizin berechtigt zu der Hoffnung auf weitere Fortschritte auch in der Reparatur von Gewebeschäden, da sie sich gerade heute auf mehreren Gebieten rasant entwickelt. Wie die entscheidenden Fortschritte erfolgen könnten, darüber können wir nur Hypothesen anstellen. Und natürlich können Kryoniker selbst bei der Entwicklung von Methoden mitarbeiten, die Erfolg versprechen, und solche gibt es. Eine Gruppe sind alle Therapie-möglichkeiten für tödliche Krankheiten. Weitere gehören in den Bereich der regenerativen Medizin, d.h. Förderung von Heilung und Reparatur. Damit verwandt ist schließlich die künstliche Reparatur einzelner Moleküle oder die Wiederherstellung Molekül für Molekül mithilfe der molekularen Nanotechnologie.[8]

Was sind die Voraussetzungen einer zukünftigen Wiederherstellung?

1. Die Erbinformation des Menschen muss erhalten sein. So kann sein Körper im Prinzip wieder geklont werden.

2. Im DNA-Programm sind nicht die Information des Gehirns und die spezielle Verschaltung der Hirnzellen erhalten, die sich erst durch Umweltkontakte formen und ergeben. Die Individualität und speziellen Gedächtnisspeicher des Gehirns dürfen also nicht verloren gehen. Leider wissen wir heute noch nichts mit Sicherheit über die Gedächtnisspeicherung.

3. Es sollte an Struktur so viel wie möglich erhalten werden, vor allem vom Nervensystem, das im Körper so viele Zellen besitzt, dass diese z.B. im Darm die Masse des Rückenmarks erreichen. Man kann auch nicht sagen, wie die anderen Organe zur Individualität beitragen, auch wenn wir einzelne ohne allzu offensichtliche Störungen der Persönlichkeit durch fremdes Material ersetzen können.

4. Es könnte nützlich sein, eingefrorene Stammzellen zu haben. Dies ist aber wahrscheinlich in Zukunft keine Bedingung, da die DNA die Struktur von Zellen und Geweben enthält und auch bei groben Kühlmethoden erhalten bleibt.

Die molekulare Nanotechnologie ist die aussichtsreichste und vielleicht die einzige Möglichkeit für die Wiederbelebung kryonisch Suspendierter. Sie beschreibt die Möglichkeit, Materie auf atomarer Ebene zu kontrollieren und Moleküle nach Belieben Atom für Atom zusammensetzen zu können. Die konkrete Version einer Umsetzung sind mikroskopisch kleine Nanoroboter oder Assembler, die in das Gewebe und einzelne Zellen eindringen und dort molekulare Strukturen reparieren. Diese Roboter würden dazu zuerst die Position und Orientierung aller Moleküle analysieren und dann aus diesen Informationen deren ursprüngliche Position im gesunden Organismus rekonstruieren. Eine Art Greifarm würde schließlich die Moleküle neu positionieren und gezielt neue chemische

Bindungen herstellen und damit die Reparatur des Gewebes abschließen. Einzelne Atome lassen sich bereits per Rasterkraftmikroskopie verschieben, und die molekulare Biophysik macht große Fortschritte – die atomar präzise Herstellung eines Nanoroboters mit Energieversorgung, Kommunikations- und Navigationsmöglichkeit, Sensorik und Molekülmanipulator liegt aber nicht in greifbarer Nähe. Ihre Machbarkeit wird auch von Experten kontrovers diskutiert. Grundsätzlich spricht aber nichts dagegen, da natürliche molekulare Maschinen nach dem gleichen Prinzip arbeiten, z.B. Ribosomen bei der Herstellung von Proteinen.

Die Definition des Todes ist bei näherem Hinsehen sehr schwer. Viele Zellen leben nach Organversagen weiter, viele Strukturen überdauern lange Zeit. Organe können oft nach längerem Stillstand wieder in Gang kommen, besonders wenn sie nach Stillstand der Durchblutung gekühlt werden. Vor hundert Jahren bedeutete ein Herzstillstand den sicheren Tod. Heute wissen wir, dass das ganz von Parametern wie der Zeit und der Temperatur sowie auch von Medikamenten abhängt. Die deutsche Medizin verlangt daher konsequent, dass niemand für tot erklärt werden darf bevor sichere Zeichen des Todes eingetreten sind. Eine sinnvolle Maßnahme, die Kryoniker jedoch zum Verzweifeln bringt, weil sie zusehen müssen bis endgültige Schäden eingetreten sind. Diese Maßnahmen sind aber sinnvoll, solange nicht garantiert ist, dass der Mensch die Kryokonservierung überlebt. In anderen Ländern allerdings gilt noch das Herzversagen als Todeszeichen und dort kann Kryonik früher starten.

Den endgültigen, unumkehrbaren Tod zu definieren ist – wie uns die Medizinbücher lehren – ebenfalls schwer. Zellen kommen kaum mehr in Gang, wenn ihre Membranen zerstört, ihre Energiereserven verbraucht und ihre Bausubstanzen durch chemische Reaktionen verändert sind. Das besagt allerdings nicht, dass Stammzellen sie nicht ersetzen können oder dass Nanotechnologie sie nicht rekonstruieren könnte, da viele Organzellen immer nach demselben Plan gebaut sind. Nur für das sehr individuelle Hirn und vielleicht auch andere Teile des Nervensystems muss gefordert werden, dass die spezifische individuelle Information in einer Form erhalten ist, die sich sicher rekonstruieren lässt. Leider wissen wir nicht im Einzelnen, wo diese Information sitzt. Vor allem wissen wir nicht, wie das Gedächtnis und das Bewusstsein genau funktionieren und daher können wir auch nicht sagen, wann das Gehirn wirklich unwiederherstellbar geschädigt ist. Erst wenn der so genannte informationstheoretische Tod eintritt kommt jede Hilfe zu spät, wenn also die unverzichtbaren Informationen über die individuellen Eigenschaften verloren sind und ein gesunder Zustand einer

Person prinzipiell nicht – also auch nicht mit beliebigen technischen Mitteln – wieder hergestellt werden kann. Wann dies der Fall ist, kann heute niemand sagen, allerdings gibt es in der Chirurgie bei still gelegtem Herzen und Kühlung eine Zeitgrenze, bei deren Überschreiten bleibende Schäden von Seiten des Gehirns sichtbar werden. Und es ist bekannt, dass Menschen ohne Kühlung einen Herzstillstand nur für kurze Zeit überleben können. Daher wird heute bereits bei Herzstillstand in der Unfallmedizin eine Kühlung eingeleitet.

Die medizinische Erfahrung sagt allerdings nichts darüber aus, was mit Stammzellen und Nanotechnologie noch rekonstruierbar wäre. Man kann andererseits ziemlich sicher sein, dass man solche Methoden, sobald sie reif sind, an hirngeschädigten Menschen medizinisch anwenden wird.

## WIE SIEHT DIE OPTION FÜR DIE ANWENDUNG AUF HEUTE DEANIMIERTE MENSCHEN AUS?

Im Idealfall beginnt die kryonische Suspension eines Patienten direkt nach dem Herzstillstand. Atmung und Blutzirkulation werden künstlich aufrechterhalten. Die Persönlichkeit und die Erinnerungen eines Menschen sitzen im Gehirn. Es muss daher in besonderem Maße vor Veränderungen geschützt werden. Spezielle Medikamente sollen einen Sauerstoffmangel beziehungsweise dessen Folgen im Gehirn möglichst lange hinauszögern. Im Rahmen der Kryonik wird das Blut in mehreren Schritten gegen eine Lösung mit hoher Konzentration an Kryoprotektiva ausgetauscht. Der erste Schritt ist das Auswaschen des Blutes mit einer dem Blut oder der Zellflüssigkeit angepassten Zellschutzlösung, der dann die Kryoprotektiva in zunehmender Konzentration beigefügt werden bis die gewünschte Konzentration erreicht ist. Dieses langsame Vorgehen vermindert die Nebenwirkungen, die hohe Konzentrationen von Kryoprotektiva haben. Die Eisblocker stoppen das Wachstum der Eiskristalle. Bei der Vitrifikation wirken Eisblocker unterstützend, sind aber nicht unentbehrlich. Es kommt in erster Linie auf die Stoffkonzentration und das Tempo der Kühlung an. Eine Gefahr ist allerdings, dass die schnelle Kühlung der Überkonzentration gelöster Stoffe in der Zelle nicht genug Zeit lässt, so dass beim Auftauen eine Bildung von Eiskristallen stattfinden kann. Eine andere Gefahr schnellen Kühlens sind Spannungen zwischen Oberfläche und Innerem einer Zelle, da zu wenig Zeit für einen Temperaturausgleich bleibt. Da die Kryoprotektiva auch in Zellen gelangen, ist die Vitrifikation eines kompletten Menschen grundsätzlich möglich, wird aber bei großen Organen noch schwieriger als die herkömmliche Perfusion. Bei kleinen Organen gibt es aber schon Erfolge.

Nach dem Auswaschen des Blutes kann der Patient während der zunehmenden Konzentration des Kryoprotektivums zunehmend gekühlt werden – praktischerweise zuerst auf -79°C, die Temperatur von Trockeneis. Bei der herkömmlichen Methode muss mit 0,1°C pro Minute sehr langsam gekühlt werden, damit das Wasser aus den Zellen austreten kann und kein Eis gebildet wird. Ist die Trockeneistemperatur erreicht, so wird in einer temperaturgesteuerten Kühlbox mithilfe von Stickstoffdampf bis auf die Temperatur von flüssigem Stickstoff, -196°C gekühlt. Danach kann der Patient in einem Container mit flüssigem Stickstoff untergetaucht ruhen. In den letzten dreißig Jahren wurden in den USA über zweihundert Menschen eingefroren, aufgetaut wurde aber noch niemand. Die meisten dieser Patienten wurden unter nicht optimalen Bedingungen suspendiert. Moderne Kryoprotektiva und Vitrifikationsmethoden stehen erst seit wenigen Jahren zur Verfügung (siehe Verweise zu Informationen des Cryonics Institutes und von Alcor). Insgesamt ist mit einer Menge von Schäden zu rechnen:

1. Schäden durch Krankheiten,

2. Schäden durch den Alterungsprozess,

3. Schäden, die durch Veränderungen nach dem globalen Versagen der Organe mit der Zeit schnell zunehmen,

4. Schäden, die während des Transports des Patienten auftreten,

5. Schäden durch die heute noch nicht ausgereifte Kryosuspension (Prozess der Kryokonservierung),

6. Schäden durch die Resuspension (Prozesse der Wiedererwärmung und Wiederherstellung).

Somit ist fast jeder heute suspendierte Patient so geschädigt, dass man sich nur eine sehr fortgeschrittene Nanotechnologie als Mittel zur Reparatur und Wiederherstellung der Lebensfähigkeit vorstellen kann. Das bedeutet aber nicht, dass die betroffenen Patienten zwangsläufig dem Tod geweiht sind. Man wird auf jeden Fall versuchen, die oben dargestellten Reparaturmöglichkeiten einzusetzen.

Betrachtet man den medizinischen Fortschritt der letzten zwei Jahrhunderte, dann rückt die Aussicht auf vollständige Wiederherstellung in den Bereich des Möglichen. Und die Technik entwickelt sich heute schneller als je zuvor. Molekulare Nanotechnologie könnte schon in einigen Jahrzehnten zur Verfügung stehen. Wie oben erwähnt ist dies aber die günstigste Annahme. Ein Vertrag mit einer Kryonikfirma bietet auf keinen Fall eine Garantie für das Weiterleben in der Zukunft, sondern nur ein Chance darauf. Sehr viele Dinge können auch einfach aus organisatorischen oder technischen Gründen schief gehen. Die Kryonikfirmen sind nicht mit so guter Ausrüstung versehen, dass eine Suspension unter optimalen intensivmedizinischen Bedingungen ablaufen kann. Das Kühlen wird auch nicht immer rechtzeitig beginnen können. Es ist nicht klar, wie viel Zeit nach dem Herzstillstand bleibt, bis der informationstheoretische Tod eintritt, aber es sind sicher nicht mehr als ein paar Stunden.

Auch die unbegrenzte Lagerung der Patienten ist nicht hundertprozentig gesichert. Während einer jahrzehntelangen Aufbewahrung können außerdem sehr unwahrscheinliche Ereignisse wie Naturkatastrophen eintreten oder die juristische Lage könnte sich ändern. Es könnte auch sein, dass die Reanimation der Patienten sehr aufwendig und damit zu teuer sein wird. Hier kommt es darauf an, dass eine möglichst große Gruppe idealistischer Menschen die Verpflichtung in die Zukunft trägt. Es ist an uns Heutigen diese Gruppe zu bilden. Man kann sagen, dass Kryonik ohne sie keinen Wert hat. Wird sie auf rein kommerzieller Basis betrieben, droht ihr das Aus, wenn der Gewinn ausbleibt.

Die Kryonik bietet also auf keinen Fall eine sichere Heilung. Im Gegenteil, viele Kryonikkunden halten sie für das Zweitschlechteste, das einem nach dem Tod passieren kann.

## BIETET DIE GERONTOLOGIE EINE ALTERNATIVE?

Niemand möchte also wirklich gerne eingefroren werden und viele Leute halten es sogar für möglich, dass sich schon während ihrer Lebenszeit die Medizintechnik so weit entwickeln wird, dass ein äußerst langes Leben ohne Krankheiten oder Alterserscheinungen möglich sein wird. Dies ist aber äußerst unwahrscheinlich, da offensichtlich jedes Organ anders altert und möglicherweise Alternsschäden für jedes Organ anders repariert werden müssen. Die hoffnungsvollsten Ansätze sind die Gentherapie und die Stammzellforschung. Allerdings kann man sich nur schwer vorstellen, dass man so viele Gene beeinflussen kann, dass der Organismus dadurch verjüngt wird, denn natürlich hängt der komplexe Vorgang des Alterns nicht von einem einzelnen Gen ab. Während einzelne Gene durchaus das Leben in begrenztem Maße verlängern mögen, werden sie das Altern aber nicht stoppen können. Stammzellen haben den Vorteil, dass sie eine unmittelbare Reparatur ermöglichen. Jedoch kann man nicht einfach immer mehr junge Zellen in ein Organ bringen, denn die Größe von Organen ist festgelegt. Es gehört auch ein System dazu, das gealterte Zellen und geschädigte Substanzen erkennt und abräumt. Es gibt Hinweise darauf, dass bestimmte Zellen die Fähigkeit zu gezieltem Abbau besitzen und dass andererseits Stammzellen die Fähigkeit besitzen sich in Gewebe einzufügen, auch in ein so komplexes wie das Hirngewebe. Allerdings müssten ihre Ausläufer dann in der Lage sein, bis zu einem Meter weit einen exakt zum Ziel führenden Weg von 1 Mikrometer Breite zu verfolgen, vergleichbar mit einem 1 Meter breiten Pfad, der 1000 Kilometer durch den Dschungel führt. Vielleicht müssten sie auch die Fähigkeit haben, die 200.000 Schaltstellen zu anderen Zellen wiederherzustellen, die manche Nervenzellen besitzen. Die Regenerations- und Anpassungsfähigkeit von Nervenzellen ist enorm, aber man weiß nicht ob sie ausreicht um ein ganzes nervöses Organ (gar das menschliche Zentralnervensystem) zu verjüngen, warum die Stammzellen das nicht freiwillig tun und wie man sie dazu zwingen kann. Dazu kommt, dass es Gewebe gibt, in denen sich Stammzellen gar nicht bewegen können, wie Knorpel, Augenlinsen u.a. Viele Zellen werden in einem Hochleistungsorganismus wie dem menschlichen so belastet, dass sie schnell oder auch langsam aber gründlich verschleißen und nur oberflächlich gelegene Zellen können mit Sicherheit im notwendigen Tempo beseitigt und ersetzt werden. Ob dies auch in den Tiefen von Organen möglich ist, bleibt offen. Man kann aber auf den sehr effizienten Transport über die Blutbahn hoffen.[9]

In jedem Falle muss mit vielen Versuchen und Irrtümern gerechnet werden, bis man hier zum Erfolg kommt, und viele Optimisten merken oft gar nicht, dass sie bereits die Hälfte ihres Forscherlebens verbraucht haben ohne die Lage wesentlich beeinflusst zu haben. Es ist daher ein Fehler, sich auf die Fortschritte in Richtung Verjüngung zu verlassen. Diese könnten ohne weiteres mehr Zeit benötigen als die Entwicklung der Kryonik oder der Nanotechnologie.[10]

Das bedeutet: Kryonik ist im Moment als Notlösung unverzichtbar. Andererseits macht sie ohne die Entwicklung von Verjüngungsmöglichkeiten nur für jung Verstorbene ein wenig Sinn, und die sind zum Glück selten.

## Wie ist die Einstellung in unserer Gesellschaft zur Kryonik?

Den meisten Menschen erscheint die Kryonik sonderbar, denn wer will schon ewig leben? Dabei hat sich die Lebenserwartung stetig erhöht. Im alten Rom lag sie bei nicht einmal 25 Jahren, im 18. Jahrhundert waren es etwa 40 Jahre. Genau so, wie damals nur wenige die Chance hatten 80 Jahre alt zu werden, ist es für die meisten Menschen heute unwahrscheinlich den momentanen Rekord von mehr als 122 zu überleben. Dies ist die höchste gemessene Lebensdauer seitdem exakte Geburtsregister geführt werden, und seit Jahren hat sich diese Lebensdauer nicht wiederholt. Bisher scheint sich also die maximale Lebensdauer nicht zu verändern und möglicherweise sind auch schon früher einzelne Menschen 120 Jahre alt geworden. Immer mehr Menschen erreichen jedoch heute ein Alter über 80, und selbst die Zahl der hundert- und über hundertjährigen nimmt zu. Das bedeutet, dass die durchschnittliche Lebensdauer ansteigt.

Viele Menschen fürchten, im Alter pflegebedürftig zu sein und wenig Freude am Leben zu haben. Dafür gibt es viele Gründe: Hohes Alter wird mit Krankheit und Gebrechen verbunden. Das Verlängern des Lebens um jeden Preis ist aber nicht das Ziel der Kryonik, und die Angst ist unbegründet, dass man nach einer Reanimation nur sehr eingeschränkt weiterleben könnte. Denn die Medizin, die es schafft, Kryonikpatienten zu reanimieren, muss so fortgeschritten sein, dass sie auch die meisten Krankheiten heilen und Alterungsprozesse aufheben können wird. Zukünftige Mediziner müssen entscheiden, ob die Methoden ausgereift genug sind, um einen bestimmten Patienten völlig wiederherzustellen, oder ob man ihn noch in Suspension lässt.

Könnte nicht ein allzu langes Leben irgendwann langweilig werden? Kryoniker gehen davon aus, dass es mehr Freude macht, zu leben, als tot zu sein! Außerdem gibt es im Universum weit mehr zu erleben, als die heutige Lebensdauer des Menschen gestattet. Sicher hätte auch ein sehr langes Leben Höhen und Tiefen, und vielleicht wäre man irgendwann aller Dinge überdrüssig. Aber das muss nicht nach 80 Jahren soweit sein, sondern vielleicht erst nach 200 oder 2000 Jahren. Und warum sollte man sich von seiner Biologie vorschreiben lassen, wann man zu sterben hat, wenn man sonst alle medizinischen Möglichkeiten nutzt, um Krankheiten zu bekämpfen?

Wenn auch niemand weiß, wie groß die Chancen wirklich sind, hat man zum Mindesten nichts zu verlieren. Wenn die Kryonik nicht funktioniert, ist man dann in demselben Zustand, den viele Menschen akzeptieren: tot.

Die Kryonik ist unter Medizinern und Biologen nicht besonders hoch angesehen. Im Gegensatz zu allen anderen medizinischen Experimenten kann die Wirksamkeit der Kryonik wahrscheinlich nicht von demjenigen geprüft werden, der das Experiment startet. Erst die Zukunft bringt die Ergebnisse. Das Irritierende ist, dass man im Allgemeinen Experimente macht, bevor man eine Methode auf den Menschen anwendet. Da Kryoniker aber noch selber in den Genuss der Kryonik kommen wollen, machen sie sich selber zu Versuchskaninchen. Das ist aber bei näherem Hinsehen nichts Besonderes. Man findet ein ähnliches Verhalten bei Krebspatienten und anderen unheilbar kranken Menschen. Sie probieren unausgereifte Methoden, da sie nichts mehr zu verlieren haben.

Ein anderer Grund für ihren schlechten Ruf ist, dass die Kryonik häufig missverstanden wird als das Konservieren von Leichen oder Köpfen.

Vielen gilt die Kryonik auch als Sciencefiction, aber letztere wird im Allgemeinen nicht in ein Experiment umgesetzt, das soweit wie möglich projektiert und wissenschaftlich untermauert wird. Allerdings ist bekannt, dass Sciencefiction-Ideen z.B. von den Machern der Raumfahrt studiert und auch verwendet werden. Dieser Vorwurf ist somit leicht zu entkräften.

Manche Kryoniker verbreiten einen unkritischen Glauben an die Kryonik oder sind positiv voreingenommen, was die Machbarkeit betrifft. Es ist oft richtig, diese als pseudoreligiös zu bezeichnen. Die Kryonik ist ein Thema, für das sich manche Menschen fast fanatisch begeistern können, ohne sich ernsthaft für die wissenschaftlichen Grundlagen zu interessieren. Es gibt auch einige unseriöse Firmen, die etwa die Lagerung im Permafrostboden in Alaska anbieten oder die Persönlichkeit eines Menschen nur durch Speicherung seiner Erbinformation erhalten wollen.

Die meisten Kryoniker glauben nicht felsenfest an die Kryonik und sind nicht in voreingenommener Weise überzeugt, dass sie funktionieren muss, sondern machen das Experiment nach bestem heutigem Stand der Wissenschaft und warten auf das Resultat. Sie verhalten sich damit wesentlich wissenschaftlicher als Mediziner, welche die Kryonik zur Spinnerei erklären, weil sie voreingenommen davon überzeugt sind, dass Kryonik niemals funktionieren wird oder dass der Tod eine Barriere ist, die nicht überschritten werden kann. Es gab sogar die Meinung, dass eine Reanimation nur mit Zellen und winzigen Gewebestückchen durchführbar ist. Die Arbeiten von kryonisch motivierten Forschern haben dazu beigetragen, dass diese Position nun auch von den Hardlinern aufgegeben wird.

Darüber hinaus ist der Tod ein gesellschaftliches Tabuthema. Niemand befasst sich gerne mit dem Gedanken an die eigene Sterblichkeit. Die Entscheidung für die Kryonik ist ein schwieriger gedanklicher Schritt, und die meisten Kryonikkunden haben sich vor einer Entscheidung jahrelang damit beschäftigt.

## WAS IST ALSO DER MOMENTANE STAND DER KRYONIK?

Das größte Kryonik-Institut ist Alcor. Seit 1976 wurden von Alcor 110 Menschen in Kalifornien und Arizona eingefroren und 957 Leute haben einen Vertrag. Es gibt noch einige andere Firmen, aber Alcor hat Experten zufolge die beste medizinische Ausrüstung und verwendet komplex zusammengesetzte Kryoprotektiva und medizinische Technik. Das zweite große Institut ist das Cryonics Institute (CI). Es geht direkt auf den Begründer der Kryonik, Robert Ettinger, zurück und bietet eine einfachere Version der Kryokonservierung, welche aber die unverzichtbaren Schritte enthält, die nach aktuellem Wissen die Chancen des Patienten gewährleisten. CI ist allerdings wesentlich preiswerter. CI hat über 100 Patienten in Suspension, 500 Mitglieder mit abgeschlossenen Verträgen und insgesamt knapp 1.000 Mitglieder. Die Kosten für eine kryonische Suspension (und flüssigen Stickstoff für viele hundert Jahre) betragen bei Alcor etwa 200.000 Euro. Bei CI muss man einschließlich Transportkosten in die USA mit maximal 50.000 Euro rechnen. Die Kosten werden von den meisten Mitgliedern durch eine Risiko-Lebensversicherung finanziert. Kryonik ist also nicht nur für reiche Leute bezahlbar, sondern kostet (zumindest für junge Leute) nur wenige zehn Euro im Monat. Wer sich ein Auto leisten kann, kann sich auch (zum Mindesten alternativ) Kryonik leisten. Dass in Deutschland in den nächsten Jahren ein ähnliches Unternehmen wie Alcor entstehen wird, ist sehr unwahrscheinlich. Die Kryonik lässt sich nicht wirtschaftlich betreiben. Die großen amerikanischen Institute sind keine Firmen, sondern haben den Status gemeinnütziger Vereine, finanzieren sich zu einem großen Teil aus Spendengeldern und sind auf idealistische Mitarbeiter angewiesen. In Deutschland beziehungsweise Europa gibt es sicherlich weniger Menschen als in den USA, die bereit wären, einen Kryonik-Vertrag zu unterschreiben, und noch weniger kompetente Ärzte, die eine Suspension für wenig Geld durchführen würden. Auch wenn es also nicht danach aussieht, dass Kryonik in Deutschland bald möglich sein wird, so könnte durch die Arbeit der *Deutschen Gesellschaft für Angewandte Biostase* doch bald eine gute Erstversorgung mit anschließendem Transport und Suspension in den USA möglich sein.

weiterführende Links:

Ben Best: „Cryonics: the issues (an overview).“
www.benbest.com/cryonics/cryiss.html

Ben Best: „Cryonics protocol – a summary.“
www.benbest.com/cryonics/summary.html

Ben Best: „Vitrification in cryonics.“
www.benbest.com/cryonics/vitrify.html

Ben Best: „Ischemia and reperfusion injury in cryonics.“
www.benbest.com/cryonics/ischemia.html

Cryonics Institute: www.cryonics.org

Alcor: www.alcor.org

Deutsche Gesellschaft für Angewandte Biostase: www.biostase.de

---

[1] Toner M / Kocsis J.: „Storage and transitional issues in reparative medicine.“ In: Sipe JD / Kelley CA / McNicol LA: Reparative medicine. Growing tissues and Organs. Ann New York Acad Sci 981, 2002, 258–262.

[2] El-Danasouri I / Selman H: „Successful pregnancies and deliveries after a simple vitrification protocol for day 3 human embryos.“ Fertil Steril 76, 2001, 400–402; Yokota Y / Sato S / Yokota M / Yokota H / Araki Y: „Birth of a healthy baby following vitrification of human blastocysts.“ Fertil Steril 75, 2001, 1027–1029; Saito H / Ishida GM / Kaneko T / Kawachiya S / Ohta N / Takahashi T / Saito T / Hiroi M: „Application of vitrification to human embryo freezing.“ Gynecol Obstet Invest 49, 2000, 145–149.

[3] Storey KB: „Hibernating mammals.“ In: Sames / Sethe / Stolzing (Hgg.): Extending the lifespan. LIT Verlag, 2005: 219–228; Wang JH / Bian HW / Zhang YX / Cheng HP: „The dual effect of antifreeze protein on cryopreservation of rice (Oryza sativa l.) embryogenic suspension cells.“ Cryo Letters 22, 2001, 175–182.

[4] Aguilera JM / Karel M: „Preservation of biological materials under desiccation.“ Crit Rev Food Sci Nutr 37, 1997, 287–309.

[5] Fahy GM / Wowk B / Wu J / Phan J / Rasch C / Chang A / Zendejas E: „Cryopreservation of organs by vitrification, perspectives and recent advances." Cryobiology 48, 2004, 157–178; Fahy GM / Wowk B / Wu J: „Cryopreservation of complex systems: the missing link in the regenerative medicine supply chain." Rejuvenation Res. 9, 2006, 279–291; Pichugin Y / Fahy GM / Morin R: „Cryopreservation of rat hippocampal slices by vitrification." Cryobiology 52, 2006, 228–240.

[6] Wowk B / Leitl E / Rasch CM / Mesbah-Karimi N / Harris SB / Fahy GM: „Vitrification enhancement by synthetic ice blocking agents." Cryobiology 40, 2000, 228–236.

[7] Sputtek A: „Kryokonservierung von Blutzellen." In: Müller-Eckhard C. (Hg.): Transfusionsmedizin, Grundlagen, Therapie, Methodik. 2. Aufl. Springer: 1996.

[8] Merkle RC: „Molecular repair of the brain." Cryonics, 1994, 16-32 sowie „The technical feasibility of cryonics" Medical Hypotheses 39, 1992, 6–16.

[9] Sames, K: Sterblich durch ein Gesetz der Natur? Frieling Verlag, 2000.

[10] Ebd.

# 7 BCI – SCHNITTSTELLE ZWISCHEN GEHIRN & COMPUTER

*Christian Klaes*

# Einleitung: Was ist ein BCI?

Ein Brain-Computer-Interface (BCI) stellt eine direkte Schnittstelle zwischen dem zentralen Nervensystem (Gehirn und Rückenmark) und einem Computer dar. Diese Schnittstelle kann in zwei Richtungen funktionieren. Wenn der Computer die Intention für eine Handlung (z.B. eine Bewegung) aus der Hirnaktivität ausliest und in die Tat umsetzt, spricht man von einem *motorischen BCI*. Beim umgekehrten Fall, wenn der Computer Daten direkt in das Gehirn einspeist, ohne Umweg über die Sinnesorgane, spricht man von einem *sensorischen BCI*. Die Kombination aus beidem nennt man *bidirektionales BCI* (manchmal wird dann auch die Abkürzung BBCI benutzt). Es gibt zwei prinzipiell unterschiedliche Wege solche Schnittstellen zu realisieren:

## Nicht-invasive BCI

Zum einen können Hirnsignale über externe Geräte aufgezeichnet werden, wie es z.B. bei einem EEG gemacht wird. Das Signal, welches man dabei empfängt ist jedoch nicht sehr spezifisch, da sich die Aktivität sehr vieler Nervenzellen überlagert. Auch der umgekehrte Weg, Informationen unter Umgehung der Sinnesorgane direkt in das Gehirn einzuspeisen, ist bei nicht invasiven BCI schwierig. Eine Möglichkeit stellt z.B. die so genannte *transkranielle Magnetstimulation* (TMS)[1] dar, bei der ein Magnetfeld einen Stromfluss im Hirn induziert, ohne dass dazu eine Operation notwendig wäre. Die ersten Versuche mit TMS wurden Mitte der 1980er Jahre von Barker et al. durchgeführt.[2] Bisher besitzt diese Technik jedoch eine zu geringe räumliche Auflösung und es ist schwierig, mehr als einen Impuls gleichzeitig zu applizieren. Auf der anderen Seite ist die Nutzung beispielsweise eines EEGs schon sehr etabliert und vergleichsweise einfach zu realisieren. Die medizinischen und ethischen Bedenken sind hier auch wesentlich geringer, als bei einem invasiven BCI, welches nachfolgend beschrieben wird.

## Invasive BCI

Die andere Art, das Gehirn mit einem Computer zu verbinden besteht darin Elektroden direkt in das Hirn einzubringen oder auf der Hirnhaut zu platzieren. Hierzu bedarf es einer nicht unerheblichen Operation. Der Vorteil bei dieser Methode ist, dass das erhaltene Signal eine viel bessere räumliche Auflösung besitzt, als man sie mit externen Messgeräten erreichen könnte. Auch die Stimulation ist so viel einfacher, da die Aufnahmeelektroden im einfachsten Fall auch als Stimulationselektroden verwendet werden können. Auf diese Weise ist es möglich, sehr gezielt bestimmte Gehirnareale oder sogar einzelne Nervenzellen auszulesen beziehungsweise zu stimulieren.

## GESCHICHTE: URSPRÜNGE DES BCI

Bereits Anfang des 20. Jahrhunderts wurde bei Operationen an Menschen mit Hirnschädigungen festgestellt, dass bestimmte Bereiche des Gehirns (Areale) mit bestimmten motorischen Funktionen oder Sinneseindrücken verknüpft sind, wenn sie elektrisch stimuliert werden.[3] Zu dieser Zeit wurden die ersten funktionellen Karten des menschlichen Gehirns durch systematisches Reizen der Gehirnoberfläche erstellt. Dies war ein Nebenprodukt notwendiger medizinischer Eingriffe. So lässt sich beispielsweise verhindern, dass bei der Entfernung von Tumoren essentiell wichtige Gehirnareale geschädigt werden oder es können, z.B. bei Epilepsie, die auslösenden Zentren aufgespürt werden.

Seit dieser Zusammenhang zwischen den körperlichen Funktionen und Wahrnehmungen und entsprechenden Aktivitäten bestimmter Hirnregionen aufgeklärt wurde, begannen Wissenschaftler darüber nachzudenken dieses Wissen zu nutzen. Zum einen kam Dobelle schon Ende der 1970er Jahre auf die nahe liegende Idee bestimmte Krankheiten, die z.B. zum Erblinden führen, dadurch zu heilen, dass das Bild der Umgebung mit einer Kamera aufgezeichnet wird und deren Signale direkt, ohne Umwege über die Rezeptoren in den Augen oder dem Sehnerv, in den visuellen Cortex (d.h. das Areal, welches für die Verarbeitung visueller Informationen zuständig ist) zu leiten.[4] Diese Idee wurde im Jahre 2002 weiterentwickelt und ermöglicht aufgrund von Miniaturisierung nun einigen Patienten einfache Schemen zu sehen.[5]

Die umgekehrte Idee, Signale aus dem Gehirn an eine Prothese weiterzuleiten und dabei die geschädigten motorischen Nervenleitungen zu überbrücken, ließ nicht lange auf sich warten. Im Jahr 2000 konnte Nicolelis et al. zeigen, dass sich aus den Signalen einer großen Zahl von Neuronen die intendierten Armbewegungen eines Affen vorhersagen lassen, um so einen Roboterarm zu steuern.[6]

## GEGENWART: HEUTIGE ANWENDUNGEN VON BCI-TECHNOLOGIE

Mittlerweile gibt es eine Reihe von unterschiedlichen Ansätzen, BCI für Menschen mit Behinderungen einzusetzen. Nicht-invasive Verfahren haben sich in verschiedenen Bereichen etabliert, aber es gibt auch einige erfolgreiche invasive Systeme. Im Jahr 2006 wurde von Donoghue et al. z.B. erfolgreich ein motorisches BCI bei einem Patienten mit Locked-in-Syndrom verwendet.[7] Solche Patienten sind komplett gelähmt und können sich allenfalls mit ihren Augenbewegungen äußern. Nach der Operation war der BCI-Nutzer in der Lage einen Computercursor zu steuern und so wieder mit der Außenwelt zu interagieren. Das mit Abstand erfolgreichste kommerzielle Produkt, welches keine Verbindung zum zentralen, sondern zum peripheren Nervensystem herstellt, ist das Cochlea-Implantat. Es ermöglicht tauben Menschen, die jedoch einen noch intakten Hörnerv besitzen, wieder (eingeschränkt) zu hören. Inzwischen wurde es mehr als 250.000 Menschen eingesetzt.[8]

## DIE ZUKUNFT: DAS POTENZIAL

Man kann davon ausgehen, dass sich in naher Zukunft einige Krankheiten durch BCI-Systeme vollständig heilen lassen oder zumindest gelindert werden können. Aussichtsreich sind beispielsweise Epilepsie oder Parkinson. Doch man kann sich auch Anwendungen vorstellen, die über die Wiederherstellung verlorener Fähigkeiten weit hinausgehen. Im Folgenden möchte ich eine Reihe von Möglichkeiten aufführen, die ein zukünftiges, implantiertes BCI einem Benutzer bieten könnte. Zuerst werden hierbei die grundlegenden und im Weiteren dann die spekulativen Vorteile erörtert.

### 1. DER INTERFACE-FLASCHENHALS & DISKRETION

Wie schnell können Sie mit einem Bleistift schreiben? Ein durchschnittlicher Schreiber kommt auf rund 22 Wörter pro Minute. Der Weltrekord beim Tastenschreiben liegt bei etwa 170 Wörtern pro Minute.[9] Für das Schreiben von SMS wurde zuletzt ein Rekord von 160 Zeichen in 25,94 Sekunden von einer 27-jährigen Britin aufgestellt.[10] Wie schnell wir denken ist hingegen nur schwer zu sagen. Durch die Beschleunigung des Informationsaustausches zwischen Computer und Mensch können sich ganz neue, heute noch nicht vorhersehbare, Anwendungen entwickeln.

Engelbart führt in seinem Aufsatz von 1962 mehrere Beispiele dafür an, wie durch die Erhöhung der Geschwindigkeit, mit der wir Informationen schriftlich festhalten, unsere gesamte Kultur geprägt sein könnte.[11] Er argumentiert, dass, wenn das Aufzeichnen von Informationen wesentlich schwieriger gewesen wäre (z.B. wenn es kein Papier gegeben hätte), sich unsere gesamte Kultur völlig anders entwickelt hätte und vieles aufgrund der Mühsal der Aufzeichnung sich gar nicht hätte entwickeln können. Umgekehrt gedacht bedeutet dies, dass sich mit einer Erhöhung der Aufzeichnungs- und Abrufgeschwindigkeit von Informationen ganz neue, emergente Entwicklungen ergeben könnten (also nicht nur schnellere, sondern qualitativ andere).

Unsere mobilen Kommunikationsgeräte werden zwar immer kleiner und leistungsfähiger, gleichzeitig stoßen die Bedienelemente jedoch an ihre Grenzen. Vermutlich werden wir in wenigen Jahren Smartphones haben, die in ihrer Leistungsfähigkeit heutigen Desktoprechnern ebenbürtig sind. Nur werden wir Schwierigkeiten haben, mit ihnen umzugehen. Dies gilt zum einen für die Eingabe von Informationen, als auch für deren Abruf.

Sicherlich wird die Spracherkennung per Software noch wesentlich besser werden und irgendwann Umgangssprache verstehen, jedoch ist dies für viele Anwendungen nicht ausreichend (man stelle sich ein per Spracheingabe zu steuerndes Grafikprogramm vor). Sprache ist ein mächtiges Mittel, um als Schnittstelle zum Computer zu dienen, sie hat aber zwei Nachteile. Zum einen können, wie bereits erwähnt, nur serielle, digitale Informationen mit ihr ausgetauscht werden. Die Steuerung von Aufgaben, die Koordination und zeitliche Präzision verlangt, ist damit nur schwer möglich (Beispiele hierfür sind Grafikprogramme, Programme, die sich mit Design beschäftigen, Computerspiele usw.). Der zweite Nachteil der Lautsprache lautet Indiskretion. Gerade, wenn man an einem öffentlichen Ort einen Computer verwenden will, wäre Spracherkennung aus diesem Grunde eher ungeeignet.

Bei den Displays ergeben sich ähnliche Probleme. Zum einen müssen sie klein sein, damit die Geräte maximal mobil sein können, zum anderen müssen sie aber auch groß genug sein, um darauf sinnvoll etwas erkennen zu können. Hier einen Kompromiss zu finden, ist praktisch nicht möglich. Ebenso verbleibt die Schwierigkeit der Diskretion. Außerdem mangelt es selbst großen Displays an echter Dreidimensionalität.

Ein fortgeschrittenes BCI könnte diese Probleme lösen. Ein direkt durch Hirnsignale gesteuertes Gerät könnte das gesamte menschliche Bewegungspotential einschließlich der Sprache ausnutzen, um damit einen

Computer zu steuern. Bei einem bidirektionalen Interface wäre es darüber hinaus möglich, sämtliche Sinne des Benutzers anzusprechen, einschließlich derer, die heutzutage medial noch völlig unberührt sind, wie den Tast- und Geruchssinn. Zudem könnte all dies völlig diskret geschehen, ohne das man von außen überhaupt bemerken kann, dass gerade eine Kommunikation stattfindet.

## 2. Zugriff jederzeit, überall

Ein fortgeschrittenes BCI könnte es ermöglichen, überall und zu jeder Zeit auf Informationen zuzugreifen. Im Zusammenhang mit drahtlosem Internet ergeben sich hier ungeahnte Möglichkeiten. Man könnte an jedem Ort der Welt seiner Arbeit nachgehen und wäre praktisch immer mit allen Menschen verbunden, die für einen wichtig sind. Es ist denkbar, dass sich eine ganz neue – non-verbale – Form der Kommunikation entwickelt.

## 3. Intelligence Amplification

Durch eine so enge Kopplung zwischen Computer und Mensch wird auch die Grenze zwischen beiden weiter verwischen. Werkzeuge und Artefakte aller Art können in die Körperwahrnehmung des Menschen (und anderer Tiere) integriert werden (ein gutes Beispiel hierfür ist z.B. das Autofahren oder das Steuern eines Computercursors mit einer Maus).[12] Die ständig laufende Feedbackschleife mit einem BCI würde ebenfalls zu einer Integration dieses Systems in die Eigenwahrnehmung führen. Es wäre aber ebenso denkbar, dass auch kognitive Leistungen, die der Computer ausführt (z.B. das Suchen nach Dokumenten usw.) mit der Zeit als „Eigenleistungen" beziehungsweise Teil des eigenen Denkens wahrgenommen werden.

Hybride Systeme aus Computern und Menschen, die nicht direkt miteinander gekoppelt sind, gibt es bereits und sie sind ziemlich leistungsfähig. Seit einiger Zeit wird so z.B. so genanntes *Advanced Chess* gespielt, bei welchem ein Team aus Computer und Mensch (sozusagen eine Symbiose) gegen ein anderes antritt. Die hierbei erzielten Leistungen sind weit größer als, wenn nur ein Teil des Systems spielen würde.

Ähnliches gibt es auch in anderen Bereichen, doch die enge Kopplung durch ein BCI und die daraus hervorgehende Überwindung des Interface-Bottleneck wird diesen Synergieeffekt noch erhöhen und die Anwendungen hierfür vervielfachen. Eventuell wird ein Punkt erreicht, bei dem eine

Trennung der beiden Symbionten Mensch und Computer gar nicht mehr möglich ist, ohne dabei die „Gesamtperson" zu zerstören.

## 4. ERWEITERTE UND NEUE SINNE

Ein bidirektionales BCI, welches eine Reihe von sensorischen Inputs und motorischen Outputs abdeckt, könnte es dem Menschen auch ermöglichen eine ganz neue Sinnenwelt zu entdecken. So könnte ein BCI-User, statt ein Auto zu fahren, ein Teil des Autos „sein". Die Integration in die eigene Körperwahrnehmung kann mit zusätzlichen Sensoren des Fahrzeugs und seiner direkten Steuerung durch die eigenen „Gedanken" so vollkommen werden, dass für den Nutzer kein Unterschied mehr besteht. Dies gilt genauso für ferngesteuerte Roboter und andere Maschinen. Vorstellbar wäre auch das Nachempfinden von aufgezeichneten körperlichen Empfindungen anderer Menschen.

## 5. VOLLKOMMENE SIMULATION

Blickt man noch einen Schritt weiter in die Zukunft, gibt es noch mehr Möglichkeiten. Ein BCI, das sämtliche motorischen und sensorischen Areale des Gehirns abdeckt oder diese Informationen auf dem Weg zum Rückenmark abfängt, könnte vollständig realistisch wirkende Virtual Reality-Simulationen ermöglichen. Hier sind die Möglichkeiten gigantisch und es ist nur schwer abzusehen, welche gesellschaftlichen Konsequenzen sich hieraus ergeben würden. Auf jeden Fall würde es völlig neue Arbeits- und Lebensweisen ermöglichen, die mehr oder weniger unabhängig von den materiellen Gegebenheiten wären. Gefährliche Situationen könnten völlig gefahrlos trainiert werden. Auch könnten virtuelle Welten entstehen, deren physikalische Gesetzmäßigkeiten nicht mit den realen übereinstimmen. Es könnten Subkulturen entstehen, die eine rein virtuelle Basis haben. Die jüngste Vergangenheit zeigt, dass Menschen bereits aktiv beginnen den neuen virtuellen Raum als alternativen Lebensraum selbst ohne eine vollständige Simulation der Sinne zu nutzen. Ein gutes Beispiel hierfür ist sicherlich *Second Life*.

## 6. UPSHIFT

Der Schritt zu einem Upload könnte ebenfalls über ein fortgeschrittenes BCI-System führen. Langsam würden immer mehr Teile des Gehirns gegen äquivalente Computersysteme ausgetauscht, bis es, vom Benutzer unbemerkt, nur noch aus künstlichen Teile bestünde. Das Austauschen von geschädigten Gehirnteilen durch künstliche wird derzeit am Hippocampus der Ratte erforscht. Hierdurch wäre das Upload-Szenario, welches von manchen Transhumanisten angestrebt wird, realisierbar und zwar auf eine „sanfte" Weise.

## BCI UND TRANSHUMANISMUS

Zum Abschluss möchte ich noch einmal die für den Transhumanismus interessanten Aspekte eines fortschrittlichen BCI-Systems zusammenfassen. Im spekulativen letzten Teil dieses Textes wurde eine Reihe von Möglichkeiten aufgeführt, die die Wichtigkeit der Realisierung einer solchen Schnittstelle zeigen. Für besonders wichtig halte ich die Überwindung des Interface-Bottlenecks, die Intelligence Amplification und den Upshift. Diese drei Entwicklungen halte ich sogar für so essentiell, dass ihre Nichtentwicklung den menschlichen Fortbestand in einer transhumanistisch geprägten Zukunft gefährden würde. Dies ist eine gewichtige Aussage, die ich daher näher begründen möchte: Nehmen wir an, in naher oder ferner Zukunft steht dem Menschen molekulare Nanotechnologie und künstliche Intelligenz zur Verfügung, außerdem ist die Krankheit Altern (sowie sämtliche anderen Krankheiten) besiegt. Damit könnte man eigentlich zufrieden sein, oder? Aber es ergeben sich folgende Probleme: Wir werden unsere Computer nicht mehr effizient bedienen können. Schon jetzt verbringen die meisten PCs den größten Teil ihrer Zeit in einer Warteschleife - sie warten auf Benutzereingaben. Sicherlich wird es in Zukunft neue Eingabe- und Ausgabemedien geben, doch sie werden gegenüber einem Breitband-BCI immer Krücken bleiben - genauso, wie ein Handschreiber einem Tastenschreiber prinzipiell unterlegen bleibt. Sobald starke künstliche Intelligenz entwickelt wäre, können wir einen Wettlauf mit ihr nicht mehr gewinnen - zumindest nicht mit einem (rein) biologischen Gehirn. Selbst wenn wir es genetisch optimieren, stoßen wir damit an Grenzen. Es ist nicht skalierbar und durch die Komponenten, auf denen es aufbaut - die Neurone - von seiner Geschwindigkeit her begrenzt. Aus diesem Grunde reicht es auch nicht, nur das Altern aufzuhalten und uns gegen alle denkbaren Krankheiten zu schützen. Unsere Aufnahmekapazität limitiert wie alt wir als Person werden können. Es mag sein, dass unser Körper irgendwann nicht mehr altert und dass alle Verletzungen durch gezüchtete Ersatzorgane geheilt werden können, aber unser Geist wird sich langsam auflösen. Speichert man z.B. zu viele Muster in einem Hopfield-

Netzwerk, welches ein Computeranalogon zu einem echten neuronalen Netzwerk darstellt, so führt dies nicht dazu, dass es die Muster, die es zu Beginn erlernt hat, „überschreibt". Es wird durch die Überlagerungen überhaupt nicht mehr in der Lage sein, irgendwelche Muster zu erkennen.[13] Wenn wir also eine Verbesserung unserer geistigen Fähigkeiten erreichen möchten, uns nicht von künstlicher Intelligenz abhängen (oder gar beherrschen) lassen wollen und eine extreme Verlängerung der Lebensspanne anstreben, müssen wir BCI weiterentwickeln.

---

[1] „Labor für Transkranielle Magnetstimulation." Universitätsklinikum Ulm http://www.uniklinik-ulm.de/struktur/kliniken/psychiatrie-und-psychotherapie/klinik-fuer-psychiatrie-und-psychotherapie-iii-ulm/home/forschung/transkranielle-magnetstimulation.html [11.11.2011].

[2] Barker, A. / Jabinous, R. / Freeston, I.: „Non-invasive magnetic stimulation of human motor cortex." Lancet 1, 1985, 1106–1107.

[3] Penfield, W. / Rasmussen, T.: The Cerebral Cortex of Man. A Clinical Study of Localization of Function. The Macmillan Comp, 1950.

[4] Dobelle, W.H. / Quest, D.O. / Antunes, J.L. / Roberts, T.S. / Girvin, J.P.:. „Artificial Vision for the Blind by Electrical Stimulation of the Visual Cortex." Neurosurgery 5, 1979, 521-527.

[5] Gupta, Sanjay / Petersen, Kristi: „Could bionic eye end blindness?" CNN, 13.06.2002. http://web.archive.org/web/20060322061159/archives.cnn.com/2002/HEALTH/06/13/bionic.eye/index.html [11.11.2011].

[6] Wessberg, J. / Stambaugh, C.R. / Kralik, J.D / Beck, P.D. / Laubach, M / Chapin, J.K. / Kim, J. / Biggs, S.J. / Srinivasan, M.A. / Nicolelis, M.A.: „Real-time prediction of hand trajectory by ensembles of cortical neurons in primates." Nature 16, 2000, 361-365.

[7] Hochberg, L.R. / Serruya, M.D. / Friehs, G.M. / Mukand, J.A. / Saleh, M. / Caplan, A.H. / Branner, A. / Chen, D. / Penn, R.D. / Donoghue, J.P.: „Neuronal ensemble control of prosthetic devices by a human with tetraplegia." Nature 442, 2006, 164-171.

[8] „Cochlear Implants", National Insitutes of Health, https://www.nidcd.nih.gov/health/hearing/pages/coch.aspx , [08.10.2013].

[9] „Words per minute." Wikipedia, http://en.wikipedia.org/wiki/Words_per_minute, [01.01.2012].

[10] „Britin bricht SMS-Weltrekord." t-online, 23.08.2010, http://handy.t-online.de/britin-bricht-sms-weltrekord/id_42614882/index, [01.01.2012].

[11] Engelbart DC.: „Augmenting human intellect: a conceptual framework augmenting human intellect: a conceptual framework." 1962.

[12] Maravita A / Iriki A.: „Tools for the body (schema)." Trends Cogn Sci. 8:2, 2004, 79-86.

[13] Hopfield JJ.: „Neural networks and physical systems with emergent collective computational abilities." Proc Natl Acad Sci USA, 79:8, 1982, 2554–2558.

# 8 DIGITALE TRANSZENDENZ

*Rüdiger Koch*

Unser Geist ist, was das Gehirn tut. Zwar ist das Geheimnis des Gehirns nach wie vor nicht gänzlich ans Licht gebracht, dennoch ist die heute vorherrschende Ansicht in den Neurowissenschaften, dass alle mentalen Prozesse auf Informationsverarbeitung im Gehirn beruhen. Unser Geist entsteht aus dem komplexen Zusammenspiel von Milliarden Nervenzellen. Geht man von dieser Voraussetzung aus, muss man zu dem Schluss gelangen, dass das Substrat, das dieser Informationsverarbeitung zugrunde liegt für die Funktion des Geistes unerheblich ist. Wendet man diese Idee nun auf das einzelne Individuum an, gelangt man zum Konzept des Uploading. Darunter versteht man die Emulation des Gehirns einer konkreten Person auf einem anderen Medium, konkret eines digitalen Computers. Das heißt, es ist prinzipiell möglich, unsere Persönlichkeit zu digitalisieren und unabhängig von unserem biologischen Körper zu existieren.

## WETWARE UND HARDWARE

Das Gehirn, die materielle Grundlage des Geistes, ist das komplexeste aller bekannten Systeme. Seine Funktion ist zwar Informationsverarbeitung, dies tut es aber auf grundlegend andere Weise als ein Mikroprozessor. Seine Bausteine, die Neuronen, führen zum Beispiel sowohl analoge als auch digitale Rechenoperationen aus. Außerdem hat das Gehirn eine Rechenleistung und Speicherkapazität, die heutige Supercomputer bei weitem übertrifft. Deshalb kann es auch nicht verwundern, dass Computer heute noch dumm erscheinen. Die Kluft vom Gehirn zum Computer ist aber überbrückbar.

Ein Gehirn besteht, wie der Rest des Körpers auch, aus Zellen. Die besonderen Zellen, um die es im Wesentlichen geht, sind die Neuronen. Daneben gibt es noch andere Zelltypen, z.B. die Gliazellen. Diese dienen jedoch den Neuronen nur zur Unterstützung von diversen Funktionen wie beispielsweise dem Axonenwachstum. Vom Zellkörper eines Neurons gehen zwei baumartige Strukturen aus, die Dendriten (Signaleingang) und die Axone (Signalausgang). Axone können mit Dendriten Verbindungen eingehen, so genannte Synapsen. Die maßgeblichen Größen der Signalverarbeitung im Gehirn sind die elektrischen und die chemischen Eigenschaften der Synapsen und der Zellkörper. Diese Eigenschaften gilt es auszulesen und in ein Modell zu übertragen, das vom Zielcomputer so ausgeführt werden kann, dass sich das virtuelle Neuron so verhält, wie es das biologische tat.

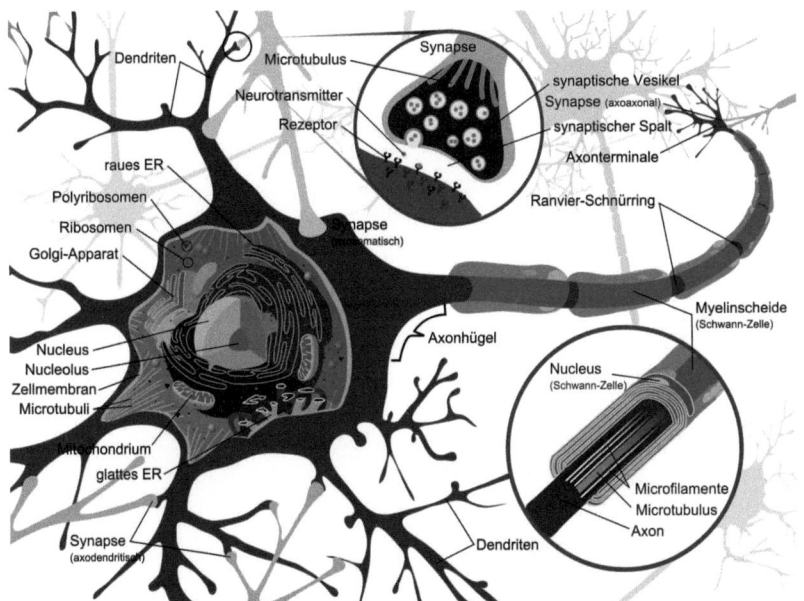

*Schematische Darstellung von Neuronen und ihrer Verschaltung. Im Inneren der Zelle finden sich dieselben Strukturen wie in anderen Körperzellen auch. Die Besonderheit der Neuronen sind die baumförmigen Auswüchse, mit deren Hilfe sie sich untereinander verdrahten. Eine chemische Synapse ist stark vergrößert dargestellt (Wikipedia, Public Domain).*

Hodgkin und Huxley haben gezeigt, dass die Kommunikation von Neuronen über elektrische Impulse erfolgt.[1] Ein solcher Impuls wandert mit einer Geschwindigkeit von etwa 200m/s das Axon entlang. An einer Synapse angekommen, bewirkt er die Ausschüttung von Neurotransmittern, die über den synaptischen Spalt diffundieren. Das nachfolgende (postsynaptische) Neuron nimmt diese Transmitter durch Rezeptoren auf, was bewirkt, dass sich Ionenkanäle öffnen und einen Ionenstrom über die Zellmembran zulassen. Dadurch wird das Neuron elektrisch geladen wie ein Kondensator. Ist ein gewisser Schwellwert an Spannung erreicht, sendet auch dieses Neuron einen Impuls aus, der zu weiteren nachfolgenden Neuronen wandert, wodurch sich das Neuron entlädt. Die Eigenschaften als geordneter Computer ergeben sich daraus, wie die Neuronen untereinander verbunden sind, also welche Neuronen durch Synapsen welcher Art und Stärke verbunden sind – die so genannte funktionelle Organisation oder schlicht Muster. Wir bezeichnen den Aufbau dieser Muster als Lernen. Da Lernen ein lebenslanger Prozess ist, sind auch die Regeln zum Aufbau der Muster lebenslang wirksam. Die Erforschung dieser Regeln ist heute ein zentrales Gebiet der Neurobiologie.

Ein Gehirn ist also eine Zustandsmaschine, die durch feste Regeln von einem Zustand in den nächsten gelangt – genau wie ein PC. Analoge Rechenvor-gänge im Gehirn ändern daran nichts, denn analoge Rechner können mit beliebiger Genauigkeit durch digitale Rechner approximiert werden. Tatsächlich waren vor 1980 mechanische und elektronische Analogrechner üblich und sind erst dann durch Digitalrechner verdrängt worden.

In der Berechenbarkeitstheorie wird die Eigenschaft eines Computers, jeden anderen Computer emulieren zu können, Turing-Vollständigkeit genannt. Maass konnte für bestimmte Netze aus biologisch plausiblen Neuronen zeigen, dass sie Turing-vollständig sind.[2] Das bedeutet, dass ein PC in informationstheoretischer Sicht mit einem Gehirn gleichwertig ist, wenn auch die Rechenleistung und Speichergrößen einen PCs längst noch nicht dieses Niveau erreicht haben.

Für einige geistige Phänomene konnten die neuronalen Korrelate zugeordnet werden. Das neuronale Korrelat des Bewusstseins hat sich bislang der Forschung erfolgreich entziehen können. Chalmers listet die gängigen Hypothesen dazu auf.[3] Alle diese Kandidaten beruhen auf der funktionellen Organisation des Gehirns. Was also immer unser Bewusstsein, unser Ich-Gefühl, unser Körpergefühl und das Bewusstsein unseres Bewusstseins selbst hervorbringt, es ist das Resultat dieser funktionellen Organisation. Diese Organisation, oder Muster, sind über lange Zeiträume recht konstant, nicht aber die Materie, aus der diese Muster aufgebaut sind. Materie geht durch den menschlichen Körper hindurch, ohne dass sich seine Organisation nennenswert verändert. Bereits nach einem Monat haben wir einen Großteil unserer Atome gegen andere Atome durch Stoffwechsel ausgetauscht. Nach einem Monat sind wir aber immer noch dieselben Personen. In gewisser Hinsicht sind wir mit einer Strömung in einem Fluss vergleichbar. Es ist immer anderes Wasser, aber der Fluss ändert sich nicht.

Beim Uploading geht es allerdings nicht um das Verständnis geisterzeugender Phänomene aus der funktionellen Organisation des Gehirns, sondern um das Übertragen des Geistes auf ein anderes Substrat. Ob das Bewusstsein nun durch Emergenz aus der Dynamik eines Teils oder auch des gesamten Gehirns entsteht oder ob kleine Gruppen von Neuronen das Bewusstsein hervorbringen ist für uns nicht relevant. Es genügt, die Bausteine zu kennen, die diese Phänomene hervorbringen. Die Hypothese beim Upload ist, dass eine genügend genaue Simulation der Teile des Gehirns dazu führt, dass auch das simulierte Gesamtsystem alle Eigenschaften des Originals besitzt (es würde vielleicht aber auch ausreichen ein Funktionsäquivalent zu schaffen). Es wird also dieselben Phänomene hervorbringen. Die gleichen Erinnerungen, Überzeugungen, das gleiche Ich-Gefühl. Die virtuelle Person wird sich an sein bisheriges Leben erinnern können und von seiner Identität überzeugt sein.

Ebenso wichtig ist die Tatsache, dass die Emulation ein gewisses Maß an Toleranzen haben darf, ohne dass das Individuum inakzeptable Persönlichkeitsveränderungen erleidet. Es ist eine notwendige Bedingung für Uploading, dass die Eigenschaften der Bausteine des Gehirns nur im Rahmen der Genauigkeit des Messverfahrens ausgelesen werden können. Wir modifizieren die Eigenschaften unserer Neuronen ständig, indem wir Drogen wie Kaffee, Nikotin oder Alkohol konsumieren. Ungenauigkeiten der Simulation, die sich in diesem Rahmen bewegen, können als akzeptabel gelten.

Ein Uploadprojekt hängt also von weiteren Fortschritten in der Erforschung von Phänomenen wie dem Bewusstsein nicht ab, andererseits kann die Forschung sehr viel von Uploads profitieren. Sowie ein Upload eines Tieres, das zweifellos über ein Bewusstsein verfügt, gelungen ist, ist es möglich, beliebige Messungen und Statistiken durchzuführen, ohne das virtuelle Wesen im Mindesten zu beeinflussen. Es ist nicht mehr notwendig, aufwändige Operationen an Versuchstieren durchzuführen, um mit Sonden wenige Neuronen zu vermessen. Es ist also zu erwarten, dass der Upload z.B. eines Hundes die Erforschung des Bewusstseins in unmittelbare Nähe des Ziels rückt.

Die hier vertretene starke Hypothese der Machbarkeit von Uploading beruht auf der physikalischen Church-Turing-These.[4] Die Church-Turing-These besagt, dass alle Berechnungen der realen Welt auf einer Turing-Maschine ausgeführt werden können. Letztlich werden dadurch alle natürlichen Prozesse erfasst. Stephen Wolfram bezeichnet dies als *Principle of Computational Equivalence*.[5] Dies bedeutet, dass das Gehirn grundsätzlich auf einer universellen Turing-Maschine oder jedem anderen Turing-vollständigen Computer emuliert werden kann. Weiterhin wird vorausgesetzt, dass die von Hodgkin und Huxley gefundenen Gesetze über die Funktion von Neuronen zumindest qualitativ zutreffen, da wir hier die Simulation auf der Ebene von Neuronen betrachten. Da die Emulation idealerweise in Echtzeit oder schneller ausgeführt werden soll, kommt nun noch die Bedingung dazu, dass auch die Leistungsfähigkeit und Speicherkapazität des Computers denen des Gehirns entsprechen müssen. Es gibt verschiedene Modelle, die Kapazität des menschlichen Gehirns abzuschätzen. Moravecs Abschätzung von 100 Terabyte[6] beruht auf der Funktion der Retina und der Computerleistung, die nötig ist, diese Funktion zu simulieren. Wir gehen hier jedoch nicht von einem funktionalen Äquivalent des Gehirns aus, sondern von der Simulation auf der Ebene von Neuronen. Daher schätzen wir hier die Informationsmenge ab, die notwendig ist, um ein funktionsfähiges neuronales Modell zu implementieren. Dies ist weitaus mehr. Für unsere Zwecke reicht es aus, die in den Synapsen enthaltenen Informationen abzuschätzen. Gegen diese Datenmenge sind andere Datenmengen (Zellkörper, Neuroglia, ...) vernachlässigbar. Wir gehen davon aus, dass eine Synapse mit etwa 100 Bit hinreichend genau modelliert werden kann. Wenn wir unserer Abschätzung 100 Milliarden ($10^{11}$) Neuronen zugrunde legen, die untereinander mit jeweils 10.000 Synapsen verbunden sind, erhalten wir eine erforderliche Speichermenge von 1017 Bit oder 12,5 Petabyte. Für übliche Speicherchips (DRAM) entspricht dies auch der Anzahl von Transistoren. Wir können für Verarbeitung und Verbindungslogik aufgrund der Erfahrung mit gewöhnlichen Rechnersystemen nochmals dieselbe Menge an Transistoren veranschlagen und kommen somit auf 2*1017 Transistoren. Ein moderner Speicherchip des Jahres 2007 hatte etwa $5*10^9$ Transistoren. Ein Neurocomputer, der das menschliche Gehirn emulieren kann, würde also aus etwa 20 Millionen Chips des Jahres 2007 bestehen müssen. Der Preis eines solchen Systems würde bei heutiger Technik also unrealistisch hoch sein.

Nach wie vor halbieren handelsübliche Computerchips ihr Preis/Transistor-Verhältnis in etwas weniger als zwei Jahren. Dies nennt man das *Mooresche Gesetz* der Halbleiterindustrie. Der Trend zur Miniaturisierung und Halbierung der Preise für Logikschaltungen ist jedoch schon älter und geht bis in den Bereich der Röhrencomputer vor sechzig Jahren zurück. Dies bedeutet, dass in weniger als zwanzig Jahren die Anzahl der Schaltungen pro Euro nur noch etwa 1/1000 des heutigen Preises ausmacht. Im Jahre 2030 genügt dann ein Rechner mit 5.000 Chips für eine Neurosimulation und der Preis eines solchen Systems liegt etwa im Bereich eines Eigenheims und ist somit für Millionäre erschwinglich. Im Jahr 2035 wird der Preis in den Bereich eines Mittelklassewagens gesunken sein und im Jahr 2040 ist das Preisniveau von PCs erreicht.

Das Ende des Mooreschen Gesetzes wurde schon oft vorausgesagt, so auch jetzt für das Jahr 2017, wenn die Schaltungen so klein werden, dass sie physikalische Grenzen erreichen. Bisher hat sich aber immer ein Weg gefunden, die exponentielle Entwicklung in die Zukunft fortzuschreiben. So auch diesmal: Mit der Einführung von so genannten Through-Silicon Vias wird das Zeitalter der 3-D Chips eingeläutet. Mittlerweile sind Chips verfügbar, bei denen die Schaltungen nicht mehr nur auf der Oberfläche liegen, sondern welche die Tiefe des Chips nutzen. Chips der Zukunft werden also immer mehr Schichten aufweisen und wie ein Stapel von Chips organisiert sein – bis auch dieses Konzept voll ausgenutzt ist und ein neues Paradigma in Aktion tritt, z.B. Nanotubes. Außerdem sind noch Dutzende weiterer vielversprechender Konzepte in der Entwicklung, wobei hier abgewartet werden muss, welche davon letztlich Marktreife erreichen. Die exponentielle Entwicklung ist also auf Jahrzehnte hinaus gesichert. Möglicherweise beschleunigen 3D Chips das Mooresche Gesetz sogar für einige Jahre, da die Schaltungsdichte nun keine Funktion der Fläche sondern des Volumens ist.

Die heute üblichen Universalcomputer sind nicht für Neurosimulationen optimiert. Bereits heute verwendet man für Spezialanwendungen wie Grafikkarten oder Kryptokarten optimierte Hardware, deren Leistungsfähigkeit auf ihrem Gebiet oft um das Tausendfache höher ist als das eines universellen Prozessors. Ähnliches würde man auch mit Neurochips erreichen können. Man würde zugunsten von mehr Recheneinheiten auf Leistungsfähigkeit der einzelnen Recheneinheit verzichten. Man würde die Übertragung von Impulsen in Synapsen direkt in Hardware implementieren, ebenso wie das Routing der Impulse. Beides geschieht in heutigen Simulatoren in Software. Schließlich würde man zugunsten von mehr Schaltungen (mehr Schichten im Stapel) die Schaltfrequenz deutlich zurücknehmen, denn zur Simulation eines Gehirns, das im Bereich von Kilohertz arbeitet, benötigt man keine Gigahertz. Diese spezielle Architektur würde es außerdem ermöglichen, fehlerhafte Chips zu verwenden, da die fehlerhaften Stellen umgangen werden können. Daher kann man weitaus größere Chips herstellen als für Prozessoren, die keinen einzigen Fehler aufweisen dürfen.

## VERFAHREN ZUM UPLOADING

Wie kommt aber nun der Geist vom Gehirn in den Computer? Aus heutiger Sicht bieten sich nur destruktive Verfahren an, bei denen das Gehirn durch den Scanvorgang zerstört wird. Bereits heute werden Scans von sehr kleinen Proben mit Hilfe von Mikrotomschnitten hergestellt. Dabei werden mit einer Klinge hauchdünne Schnitte erzeugt, mit Kontrastmitteln behandelt und anschließend mit einem Elektronenmikroskop gescannt. In dieser Form ist das Verfahren jedoch nur für kleine Proben, wie sie von der Wissenschaft benutzt werden, geeignet. Um jedoch das gesamte Gehirn scannen zu können, muss die Technik skaliert werden.

McCormick et al.[7] haben das Scannen und das Abtragen in einen Arbeitsschritt zusammengefasst: Eine Diamantklinge hebt eine dünne Schicht ab, die direkt auf der Schneide gescannt und unmittelbar verarbeitet wird. Ein Hub der Klinge geht dabei über das gesamte Gehirn. Bei der erzielten Auflösung von 250nm fiel für ein Mausgehirn mit etwa 0,6g Gewicht ein Volumen von etwa 50 Terabyte an unkomprimierten Bilddaten an. In einem weiteren Arbeitsschritt wurde das neuronale Netz des Mausgehirns rekonstruiert. Dieses Netz ist in Form von XML vom *Mouse Brain Web* abrufbar und dient anderen Gruppen bereits als Grundlage für umfangreiche Simulationsversuche.

Die Nanotech Roadmap sagt für etwa 2025 die Einführung von Nanobots voraus.[8] Nanobots sind winzige Maschinen in der Größe von Viren, die für bestimmte Aufgaben entworfen und programmiert werden können. Sobald geeignete Nanobots zur Verfügung stehen, kann ein Scan auch am lebenden Menschen durchgeführt werden. Es wäre z.B. denkbar, dass in oder an jedes Neuron ein solcher Bot eingebracht wird und die Arbeit des Neurons misst. Diese Messdaten werden nun über eine Funkverbindung auf einen Empfänger übertragen, den man ständig bei sich trägt. Sind hinreichend viele Daten gesammelt worden, kann nun ein Modell jedes einzelnen Neurons des Gehirns erstellt werden und auf einem Computer ausgeführt werden. Bis zur Einsatzfähigkeit einer solchen Technik müssen jedoch zahlreiche Fragen geklärt und zahlreiche Probleme gelöst werden. Selbst wenn wir voraussetzen, dass Nanobots in wenigen Jahrzehnten Realität sind, gelten für Nanobots, die derart komplexe Tätigkeiten im Gehirn durchführen sollen, besonders harte Anforderungen. Wie muss der Nanobot gestaltet sein, damit er auch sehr lange Axone verfolgen kann? Wie ist er zu gestalten, damit er die Arbeit des Neurons nicht beeinflusst? Können diese Fragen jedoch beantwortet werden, eröffnet dieses Verfahren interessante Möglichkeiten. Beispielsweise kann dann kontinuierlich ein Backup erstellt werden, dass im Falle des Todes des biologischen Körpers als Upload instantiiert wird.

Die Moravec-Prozedur[9] wird von einem Roboter ausgeführt, der einen Manipulator besitzt, der sich immer feiner verästelt, bis die Spitzen im Nanometer-Bereich sind. Der Patient sitzt bei vollem Bewusstsein mit freigelegtem Gehirn auf einem Operationsstuhl. Die Roboterfinger vermessen nun die zugänglichen Neuronen, bis Ihre Reaktion für den Roboter vorhersagbar wird. Dann wird das Neuron entfernt und durch ein virtuelles Neuron ersetzt, das dann mit den übrigen biologischen Neuronen verbunden wird. Die Prozedur wird so lange fortgesetzt, bis alle Neuronen des Zentralnervensystems in den Computer übertragen worden sind. Es ist klar, dass diese Prozedur Technologien erfordert, die nicht einmal ansatzweise verfügbar sind. Selbst wenn man eine fortgeschrittene Nanotechnologie voraussetzt, sind die Komplikationen ungeheuer – wie sollen z.B. sehr lange Axone von dem Roboter verfolgt werden? Daher wird diese Prozedur in absehbarer Zeit nicht umsetzbar sein. Jedoch eignet sie sich sehr gut für Gedankenexperimente im Zusammenhang mit der Identität der virtuellen Person mit der biologischen, wofür wir sie im letzten Kapitel verwenden wollen.

Der erste Schritt hin zu Uploading wäre der Nachweis der prinzipiellen Machbarkeit an einfachen Organismen. Ein solcher Nachweis wäre ein Turingtest mit dem Upload eines Tieres. Dazu müsste gezeigt werden, dass sich der Upload des Tieres so verhält, wie das Original. Dazu gehört, dass erlernte Fähigkeiten die Prozedur überstanden haben. Man würde zunächst mit primitiven Tieren beginnen, deren Neuronen jedoch hinreichende Ähnlichkeit mit uns Menschen haben. Ganz am Anfang würden Tiere wie Seehasen (Aplysia) stehen. Anschließend arbeitet man sich zu immer komplexeren Organismen vor. Wenn man bei der Ratte angekommen ist und der Upload der Ratte sich in seiner naturgetreu simulierten Umgebung in jeder Hinsicht normal verhält, können wir davon ausgehen, dass Uploading auch von Menschen prinzipiell möglich ist. Wenn dann schließlich der Upload eines Hundes geglückt ist, lassen sich auch komplexere Erscheinungen wie Bewusstsein am Upload untersuchen. Es wäre sehr erstaunlich, wenn der Upload eines Hundes nicht sehr rasch das Geheimnis des Bewusstseins preisgeben würde. Sind wir uns nun sicher, dass wir alle Einflussfaktoren auf die Arbeit der Neuronen verstanden haben und im Modell berücksichtigen, kann als letzter Nachweis der Upload eines Primaten erfolgen. Ist auch dieser erfolgreich, ist es bis zum Upload des ersten Menschen nur noch ein winziger Schritt.

Alle bislang besprochenen Verfahren sind dadurch charakterisiert, dass die Uploadprozedur ein Bruch ist, ein Ereignis, bei dem die Person vor der Prozedur ein biologischer Mensch und danach ein Upload ist. Es könnte jedoch noch eine weitere, kontinuierliche Methode geben. Seit ein paar Jahren werden Gehirn-Computer-Schnittstellen entwickelt, die z.B. vom Hals abwärts gelähmten Patienten erlauben sollen, Roboterarme durch Gedanken zu bewegen. Es ist nun denkbar, dass über immer leistungsfähigere Schnittstellen immer schnellere Computer mit immer umfangreicherer Software angeschlossen werden. Die Funktionen eines solchen Computers könnten so gut integriert sein, dass sie sich nach einem Lernprozess wie ein Teil unserer selbst anfühlen. Nun ist es denkbar, dass diese Computer mehr und mehr Funktionen des Gehirns übernehmen. Über einige Jahre hinweg könnte das biologische Gehirn mehr und mehr zu einer bloßen Schnittstelle zum Körper werden, während der überwiegende Anteil der Persönlichkeit in die externen Computer migriert ist. Am Abschluss dieser Entwicklung könnte ein Wesen stehen, das den verbliebenen biologischen Anteil schließlich ganz zurücklässt. Diesen Prozess nennt man „Upshifting". Dieser Prozess könnte ohne die aufwändige Simulation von Neuronen auskommen und ist daher wahrscheinlich auf Hardware implementierbar, die unserer jetzigen Computerarchitektur weitgehend gleicht. Die zentrale Herausforderung hier ist die Entwicklung von extrem leistungsfähigen, biologisch verträglichen Implantaten.

## DIE WELT DER UPLOADS

Für eine Person verändert sich mit dem Transfer in einen Computer vieles. Beschränkungen und Gefahren, die Konsequenz unserer Körperlichkeit sind, entfallen. Dafür entstehen neue Gefahren und Probleme durch die Trennung vom biologischen Körper. Einen Körper benötigt ein Upload jedoch. Da unser ganzes Denken auf unsere dreidimensionale Welt ausgerichtet ist, muss ein Upload in einer Welt leben, die ähnliche Gesetze hat, insbesondere auch drei Raumdimensionen. Es muss ein Körper simuliert werden mit den Sinnen, die wir auch normalerweise haben – ähnlich wie in den Filmen *The 13th Floor* oder *Matrix*. Natürlich kann, wo immer das gewünscht wird, von realistischer Physik abgewichen werden. Man mag teleportieren oder fliegen wie in *SecondLife*, die magischen Gesetze der *Harry Potter*-Welt inklusive Quidditch simulieren oder beliebige andere „physikalische Gesetze" einführen.

Ein Upload ist nicht an eine bestimmte Hardware gebunden. Er kann sich über das Internet oder eine Funkverbindung mit Lichtgeschwindigkeit an einen anderen Ort begeben und dort in einen bereitstehenden Computer geladen werden. Der Zielcomputer kann sehr weit entfernt sein, beispielsweise auf dem Mars. In aller Regel würden Reisen des Uploads nur über weite Strecken sinnvoll sein, da für die kurzen Strecken auf der Erde einen Telepräsenz denselben Zweck erfüllt.

Eine solche Telepräsenz kann entweder in einem Roboterkörper oder auch in einer virtuellen Welt wie SecondLife realisiert werden. Ein physikalischer Körper ermöglicht die Manipulation physikalischer Objekte und wird vermutlich nur zu diesem Zweck vorgezogen werden, z.B. um Arbeiten an der Rechnerhardware des Uploads selbst zu verrichten. Für fast alle anderen Zwecke wird eine virtuelle Welt die angenehmere und effizientere Alternative darstellen.

Da ein Upload nur aus Information besteht, kann er sich jederzeit teilen und eine neue Instanz von sich erzeugen. Das Erstellen von permanenten Kopien wirft zahlreiche legale, ethische und politische Fragen auf, die in den Szenarien im nächsten Kapitel diskutiert werden. Vermutlich kann sich eine Kopie wieder mit dem „Original" vereinigen, wenn nicht zu viel subjektive Zeit vergangen ist; d.h. die funktionale Organisation des Gehirns sich nur wenig verändert hat. Die Person hätte dann die Erinnerungen beider Kopien. Da Uploads so leicht kopiert werden können, werden sie extrem paranoid bezüglich des Diebstahls von Kopien sein. Auch daher werden sie Reisen soweit es geht vermeiden und auf Telepräsenz bauen, da der Transfer der Information durch ein Netz stets ein Risiko darstellt, dass die Verbindung abgehört wird.

Zeit ist relativ für einen Upload. Läuft die zugrundeliegende Hardware schneller, vergeht mehr subjektive Zeit relativ zur Echtzeit. Ein Upload kann daher in kurzer (physikalischer) Zeit intensiv nachdenken, recherchieren und ähnliches tun – vorausgesetzt, die Hardware ist leistungsfähig genug. In einer Diskussion von biologischen Menschen mit einem solchen schnellen Upload wird der Upload extrem schlagfertig und argumentativ überlegen wirken. Eine solche Intelligenz, die im Grunde menschengleich aber sehr viel schneller ist nennt man „schwach superintelligent". Diese Eigenschaft wird signifikanten Einfluss auf die Gesellschaft haben. Viele Arbeiten können in weniger Zeit verrichtet werden, was die technische Entwicklung beschleunigen wird. Uploads werden willig sein, Kredite zu weit höheren Zinsen aufzunehmen, wenn z.B. eine Produktentwicklung nur wenige Tage Echtzeit in Anspruch nimmt und mit einer raschen Amortisation der Investition gerechnet werden kann. Das daraus folgende hohe Zinsniveau ist eine gute Verdienstmöglichkeit für biologische Menschen, die sich entsprechend vorbereiten. Andererseits können Uploads die subjektive Zeit auch verlangsamen oder sogar anhalten, wenn sie auf bestimmte Ereignisse warten, z.B. auf die Ankunft bei interstellaren Reisen mit Raumschiffen. Wie bereits erwähnt, können Uploads große Strecken z.B. über eine Richtfunkverbindung zurücklegen. Dies macht Raumfahrt sehr leicht möglich, da am Zielort lediglich ein Empfänger, ein Roboter, der für die Existenz im Vakuum ausgelegt ist, und einige Geräte vorhanden sein müssen, mit denen der Upload vor Ort tätig werden kann, um z.B. eine industrielle Infrastruktur aufzubauen. Daher werden wir vermutlich unmittelbar nach den ersten Uploads mit der ernsthaften Eroberung des Alls beginnen können – vorausgesetzt die relativ langen Laufzeiten eines Weltraumprojekts machen dieses aufgrund der hohen Zinsen, die in einer Uploadgesellschaft zu erwarten sind, nicht unrentabel.

Starke Superintelligenz ist für Uploads erreichbar, wenn die Funktionsweise des Gehirns entschlüsselt ist und somit gezielt manipuliert werden kann. Dann können weitere Module aus Neuronen, KI-Algorithmen, Datenbanken und ähnliches angeschlossen werden, um die Intelligenz zu erhöhen. Dies nennt man einen *transzendenten Upload*. Dieser Zyklus kann beliebig oft wiederholt werden. Eine solche Rückkopplung von Intelligenzverstärkung mündet dann in eine *technologische Singularität*.

## DIE GESELLSCHAFT DER UPLOADS

> „Der Mensch ist ein Seil, geknüpft zwischen Tier und Übermensch – ein Seil über einem Abgrunde.
> Ein gefährliches Hinüber, ein gefährliches Auf-dem-Wege, ein gefährliches Zurückblicken, ein gefährliches Schaudern und Stehen-bleiben."
> Friedrich Nietzsche, *Also sprach Zarathustra*

Entwicklungstendenzen der Gesellschaft vorherzusagen ist selbst ohne Paradigmenwechsel schon äußerst schwierig. Dies aber für die Zeit nach Einführung von Uploading zu tun wäre mehr als gewagt. Ich werde mich daher auf plausible Szenarien beschränken, die als Konsequenz von politischen Entscheidungen entstehen können. Es ist nicht möglich, alle denkbaren Szenarien abzudecken, dennoch sollten die folgenden

Beschreibungen plausibel aufzeigen, welche politischen Weichenstellungen Erfolg versprechen und welche unbedingt vermieden werden sollten.

Wenn der erste Upload näher rückt, sollten Computersimulationen dieser und weiterer Szenarien zur Stützung politischer Entscheidungen durchgeführt werden, denn Fehler können wir uns in diesen Fragen nicht erlauben. Entscheidungen, die aufgrund von Überzeugungen und Intuition (also letztlich von Vorurteilen) getroffen werden, wie es heute noch in der Politik Praxis ist, werden der Komplexität und der Tragweite des Themas nicht gerecht.

## DER MARKT REGIERT (HANSON'S ANARCHIE)

Hanson geht in seinem Szenario von drei Prämissen aus:

> Menschliches Handeln (und somit auch das Handeln von Uploads) wird fast ausschließlich auf unsere Eigenschaft als Akteure auf verschiedenen Märkten aufgefasst.

> Uploads können leicht Kopien von sich anfertigen.

> Der Preis für die Uploadprozedur ist hoch.

Wenn es möglich ist, dass Uploads sich hemmungslos teilen können, wird es einige geben, die das auch tun. Sie werden sich so rasch kopieren, wie es gerade noch finanzierbar ist. Dadurch ergibt sich eine große Zahl an Arbeitskräften, die bereit sind besonders hart für minimalen Lohn zu arbeiten. Diese Arbeitskräfte werden sich am Markt gegenüber denen durchsetzen, die andere Werte haben, z.B. hinsichtlich der Befriedigung kultureller Bedürfnisse. Die Werte dieser Kopierer setzen sich damit in einer Darwinschen Evolution durch. Das Ergebnis ist eine Gesellschaft Malthusscher Prägung mit einer Bevölkerungsexplosion, die ihre Grenzen nur in der Geschwindigkeit findet, in der neue Computerkapazitäten aufgebaut werden können.

Verstärkt wird diese Tendenz noch durch Firmen, die uploadwilligen Individuen Kredite anbieten, die dann durch Arbeit in der virtuellen Welt abgebaut werden. Die Auswahlkriterien, die an die Kredit- und Leistungsnehmer angelegt werden, sind streng an dessen Bereitschaft und Fähigkeit orientiert, sich optimal ausbeuten zu lassen.

In Reinform ist dieses Szenario unrealistisch, da es zu viele Einflussfaktoren außer Acht lässt, die der schiefen Bahn einer tumben Bevölkerungsexplosion entgegenwirken. Sein Wert fließt aus der Warnung, dass bekannte Mechanismen, die zum Auseinanderklaffen der Schere zwischen Arm und Reich führen in einer Uploadgesellschaft weit stärker und schneller wirken können als in unserer relativ trägen physikalischen Welt.

## WELTREGIERUNG (BOSTROM'S SINGLETON)

Ein Singleton ist gemäß Bostroms Definition[10,11] eine einzige Entscheiderinstanz auf höchster Ebene. Ein Singleton ist deutlich abstrakter als die übliche Vorstellung einer Weltregierung als Parlament, Gremium oder einzelnem Individuum. Ein Singleton könnte auch ein transzendenter Upload, eine KI oder sogar eine Gruppe von Memen sein, die universell anerkannt sind, z.B. ein Codex. Alle möglichen Singleton haben jedoch gemeinsam, dass sie in der Lage sind, ihre Herrschaft und ihre Existenz zu sichern und dass sie ihren Bereich umfassend steuern können. Mehrere Singletons können nur existieren, wenn sie so weit voneinander entfernt sind, z.B. in verschiedenen Sonnensystemen, dass eine gegenseitige Beeinflussung ausgeschlossen ist.

Die bisherige Entwicklung menschlicher Organisationsformen zu immer höheren, größeren Gebilden legt nach Bostrom nahe, dass der Endpunkt dieser Entwicklung ein Singleton sein wird.

Ein (gutes) Singleton hätte die Möglichkeit, existentielle Risiken zu eliminieren oder zumindest zu reduzieren, hemmungsloses Kopieren von Uploads (wie in Hanson's Szenario) zu regulieren oder zu verbieten, Rahmenbedingungen für eine optimale Entwicklung von gesellschaftlichen Werten zu schaffen und selbst eine von transzendenten Uploads oder KIs getriebene technologische Singularität in sicheren Bahnen zu halten.

Die größte Gefahr eines Singleton ist, dass es ein schlechtes Singleton ist (z.B. der transzendente Upload eines Diktators) oder im Laufe der Zeit zu einem schlechten Singleton wird. Gegenwärtig kommen schlechte Regierungen früher oder später zu Fall. Rückständige Diktaturen werden entweder durch die eigene Bevölkerung vertrieben, die durch Beispiele erfolgreicherer Gesellschaften motiviert sind, es finden Migrationsbewegungen statt, die ein Regime schwächen oder ein schlechtes, rückständiges Regime wird von außen zu Reformen gezwungen oder schlicht entmachtet.

Ein Singleton wäre hingegen äußerst stabil. Externe Bedrohungen existieren definitionsgemäß nicht. Innere Bedrohungen wie Revolten können durch fortgeschrittene Überwachungstechnologie im Keim erstickt werden. Es existiert kein Ziel für Migration und keine Quelle für Inspiration von erfolgreichen Gesellschaften. Unter einem schlechten Singleton wäre die Menschheit von einer unerfreulichen Stasis und im Extremfall von der Auslöschung bedroht.

## UPLOADING IST ILLEGAL

Über viele Jahrtausende war der Tod unausweichlich. Wir haben ausgeklügelte Systeme erfunden, um uns über diese Tatsache zu trösten, z.B. die Legende vom Leben nach dem Tod oder der Wiedergeburt. Diese Rationalisierung des Todes ist mittlerweile so tief in unsere Kultur eingesunken, dass selbst manche humanistischen Atheisten so weit gehen, einem über die „natürliche" Lebenszeit verlängertem Leben jeden Sinn abzusprechen. Zwar wirken diese Systeme bei vielen nur bedingt – religiöse Menschen freuen sich üblicherweise nicht, wenn ein geliebter Mensch stirbt, obwohl er doch der Legende nach nun in einer besseren Welt leben soll – dennoch lehnen die meisten selbst Lebensverlängerung des biologischen Körpers ab. Noch deutlicher wird die Reaktion beim Thema Upload. Für Habermas, Fukuyama und andere Biokonservative ist dies widernatürlich, eine Herausforderung Gottes, gar monströs. Viele können sich das Leben im Computer selbst im Zeitalter von SecondLife nicht als interessant vorstellen, sondern glauben, dass ein Upload ein körperloses Leben in einer mathematischen Formelwelt fristen müsse. Es ist leicht zu sehen, dass aus dieser Denkrichtung Verbotsforderungen erhoben werden, sobald die Technik Uploading in den Bereich des Machbaren rückt.

Bill Joys eleganter Essay zeigt eindrücklich die Gefahren, die mit Superintelligenz verbunden sind.[12] Joy ignoriert den möglichen Nutzen für die Weiterentwicklung unserer Zivilisation. Er sieht nur die Gefahren durch die Einführung der relevanten Technologien. Er kommt zu dem Schluss, dass ein weltweites Verbotsregime eingeführt werden muss. Dabei übersieht er die Gefahren, die durch diese Strategie entstehen.

Wer Transzendenz durch Uploading sucht, wird alle verfügbaren Ressourcen und alle Kreativität aufwenden, um dies zu erreichen. Dementsprechend massiv müssen staatliche Bemühungen ausfallen, Uploading zu unterbinden. Wenn Uploading illegal ist, muss dies weltweit gelten, da sonst Interessenten, die sich dies leisten können, schlicht in die Länder migrieren, in denen es legal ist. Wenn ein Verbot von Uploading weltweit illegal ist, muss es auch weltweit lückenlos überwacht werden.

Insbesondere müssen die Mächtigen der Welt stets daraufhin überprüft werden, ob sie immer noch in Fleisch unter uns weilen. Die Versuchung von Mächtigen, nach ihrem biologischen Tod ihr Land oder ihren Konzern als Upload über Telepräsenz oder Doppelgänger zu regieren, muss wirksam mit Gentests begegnet werden. Es ist schwer vorstellbar, dass die Mächtigen dieser Welt ein derartiges Regime gegen sich selbst einführen und geschlossen durchsetzen werden.

Alternativ könnte man versuchen, die relevanten Techniken wie Halbleitertechnik, Hirnforschung und Mikroskopie weltweit auf einem Stand einzufrieren, der den raschen Aufbau von Uploadeinrichtungen nicht erlaubt, beispielsweise den Stand von 1990. Ein solches Forschungsmoratorium würde der internationalen Anti-Uploading-Polizei genug Zeit geben, illegale Aktivitäten aufzuspüren. Um die damit einhergehenden Einschränkungen zu akzeptieren, müsste die Mehrheit der Bevölkerung weltweit entschieden hinter den Bemühungen stehen, Uploading zu unterbinden, denn wir würden nicht nur in die Zeit vor der massenhaften Verbreitung von Computern zurückversetzt – mit allen Konsequenzen für die Weltwirtschaft. Die medizinische Forschung würde praktisch zum Stillstand kommen. Lösungsansätze der Energie- und Klimaprobleme, die auf Nanotechnologie beruhen, würden zwangsläufig ebenfalls unter das Verbot fallen. Vermutlich würden sehr bald einzelne Länder der Versuchung nicht widerstehen können, die Forschungsverbote zu umgehen – zu verlockend sind die Vorteile im internationalen Wettbewerb. Das offizielle Scheitern des Forschungsmoratoriums ist dann nur noch eine Frage der Zeit.

Trotz massiver Überwachung wird sich früher oder später ein Diktator oder ein Milliardär dem Verbotsregime entziehen können und erfolgreich uploaden. Da er nun als Upload Sanktionen des Rests der Welt zu fürchten hat, muss er alles tun, um seine Macht auszubauen um unangreifbar zu werden. Dabei wird er die bereits diskutierten Möglichkeiten zu transzendieren nutzen. Die nun folgende technische Singularität wird von gesetzlosen und machtbesessenen Autokraten getrieben.

Wird die Entwicklung von Technologie an sich nicht eingeschränkt und nur die Entwicklung konkreter Uploadingtechnologien verboten, können auch Sekten mit relativ geringen Budgets sich in unüberwachte Gebiete wie Inseln, Schiffe oder stillgelegte Ölplattformen zurückziehen und dort Uploadtechnologien entwickeln. Eine von einer solchen Gruppierung getriebene technologische Singularität hat die besten Voraussetzungen, ein schlechtes Singleton hervorzubringen.

Voraussetzung eines erfolgreichen Verbotsregimes ist offenbar, dass eine zentralistische Weltregierung etabliert wird, außerhalb derer es keine nennenswerte Konzentration von Macht gibt. Dies wäre eine Variation von Bostroms Singleton, allerdings mit dem zentralen Ziel, Uploading (und KI) zu verhindern. Dabei würde auch jeder weitere technische Fortschritt blockiert. Die Menschheit würde in eine politische Stasis unter einer autoritären Regierung übergehen.

## OFFENE, PLURALISTISCHE GESELLSCHAFTEN

Das Gesicht unserer Welt wird von einer Vielzahl von offenen, pluralistischen Gesellschaften geprägt, die sich bemühen, dem Individuum maximale Entfaltungsmöglichkeiten zu geben. Die Intuition suggeriert, dass streng hierarchische Gesellschaften im Wettbewerb überlegen sein sollten. Es hat sich jedoch gezeigt, dass offene Gesellschaften in der Konkurrenz mit autoritären und totalitären Gesellschaften bestehen können und sie letztlich überwinden. Als Kinder einer offenen Gesellschaft wünschen sich die meisten von uns, dass unsere Werte auch im Zeitalter von Uploads überdauern.

Der Vorteil einer Vielzahl offener Gesellschaften ist der Wettbewerb zwischen diesen. Sie konkurrieren um Investoren und Bürger und inspirieren sich dabei gegenseitig. Lebensqualität ist ein Standortvorteil. Driftet eine offene Gesellschaft in Richtung autoritärer Diktatur ab, wirken aufgrund der Existenz der konkurrierenden Gesellschaften zahlreiche Kräfte zur Wiederherstellung der Offenheit und Demokratie. Dieser Wettbewerb und der gleichzeitige Austausch von Ideen sollte auch in der Zeit von Uploading eine Pluralität offener Gesellschaften gegenüber der autoritären Konkurrenz überlegen machen.

Eine offene Gesellschaft ist nicht immun gegen innere Feinde wie das Beispiel der Weimarer Republik und jüngste Entwicklungen in der islamischen Welt zeigen, wo sich Feinde der Demokratie ihrer Mittel bedienten, um diese abzuschaffen. Die Feinde der offenen Gesellschaft können aufgrund der herrschenden Offenheit beinahe unbehelligt operieren. Eine offene Gesellschaft von Personen weitgehend gleicher Fähigkeiten ist jedoch dann robust gegen gewaltsame Veränderungen, wenn die Meme ihrer Feinde sich nicht verbreiten können und die Feinde nicht über erhebliche Ressourcen verfügen. Werden Uploadtechnologien unter dem Schutz der offenen Gesellschaft von einer kleinen, geschlossenen Gruppe verdeckt entwickelt, kann diese Gruppe Uploads transzendieren und eine technologische Singularität treiben. Damit verfügt sie über die Ressourcen, den Rest der Gesellschaft zu dominieren. Das Wohl und die Existenz der offenen Gesellschaft hängt dann von den Entscheidungen dieser Gruppe ab.

Sind Uploadtechnologien aber offen entwickelt worden und stehen jedem Bürger zur Verfügung, besteht diese Gefahr nicht. Es stellt sich dann zunächst die Frage, ob eine demokratische Regierungsform die inneren Herausforderungen meistern kann, die sich durch eine Bürgerschaft aus biologischen Menschen, Uploads und transzendenten Uploads ergeben. Wie kann eine Demokratie funktionieren, deren Bürger derart ungleiche Intelligenz haben? Wie kann ein ökonomisches Gleichgewicht und Wohlstand für alle gewahrt werden, wenn biologische Menschen kaum noch bezahlte Arbeit finden können, da sie Uploads in allen Belangen unterlegen sind?

Sind Antworten auf alle Fragen der Organisation der offenen Gesellschaft im Zeitalter von Uploading gefunden worden, ist es entscheidend, ob die offene Gesellschaft sich im Wettbewerb mit anderen Systemen durchsetzen kann. Viel wird davon abhängen, wer zuerst ins posthumane Zeitalter startet, denn ein Vorsprung von nur kurzer Zeit kann aufgrund der enormen Dynamik einer Gesellschaft mit Uploads kaum mehr aufgeholt werden.

## DIE UPLOADING-HYPOTHESE AUF DEM PRÜFSTAND

> „Moderne Biologen akzeptieren heute wieder
> etwas wie die Lebenskraft."
> *Lord Kelvin (1824-1907)*

Eine Vision, die derart massive Veränderungen impliziert, wird natürlich von allen Seiten angegriffen. Die Argumente überschneiden sich naturgemäß mit denen gegen echte künstliche Intelligenz. Ihre Vehemenz hat natürlich damit zu tun, dass die Wissenschaft im Begriff ist, den Menschen abermals von einem Sockel zu stürzen, auf den wir uns gehoben haben, wie seinerzeit Galilei gezeigt hat, dass wir nicht im Zentrum des Universums stehen, wie Darwin gezeigt hat, dass wir Teil des Tierreiches sind und uns wie alle anderen Tiere aus anderen Tieren durch Evolution entwickelt haben, wie die moderne Biologie zeigt, dass das Leben selbst auf physikalischen Prozessen beruht und es keine spezielle Lebenskraft gibt.

Tatsächlich impliziert die Simulierbarkeit des Geistes, dass Bewusstsein nicht das sein kann, was wir uns gemeinhin vorstellen. Ist Bewusstsein auf einem digitalem System gleich welcher Art implementierbar, dann ist es ein auf Boolesche Logik reduzierbares, deterministisches Phänomen. Auch ein angeschlossener Zufallsgenerator würde am deterministischen Charakter nichts ändern, da dies nur ein weiterer Input wäre, auf den deterministisch reagiert würde. Dies bedeutet, dass freier Wille, wie er im Allgemeinen definiert wird, so nicht existiert. Benjamin Libets[13] Experimente scheinen dies zu unterstützen: Unser Wille wird durch das Zusammenspiel von Neuronengruppen gebildet. Ist die Entscheidung für eine bestimmte Aktion getroffen, werden wir uns erst dessen bewusst.

Diese Konsequenzen für „Eigenschaften", die wir schätzen, ja mit denen wir unsere Einzigartigkeit definieren, werden natürlich nicht ohne Widerstand hingenommen. Im speziellen Fall von Uploading kommt noch die Radikalität der Idee selbst dazu, die Widerspruch provoziert. Einige der üblichen Argumente gegen die Machbarkeit von Uploading seien im Folgenden dargestellt:

## ARGUMENT VON DER UNWISSENSCHAFTLICHKEIT

Jede Hypothese, die wissenschaftlich relevant sein soll, muss falsifizierbar sein. Das heißt wir müssen ein Experiment angeben, das unsere Hypothese stürzt, wenn es erfolgreich ist. Kritiker werfen der Uploading-Hypothese Unwissenschaftlichkeit vor, da die Kriterien schwer zu erfüllen und auch nicht sehr scharf formulierbar sind. Damit geht es uns ähnlich wie den Vertretern des Darwinismus und anderer komplexer Theorien. Die inhärente Komplexität und Unschärfe der Theorie macht den Gegenbeweis ebenso komplex.

Im Falle des Darwinismus gilt ein Lebewesen, das Eigenschaften aufweist, die nicht durch eine Kette von geringen Mutationen entstanden sein können, als der die Theorie widerlegender Beweis. Darwin selbst hat dieses Kriterium angegeben. Nun ist das Kriterium unscharf: Es ist möglich, dass ein Designer tatsächlich ein oder mehrere Spezies so manipuliert hat. Zum Beispiel könnte eine Spezies noch heute existieren, die vor Urzeiten von einem Gentechnik-Experiment von Außerirdischen übrig geblieben ist. Oder (viel wahrscheinlicher), unsere Gentechniker entwerfen in Kürze eine solche Spezies. Kaum jemand würde behaupten, dass damit Darwins

Theorie widerlegt wäre. Darwins Kriterium der Falsifizierbarkeit war offensichtlich nicht scharf genug formuliert.

Wir haben ähnliche Probleme, ein Kriterium für Falsifizierbarkeit anzugeben, das alle Eventualitäten berücksichtigt. Das hindert uns aber nicht, Kriterien anzugeben: Wir gehen davon aus, dass der Geist substratunabhängig ist und auf einem digitalen Computer emuliert werden kann, indem alle Neuronen und ihre Interaktion mit anderen Neuronen modelliert werden. Diese Voraussetzung ist falsch, wenn:

- Ein Mensch (oder eine Gruppe von Neuronen) Funktionen berechnen kann, für die beweisbar kein oder kein hinreichend schneller Algorithmus existiert. Dies wäre z.B. der Fall, wenn Unendlichkeiten im Gehirn eine Rolle spielen (z.B. irrationale Zahlen). Kann man z.B. einen Menschen finden, der nach kurzer Überlegung die 1020ste Stelle von $\pi$ angeben kann, ist die Uploading-Hypothese widerlegt. Dies muss keineswegs so abstrakt sein. Es sollte möglich sein, Versuche zu entwerfen, die denselben Zweck erfüllen – bei denen normale Menschen Leistungen zeigen, zu denen ein Computer prinzipiell nicht in der Lage ist.

- Die im weiteren Text diskutierten Einwände korrekt sind. Ist Bewusstsein beispielsweise von einer Seele, bestimmten Materialeigenschaften oder quantenmechanischen Prozessen abhängig, kann ein Upload trotz korrekter Modellierung der Neuronen kein Bewusstsein erlangen. Wir sollten beobachten können, wie sich die Teile des Gehirns in der Simulation korrekt verhalten, die nichts mit Bewusstsein zu tun haben. Dennoch würden alle Bemühungen, den Upload aufzuwecken, erfolglos sein.

## ARGUMENTE VOM DUALISMUS

Dualismus ist ein relativ schwammiger Begriff. Auch wir gehen hier von einer Art Dualismus oder Dichotomie aus, nämlich zwischen Medium und Information. Andernfalls würde Uploading auf digitale Hardware nicht möglich sein.

Vertreter des Substanzdualismus gehen von einer Trennung zwischen dem physikalischen Körper und einer metaphysischen Seele aus. Der Leib-Seele-Dualismus behauptet, Intelligenz und Bewusstsein seien metaphysische Kräfte. An irgendeinem Punkt gehen die neuronalen Prozesse in nichtphysikalische/metaphysische Prozesse über. Dort werden dann Entscheidungen getroffen, z.B. ein Wille gebildet. Dieser Wille wird dann wieder in das Gehirn eingeleitet und bewirkt das Steuern der Muskeln des Körpers. Es ist offensichtlich, dass eine metaphysische Entität wie die Seele nicht auf einem Computer simuliert werden kann. Daher sei Uploading unmöglich.

Das Problem beim Dualismus ist, dass die vielen Spielarten von dualistischen Religionen/Philosophien eine einheitliche Antwort erschweren. Um die Antwort nicht zu lang werden zu lassen seien hier nur die Gegenargumente gebracht, die vermutlich auf alle metaphysischen Spielarten zutreffen:

— Dualismus widerspricht den Erhaltungssätzen, insbesondere dem Energiesatz. Wenn ein Neuron von einer Seele zum Feuern stimuliert wird, muss das mit einem Energieeintrag ins System geschehen. Ein solcher Eintrag wäre messbar. Bislang konnte derartiges nicht gemessen werden.

— Dualismus widerspricht dem Kausalitätsprinzip. Nirgendwo wurden bislang Vorgänge beobachtet, die durch „nichts" verursacht werden. Eine metaphysische Ursache würde jedoch genau dies tun.

— Occams Rasiermesser ist ein philosophisches Prinzip, nach dem in eine Erklärung eines Phänomens keine unnötigen Größen eingeführt werden sollen. Eine Seele gleich welcher Art verlagert nur die Erklärung des Problems des Geistes, trägt aber selbst nicht zur Lösung bei. Sie ist damit eine solche unnötige Größe und als solche zu verwerfen.

— Die Seele wirkt nur auf den Körper, aber nicht umgekehrt. Sie kann also keinerlei Informationen von uns aufnehmen. Alle unsere Erinnerungen sind daher im Gehirn, nicht der Seele gespeichert. Alle unsere Erinnerungen werden also mit dem Zerfall des Gehirns nach dem Tode gelöscht. Dadurch, dass die Seele von Informationsfluss aus unserer Umgebung nichts erhält, kann sie auch nicht intelligent darauf reagieren. Sie wäre also nichts anderes als ein Zufallsgenerator.

Es gibt jedoch andere Formen des Dualismus, die weit schwerer zu verwerfen sind. Searle[14] bestreitet die Reduzierbarkeit des Geistes auf Information. Für ihn haben biologische Zellen besondere Eigenschaften, mit denen sie subjektive Erfahrungen (Qualia) hervorzubringen. Um zu zeigen dass die Reduzierbarkeit auf Information absurd ist, erfindet er zahlreiche Gedankenexperimente, die letztendlich dieselbe Struktur haben. Daher wollen wir stellvertretend sein bekanntestes Gedankenexperiment herausgreifen, das so genannte *chinesische Zimmer*.

Das chinesische Zimmer besteht aus einem Zimmer, einem Regelbuch in Englisch, einem Menschen, der Englisch versteht, einem Notizbuch für Zwischenergebnisse und einem Schlitz, in dem außenstehende Chinesen Schrifttafeln in Chinesisch hindurchstecken, die Fragen im Sinne eine Turing-Tests enthalten. Die Aufgabe des Menschen im Zimmer ist es nun, mit Hilfe des Regelbuches Antworten zu finden. Die Behauptung ist nun, dass ein solches Zimmer zwar Regeln befolgen und mehr oder weniger gut auf Chinesisch kommunizieren kann, dass es aber keine subjektiven Empfindungen entwickeln kann.

Das chinesische Zimmer kann als ein Computer, bestehend aus dem Regelbuch (Programm), dem Engländer (die Prozessorhardware) und dem Notizbuch (dem Datenspeicher) angesehen werden. Es ist daher gleichwertig mit einem elektronischen Computer. Dieses System könnte zum Beispiel auch den Upload eines Chinesen beinhalten.

Searle fordert uns auf, uns die Absurdität eines solchen Bewusstseins vor Augen zu führen. Es ist jedoch zu fragen, ob die intuitive Absurdität nicht daher rührt, dass ein Bewusstsein, dass mit einer gigantischen Menge an Notiz- und Regelbüchern implementiert ist, unendlich langsam sein muss. Tatsächlich kann sich niemand ein Bewusstsein vorstellen, das Milliarden von Jahren braucht, um einen einzigen Gedanken zu fassen, wie dies bei dem chinesischen Zimmer der Fall wäre. Daher ist es sehr schwer, diesem Gedankenexperiment tatsächlich zu folgen, um zu sehen, ob es verdienstvoll ist oder nicht.

## ARGUMENTE VON DER PHYSIK

Nach Penrose und Hameroff[15] kann Bewusstsein nicht durch Computation erzeugt werden, sondern beruht auf nichtlokalen Quanteneffekten in bestimmten röhrenförmigen Proteinen der Neuronen, der Mikrotubulen. Diese Mikrotubulen erzeugen Bewusstsein nicht selbst, sondern zapfen ein überall vorhandenes Bewusstseinsfeld an.

Grush und Churchland[16] haben die Argumente von Penrose und Hameroff bereits 1995 gründlich untersucht und konnten jedes der vorgebrachten Argumente entkräften. Vereinfachend sei hier nur gesagt, dass Mikrotubulen keineswegs nur in Nervenzellen, sondern in jeder Zelle zu finden sind. Bewusstsein ist jedoch eindeutig im Gehirn lokalisiert. Die meisten Narkotika (die ja das Bewusstsein definitionsgemäß ausschalten) wirken nicht auf die Mikrotubulen sondern auf Ionenkanäle.

### ARGUMENT VON DER UNTERBROCHENEN KONTINUITÄT

Dieses Argument geht davon aus, dass es nicht möglich ist, die Tätigkeit des Gehirns zu starten, wenn es einmal komplett zum Stillstand gekommen ist – die aktuelle Zustandsinformation also verloren ist. Wenn also das neuronale Netz mit allen Eigenschaften der Neuronen auf einen Computer geladen ist, sei es unmöglich wieder da anzuknüpfen, wo das Bewusstsein vor dem Upload aufgehört hat. Das simulierte Gehirn ist also tot.

Dieses Argument unterschätzt die Robustheit des Gehirns. Ein Gehirn muss im Laufe des Lebens mit zahlreichen traumatischen Ereignissen fertig werden, sei es mit Gehirnerschütterungen, Drogen, Stromschlägen, epileptischen Anfällen oder Narkosen. Es gibt zahlreiche Menschen, bei denen die Gehirnaktivität bei Null war, sei es durch Unfälle wie Ertrinken oder neuerdings künstlich für bestimmte chirurgische Eingriffe. Insbesondere bei Kindern, die in kaltem Wasser ertrunken sind, ist es oft möglich, bis über eine Stunde nachdem das Gehirn seine Arbeit eingestellt hat, das Opfer wiederzubeleben, ohne dass es zu permanenten Hirnschäden kommt. Das Bewusstsein kann also wiedererlangt werden, auch wenn die zugrundeliegenden Prozesse zwischenzeitlich lahm gelegt sind.

### ARGUMENT VON DER IDENTITÄT

Ist unsere Identität an unseren Körper gebunden? Wenn ja, dann ist ein Upload jemand anderes. Er mag zwar behaupten, „ich" zu sein, aber er ist es nicht. Im Fall von destruktivem Upload bin „ich" dann tot, andernfalls ist der Upload ein mentaler Klon.

Das Problem mit dieser Auffassung ist, dass wir die Substanz, aus der wir bestehen, innerhalb kurzer Zeit austauschen. Zellen sterben und werden durch neue ersetzt. Selbst die Neuronen, die sehr langlebig sind, tauschen die Substanzen, aus denen sie bestehen, innerhalb von wenigen Monaten aus. Wenn das Argument also stichhaltig ist, dann sind wir heute komplett andere Menschen als vor einem Jahr. Der Rest des Körpers ist ohnehin in diesem Kontext irrelevant – nur das Gehirn selbst zählt. Verlieren wir ein Bein, einen Arm, eine Niere oder bekommen wir ein künstliches Herz ist dies unbedeutend für unsere Identität. Es ist lediglich unangenehm, dass wir fortan mit Einschränkungen werden leben müssen.

Was uns wirklich ausmacht ist die funktionale Organisation des Gehirns, die einzigartig für jeden Menschen ist. Daher ist ein Klon von uns auch nicht dasselbe wie wir, selbst wenn die genetische Information identisch ist. Organisation ist jedoch Information. Haben also zwei Personen dieselbe funktionale Organisation des Gehirns, sind sie beide identisch.

Im Kontext dieses Arguments ist die oben angesprochene Moravec-Prozedur interessant. Dabei existiert ja kein Bruch zwischen vor und nach dem Upload, sondern der Upload geschieht langsam, Neuron für Neuron. Die Moravec-Prozedur ist ein destruktives Verfahren. Der Patient wäre gemäß den Vertretern dieses Arguments nach der Prozedur tot. Da die Moravec-Prozedur definitiv physikalisch möglich ist, wenn sie auch immense technische Anforderungen stellt, müssen Vertreter dieses Arguments beantworten können, genau ab wann der Patient tot ist. Beim ersten Neuron? Dann wären wir längst tot, weil ständig Neuronen sterben. Bei der Hälfte? Der Patient wird in diesem Stadium des Uploads mit seiner eigenen biologisch erzeugten Stimme protestieren. Wenn nach dem Upload der Rest des biologischen Körpers abgetrennt wird? Wohl kaum, denn zu diesem Zeitpunkt existiert das biologische Gehirn ja gar nicht mehr. Jeder Zeitpunkt zur Definition des menschlichen Endes des Uploadpatienten ist gleich willkürlich.

## ARGUMENT VON DER KÖRPERLOSIGKEIT

Fast unser gesamtes Handeln ist auf unseren Körper fokussiert. Ohne unseren Körper können wir nicht in Interaktion mit unserer Umgebung treten. Wenn man das Gehirn von der Welt isoliert, wie dies z.B. mit speziellen Wassertanks approximiert werden kann, fängt eine Versuchsperson nach wenigen Stunden an, zu halluzinieren. Ein Upload hingegen müsse als körperloses Wesen existieren. Ein derartiges Dasein sei weit schlimmer als der Tod und würde in kurzer Zeit zum Wahnsinn führen.

Dieses Argument ignoriert völlig, dass unser Gehirn lediglich Signale von Nervenenden in unseren Sinnesorganen empfängt. Wir nehmen nicht die Welt wahr, sondern die Signale unserer Sinne. Bereits Descartes hat dies eindrucksvoll gezeigt. Es ist natürlich wichtig, dass diese Versorgung mit Signalen auch weiterhin vorhanden ist und dass sie kohärent sind, das heißt, dass das was getastet und gesehen wird auch übereinstimmt. Ob diese

Signale von der Welt oder einer VR-Simulation erzeugt werden, spielt dabei keine Rolle.

Das Gehirn sendet Signale an die Muskeln, die daraufhin kontrahieren. Auch dies muss sichergestellt sein, entweder in einem Avatar in einer VR-Simulation oder durch geeignete Umsetzung in einen physikalischen Roboter. Dies alles ist jedoch ein technisches Problem und bei Weitem nicht das schwierigste der Thematik Uploading.

## WARUM UPLOADING SO BALD WIE MÖGLICH EINGEFÜHRT WERDEN MUSS

Es steht die Einführung einer Reihe von Technologien an, die mächtig genug sind, alle heutigen Probleme zu lösen, die Technik lösen kann – Hunger, Krankheiten, Altern, Energieversorgung usw. Leider haben all diese Technologien auch ein enormes destruktives Potential. Mit Biotechnologie und Nanotechnologie können Waffen mit nie dagewesener Zerstörungskraft geschaffen werden. Im Unterschied zu Atomwaffen können kleine Gruppen solche Waffen herstellen und einsetzen. Bereits heute könnte ein misanthropischer Kult wie die *Earth Liberation Front*, der über das entsprechend Know-how und relativ moderate Ressourcen verfügt, enorm destruktive Biopathogene herstellen und einsetzen. Wir sind in ein Zeitalter mit hohen existentiellen Risiken eingetreten und sollten alles daransetzen, dieses so rasch wie möglich zu überwinden.

Starke künstliche Intelligenz kann uns helfen, die Gefahren von Nanotechnologie unter Kontrolle zu halten und dennoch gleichzeitig die Vorteile zu nutzen. Beispielsweise können sie ein globales Immunsystem entwickeln, das in der Lage ist, auftretende Pathogene zu identifizieren und zu eliminieren. Dies ist technisch wesentlich anspruchsvoller als die Entwicklung von Pathogenen, der technische Vorsprung von Superintelligenz sollte dies aber ermöglichen. Leider ist aber starke KI eine große Unbekannte. Niemand kann sagen, ob höhere Intelligenz mit höheren moralischen Normen korreliert und ob solche höheren moralischen Normen zwangsläufig das Überleben und die Prosperität der Menschheit implizieren. Alles was wir wissen ist, dass KI Formen annehmen kann, die uns unglaublich fremd sein können. Möglicherweise sind sie uns gegenüber sogar feindlich gesinnt. Die KI kann also leicht selbst zu einer existentiellen Bedrohung werden.

Zur Minimierung der Risiken ist die Reihenfolge wichtig. Superintelligenz kann die Gefahren von Nanotechnologie neutralisieren,

Nanotechnologie hilft aber nicht, um die Risiken von Superintelligenz im Griff zu behalten. Das Erscheinen von Superintelligenz vor dem Erscheinen von Nanotechnologie ist also der Pfad mit dem geringeren Risiko. Der Nachteil dieser Wahl ist, dass unsere Zivilisation keine menschliche Zivilisation, sondern eine KI-Zivilisation wird. Sehr wahrscheinlich würde dies auf eine Form von Bostroms Singleton hinauslaufen, bei der eine einzelne, superintelligente und unsterbliche KI als letzte Instanz die Geschicke der Menschheit bestimmt. Am Ende der Geschichte wären wir also bei einer Welt angelangt, die dem Weltbild des Alten Testaments gleicht.

Transzendente Uploads hingegen können Probleme mit Bio- und Nanotechnologie genauso unter Kontrolle behalten wie superintelligente KI. Im Gegensatz zu KI wissen wir jedoch schon einiges über transzendente Uploads – wir wären es ja im Kern selbst. Unsere Zivilisation würde weiter eine menschliche bleiben.

## UPLOADING IM SCIENCEFICTION

Zahlreiche Mainstream-SF-Autoren streifen das Thema. In Peter Hamiltons *Commonwealth Saga* haben alle Menschen einen implantierten Speicher-kristall, der in Echtzeit ein digitales Backup des Gehirns erstellt, das im Falle des Todes in einem Klon wiederbelebt werden kann. Es existieren sogar transzendente Uploads, die sich mit einer KI vereinigt haben. Hamilton weicht jedoch wie alle anderen Autoren auch einer tiefergehenden Gestaltung des Charakters seiner Superintelligenz aus, indem er sie in einer Nische belässt, die nur sehr selten und sehr subtil in die Handlung und überhaupt in die menschliche Gesellschaft eingreift. Statt sich an den Kern des Themas zu wagen, lebt Hamilton lieber mit dem Widerspruch, dass trotz der legalen Verfügbarkeit von Uploading in einer Gesellschaft von 300 Milliarden Menschen keiner diesen Weg wählt, transzendiert und die Handlung bestimmt.

Hard-SF-Autoren wagen sich naturgemäß viel weiter vor. Zwar scheuen auch sie oft vor einem konsequenten Aufbau des Charakters eines transzendenten Uploads zurück. Einigen wenigen Autoren gelingt jedoch ein atemberaubender Blick in eine Zukunft, die von posthumanen Wesen charakterisiert ist:

In Charles Stross' *Accelerando* werden zwar die Protagonisten zum Upload, bleiben jedoch stets die Charaktere, die sie auch in Fleisch und Blut waren. Transzendente Uploads und KIs bestimmen zwar den Verlauf der

Handlung, aber immer in unpersönlicher Weise wie eine Naturgewalt. Der „vile Offspring" – die gigantische Superintelligenz, die den Menschen langsam aus dem Sonnensystem verdrängt, nimmt keine Gestalt an. Hochinteressant ist jedoch die Roboterkatze AiNeko, eine Synthese aus KI, dem Upload von Katzen und anderer Komponenten. AiNeko zeigt eindrücklich wie intellektuell dominierend eine extreme Intelligenz auf Menschen wirkt und umgekehrt wie simpel gestrickt und vorhersagbar ein Mensch auf ein solches transzendentes Wesen wirkt.

In Charles Platt's *Silicon Man* entwickelt eine Gruppe von Wissenschaftlern verdeckt Uploading-Technologien. Ein FBI-Agent kommt ihnen auf die Spur und wird schließlich selbst Opfer eines letzten Uploading-Tests. Dies ist eine Variante des Verbot-Szenarios, das oben diskutiert wurde.

Greg Egans *Permutation City* ist wie seine beiden späteren Romane *Diaspora* und *Schild's Ladder* stark durch Konrad Zuses Werk *Der rechnende Raum* beeinflusst, in dem Zuse als erster zeigt, dass unser Universum selbst ein Computer sein könnte. Egan geht von allen genannten Autoren am weitesten in der Untersuchung der Paradoxien der Simulation des Bewusstseins auf einer universellen Maschine. Als einziger der genannten Autoren taucht Egan in die Problematik sehr langer Lebenszeit, zeitgleich existierender Kopien und der Evolution von Intelligenz über die menschliche Intelligenz hinaus ein. Biologische Menschen spielen nur noch Nebenrollen. Zusammen mit spekulativer, aber plausibler Physik macht dies die Handlung zu einem intellektuellen Abenteuer der Extraklasse.

[1] Hodgkin / Huxley: A quantitative Description of Membrane Current and its Application to Conduction and Excitation in Nerve, 1952.

[2] Maass, Wolfgang: Lower Bounds for the Computational Power of Networks of Spiking Neurons, 2001.

[3] Chalmers, David: What is a Neural Correlate of Consciousness, 2000.

[4] Turing, Alan: On computable numbers, with an application to the Entscheidungsproblem, 1936.

[5] Wolfram, Stephen: A new Kind of Science, 2002.

[6] Moravec, Hans: When will computer hardware match the human brain?, 1997.

[7] McCormick / Koh / Choe / Abbott / Keyser / Mayerich / Melek / Doddapaneni: Construction of anatomically correct models of mouse brain networks, 2004.

[8] Foresight Institute: Productive Nanosystems: A Technology Roadmap.

[9] Moravec, Hans: Mind Children, 1988.

[10] Bostrom, Nick: What is a Singleton?, 2005.

[11] Bostrom, Nick: The Future of Human Evolution, 2004.

[12] Joy, Bill: Why the future doesn't need us, 2000.

[13] Libet, Benjamin: Mind time: The temporal factor in consciousness, 2004.

[14] Searle, John: Consciousness, 2000.

[15] Hagan / Hameroff / Tuszynski: Quantum computation in brain microtubules: Decoherence and biological feasibility, 2002.

[16] Grush / Churchland: Gaps in Penrose's toilings, 1995.

# 9 KUNST & TRANSHUMANISMUS – TRANSHUMANISTISCHE KUNST

*Miriam Ji Sun*

# DER KUNST SCHAFFENDE MENSCH

Diverse archäologische Funde weisen darauf hin, dass der Mensch bereits in der Altsteinzeit damit begann, Kunst in unterschiedlicher Form (Malerei, Musik, Tanz, Artefakte) zu entwickeln. Die Erschaffung von Kunst erfordert neben handwerklichem und körperlichem Geschick die Fähigkeit zur Beobachtung, Reflexion, Abstraktion und die Existenz von Wünschen und Vorstellungen, also Elemente, die mit der Existenz eines „höheren" Bewusst seins in Verbindung gebracht werden können. Höchstwahrscheinlich ist der Mensch das einzige Lebewesen auf der Erde, das in der Lage ist, bewusst und planerisch genuine Kunst zu erschaffen. Zwar werden einige von Tieren erschaffene Gebilde von Menschen derweilen als „Kunstwerk" betrachtet, wie beispielsweise die Muster, welche Strandkrebse hinterlassen, aber hier handelt es sich um eine menschliche Interpretation natürlicher, instinktiver und unreflektierter Vorgänge. Ebenso wird von bildermalenden Affen und Elefanten berichtet, denen man künstlerische Fähigkeiten unterstellt[1], wobei sich hier die Frage auftut, ob es sich in solchen Fällen um Dressurakte, Zufälle oder eine wirklich genuine Kunstfähigkeit handelt.

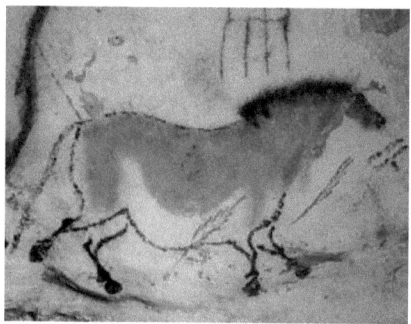

*Höhlenmalerei von Lascaux*
*(Wikipedia, Public Domain).*

Die Kunst reflektiert, was und mit was sich die Menschheit beschäftigt. Kunst als solche kann generell als ein Versuch gesehen werden, die Grenzen des Menschseins zu überwinden, Ideen, Gedanken und Visionen materiell festzuhalten und eine Form der Unsterblichkeit zu erlangen. Der idealisierte Mensch, Mischwesen, Utopien und Dystopien sind zentrale Themen der menschlichen Kunst. Somit stellt sich hier die Frage nach der Beziehung zwischen Transhumanismus und Kunst.

## KUNST, NATUR- UND MENSCHENBILD

### KLASSISCHE GRIECHISCHE KUNST

Die Vision des Ideals von Mensch und Gesellschaft spiegelt sich insbesondere in der klassischen griechischen Kunst sowie in der Renaissance, welche auf die Klassik zurückgreift, wider. Hier kamen Elemente des menschlichen Idealbildes als auch genaue anatomische Untersuchungen zusammen und die Menschen, die in Form der klassischen griechischen Skulpturen dargestellt wurden, zeigten ähnliche Elemente und Posen wie die Skulpturen der Götter. Die Vorstellung und Darstellung von idealisierten Gesichtern und Körpern, welche die naturgetreuen realen Formen ästhetisch stilisieren, prägen die Vielzahl klassischer griechischer Skulpturen. Somit könnte die Philosophie hinter diesen Schöpfungen als proto-transhumanistisch interpretiert werden und zwar in dem Sinne, dass hier die Vorstellung eines menschlichen Ideals in der Kunst materialisiert wurde. Betrachtet man die philosophischen Hintergründe des antiken Griechenlands, so lässt sich vermuten, dass hier nicht nur die körperliche Gestalt als solche im Vordergrund stand, sondern vielmehr der geistige Charakter, welcher sich in dem Körper widerspiegelt.

### HYBRIDE, MONSTER UND GÖTTER

Hybride, d.h. Mischwesen unterschiedlicher Spezies oder Fantasiewesen, sind auch ein häufiges Element in künstlerischen Darstellungen. In vielen Ländern wie beispielsweise Griechenland, Ägypten und Indien werden Götter in Form von Mischwesen dargestellt.

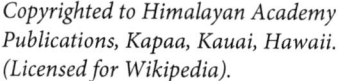

*Copyrighted to Himalayan Academy Publications, Kapaa, Kauai, Hawaii. (Licensed for Wikipedia).*

*Sphinx-Figur am Pariser Rathaus (Wikipedia, Public Domain).*

Im Christentum und der vom Christentum geprägten Kunst hingegen werden hybride Mischwesen oftmals mit teuflischen Kräften in Verbindung gebracht; Satan selbst wird oft mit Pferdefuß und Hörnern dargestellt. Diese Sichtweise mag auch ein bedeutender Einflussfaktor im Hinblick darauf sein, dass die moderne gentechnische Hybridbildung v.a. von christlicher Seite auf Ablehnung stößt. Vielleicht spielt hier eine imaginäre Tradition bildlicher Vorstellungen des Teuflischen eine bedeutende Rolle. Andererseits lässt sich feststellen, dass menschliche Gestalten mit Flügeln kulturübergreifend weitgehend positiv und engelhaft konnotiert werden – im Christentum, Islam und auf buddhistischen Abbildungen.

Das Bild „Der Höllensturz" (1562) von Pieter Brueghel dem Älteren zeigt den Kampf zwischen Engeln und grotesken Hybridwesen, wie sie einem Sciencefiction-Film über missglückte Gentechnikexperimente entstammen könnten. In gewisser Weise könnte dieses Gemälde heute in „Biopolitik" umbenannt werden und als Metapher des Kampfes gegen Gentechnik stehen. Dennoch gibt sowohl der Titel „gefallene Engel" als auch die kulturelle Konnotation des (nicht gefallenen) Engels mit dem

„Guten" eine Interpretation vor und macht somit alternative Sichtweisen oder eine neutrale Betrachtung der Hybridwesen unmöglich.

*Pieter Brueghel der Ältere „Höllensturz" (1562)*
*(Wikipedia, Public Domain).*

Ähnliches gilt für Hieronymus Boschs Triptychon „Der Garten der Lüste" (um 1500), wo ebenfalls mit Fratzen und in Qualen dargestellte Hybridwesen das Böse und die Hölle symbolisieren.

Es stellt sich somit die Frage, inwieweit das „Monster" durch seine kulturelle Einbettung überhaupt neutral – oder gar positiv – interpretiert werden kann. Vielleicht kann der Surrealismus als die bedeutende Kunstströmung genannt werden, der es gelungen ist, das Hybridwesen als eigenständige ästhetische Kunstform zu präsentieren und dieses somit aus den historischen christlichen Interpretationskontexten herauszulösen. Der Surrealismus, zu dessen bedeutenden Vertretern beispielsweise Dada, André Breton und Salvador Dali gehörten, hatte zum Ziel den durch menschliche Logik begrenzten Erfahrungsbereich zu transzendieren.

173

*Hieronymus Bosch „Der Garten der Lüste" (rechter Außenflügel des Triptychons, um 1500; Wikipedia, Public Domain).*

## KUNST, TECHNIK- UND MENSCHENBILD

### FUTURISMUS

Der Surrealismus verbindet Elemente des Futurismus, einer radikalen Kunst- und Kulturform, die 1909 mit dem *Futuristischen Manifest* von Filippo Tommaso Marinetti (1876-1944) in Italien gegründet wurde. Da der Futurismus mit (Sozial-)Utopien, (gewissen Interpretationen) der

174

Philosophie Friedrich Nietzsches und einer Technikverherrlichung in Verbindung steht, wird er oftmals ebenfalls mit dem Transhumanismus oder Posthumanismus in Verbindung gebracht. Dieser Zusammenhang ist aus meiner Sicht aber nur in überaus begrenztem Maße berechtigt, da dem Futurismus das Element des Ideals der Renaissance transhumanistischer Ethik fehlt, wenngleich eine gewisse Form der „Technikverherrlichung" in beiden präsent ist.

In Marinettis futuristischem Manifest (1909) heißt es:

„Wir wollen die Liebe zur Gefahr besingen, die Vertrautheit mit Energie und Verwegenheit.

Mut, Kühnheit und Auflehnung werden die Wesenselemente unserer Dichtung sein.

Bis heute hat die Literatur die gedankenschwere Unbeweglichkeit, die Ekstase und den Schlaf gepriesen. Wir wollen preisen die angriffslustige Bewegung, die fiebrige Schlaflosigkeit, den Laufschritt, den Salto mortale, die Ohrfeige und den Faustschlag.

Wir erklären, dass sich die Herrlichkeit der Welt um eine neue Schönheit bereichert hat: die Schönheit der Geschwindigkeit. Ein Rennwagen, dessen Karosserie große Rohre schmücken, die Schlangen mit explosivem Atem gleichen... ein aufheulendes Auto, das auf Kartätschen zu laufen scheint, ist schöner als die Nike von Samothrake.

Wir wollen den Mann besingen, der das Steuer hält, dessen Idealachse die Erde durchquert, die selbst auf ihrer Bahn dahinjagt.

Der Dichter muss sich glühend, glanzvoll und freigebig verschwenden, um die leidenschaftliche Inbrunst der Urelemente zu vermehren.

Schönheit gibt es nur noch im Kampf. Ein Werk ohne aggressiven Charakter kann kein Meisterwerk sein. Die Dichtung muss aufgefasst werden als ein heftiger Angriff auf die unbekannten Kräfte, um sie zu zwingen, sich vor den Menschen zu beugen.

Wir stehen auf dem äußersten Vorgebirge der Jahrhunderte!... Warum sollten wir zurückblicken, wenn wir die geheimnisvollen Tore des Unmöglichen aufbrechen wollen? Zeit und Raum sind gestern gestorben. Wir leben bereits im Absoluten, denn wir haben schon die ewige, allgegenwärtige Geschwindigkeit erschaffen.

Wir wollen den Krieg verherrlichen – diese einzige Hygiene der Welt – den Militarismus, den Patriotismus, die Vernichtungstat der Anarchisten, die schönen Ideen, für die man stirbt, und die Verachtung des Weibes.

Wir wollen die Museen, die Bibliotheken und die Akademien jeder Art zerstören und gegen den Moralismus, den Feminismus und jede Feigheit kämpfen, die auf Zweckmäßigkeit und Eigennutz beruht.

Wir werden die großen Menschenmengen besingen, die die Arbeit, das Vergnügen oder der Aufruhr erregt; besingen werden wir die vielfarbige, vielstimmige Flut der Revolution in den modernen Hauptstädten; besingen werden wir die nächtliche, vibrierende Glut der Arsenale und Werften, die von grellen elektrischen Monden erleuchtet werden; die gefräßigen Bahnhöfe, die rauchende Schlangen verzehren; die Fabriken, die mit ihren sich hochwindenden Rauchfäden an den Wolken hängen; die Brücken, die wie gigantische Athleten Flüsse überspannen, die in der Sonne wie Messer aufblitzen; die abenteuersuchenden Dampfer, die den Horizont wittern; die breitbrüstigen Lokomotiven, die auf den Schienen wie riesige, mit Rohren gezäumte Stahlrosse einherstampfen und den gleitenden Flug der Flugzeuge, deren Propeller wie eine Fahne im Winde knattert und Beifall zu klatschen scheint wie eine begeisterte Menge..."[2]

Im Futurismus zeigt sich zudem vielleicht erstmalig eine Verschmelzung von Kunst und Politik, wo um die Zeit vor dem Ersten Weltkrieg der Futurismus um eine politische Dimension erweitert wurde, welche in faschistischen und nationalistischen Ideen mündete und Verbindungen zu den Extrempositionen der Rechten und Linken zeigte.

Abgesehen von den gewaltverherrlichenden Elementen des Futurismus, beinhaltete er aber auch nicht unbedingt negative „utopische" Elemente des technischen Fortschritts, der Stadtentwicklung, der Luft- und Raumfahrt sowie der Robotik. Der Futurist Filippo Tommaso Marinetti war derjenige, der, inspiriert durch Fritz Langs Film *Metropolis*, die Fusion und Verbesserung des Menschen durch die Maschine propagierte und die Redefinition von Kunst, Körper und Geist im Hinblick auf eine moderne technologieorientierte Welt forderte.[3] In dieser Hinsicht ist der Futurismus mit dem Posthumanismus verbunden, wenngleich die Rahmenbedingungen des Futurismus den berechtigten Anlass für dystopische und kriegsgebundene Cyborg-Interpretationen à la *Terminator* geben.

Dass die Futuristen den Begriff „Futurismus" für ihre Bewegung gewählt haben, erachte ich als nachteilig, da diese problematische Konnotation im kulturellen Gedächtnis haften geblieben ist.

## BUCKMINSTER FULLER

Buckminster Fuller (1895-1983) ist der US-amerikanische Künstler und Architekt, nach dem die so genannten Buckyballs oder Fullerene, nanotechnische Gebilde mit der Struktur eines Fußballs, benannt wurden. Er galt als Humanist. Obwohl er auch eine generell technologieorientierte Weltsicht besaß, unterschied sich sein Denken maßgeblich von den Futuristen. Buckminster Fuller war ein Pionier dessen, was heute als „Bright Green" oder die technologisch orientierte Umweltbewegung bezeichnet wird. Sein Hauptinteresse, welches in seiner Forschung, Kunst und Architektur zum Ausdruck kam, lag in Energieeffizienz und der Verbesserung technischer Systeme zur Schonung natürlicher Ressourcen. Er suchte eine Vereinbarkeit zwischen Wohlstand, technischem Fortschritt und ökologischer Nachhaltigkeit. Er propagierte die Verwendung erneuerbarer Energien und prägte den Begriff „Raumschiff Erde". Demzufolge sehe ich viele transhumanistische Elemente in Buckminster Fullers Kunst und Philosophie.

## POSTMODERNE

Die „Postmoderne" ist ein schillernder und nicht eindeutig definierter Begriff, der auf die Zeit um 1875 zurückgeht. In der Postmoderne treffen viele unterschiedliche Elemente wie die Kritik der Moderne, die Beschäftigung des menschlichen Körpers in der Kunst, die spätere Studentenbewegung der 1968er, Sozialkritik, Rationalismus (beispielsweise in der Wiener Postmoderne) und eine zunehmende Technikkritik (u.a. geprägt von der Umweltbewegung) aufeinander. Auch Nietzsches Erwähnung von Dekadenz und Nihilismus findet einen Platz in der postmodernen Philosophie, in der die Überwindung der Moderne und die Idee eines „postmodernen Übermenschen" aufgegriffen werden.

Somit brachte die Postmoderne den Bruch mit dem modernen binären Denken mit sich, wie es in Jacques Derridas Dekonstruktivismus zum Ausdruck kommt. Binäres Denken und absolute Wahrheiten werden abgelehnt, bis hin zur Beliebigkeit. Ebenfalls bricht die Postmoderne mit den Ideen von Utopien, Fortschritt, Vernunft, Zielhaftigkeit und wissenschaftlicher Erkenntnis ebenso wie mit der Idee der Weiterentwicklung des Menschen und ist deshalb meines Erachtens unvereinbar mit Kernelementen des Transhumanismus. Dennoch sehe ich die Postmoderne als wichtigen Wegbereiter für die Idee des „Cyborgs" und die Akzeptanz und die gesellschaftliche Integration des „Mischwesens", für die Freiheit des

Individuums (einschließlich der „morphologischen Freiheit") und die Ideale der Freiheit und Toleranz, welche ebenfalls wichtige Bestandteile des Transhumanismus sind.

Wie im Folgenden ausführlicher erörtert wird, knüpft aus meiner Sicht der Transhumanismus und die transhumanistische Kunst an die Postmoderne an, kann aber gleichzeitig auch als Überwindung der Postmoderne gesehen werden. Transhumanistische Kunst verwendet die Fragmente der Postmoderne und setzt sie praktisch zu einer neuen funktionierenden Einheit zusammen. Diese Einheit funktioniert, weil sie aus der Wissenschaft heraus begründet ist – und Wissenschaft, wenn richtig betrieben, ist die beste Konstante für Erkenntnis, die wir erreichen können. Die Einheit hat ebenfalls ein Ziel, nämlich die Verwendung der erfolgreichen Elemente der Vergangenheit zur Schaffung einer besseren Konstruktion, die aus Fehlern gelernt hat und das Ziel einer besseren Zukunft für den Menschen im Auge hat. Daraus resultiert eine Konstruktion, die Technik und Natur zu einer harmonischen Einheit führt, der positiven Vision des Cyborgs, vielleicht im Sinne der deutschen Definition der Bionik.

## GESCHICHTE DER TRANSHUMANISTISCHEN KUNST

### EXTROPIANISCHE KUNST

Seit den 1980er Jahren entstand im Rahmen des Extropianismus, der Frühform der US-amerikanischen transhumanistischen Bewegung, eine als „Transhumanist Art" bezeichnete Kunstform. Diese definiert sich zunächst hauptsächlich über ihr Themenspektrum, welches sich vorrangig mit Zukunftstechnologien und ihren möglichen Auswirkungen auf die Menschheit befasst. Die Wahl der Darstellungsform (Bild, Tanz, Video-/Multimediakunst, Net-Art usw. oder Mischformen aus diesen) ist hier eher zweitrangig. Reflektiert wird jedoch das Bestreben einer Konvergenz von Wissenschaft, Technik und Kunst. In den späten 1990er Jahren wurde „transhumanistische Kunst" (zumindest in einigen Kreisen) als „eigenständige Kunstepoche" aufgenommen.[4]

1997 wurde das *Extropic Art Manifesto* von der extropischen Künstlerin, Natasha Vita-More, veröffentlicht, welches an Bord der Cassini Huygens-Sonde Richtung Saturn geschickt wurde. Es beginnt mit den – seltsamerweise etwas an die „Borg" aus *Star Trek* erinnernden – Worten: „We are transhumans. Our art integrates the most eminent progression of creativity and sensibility merged by discovery." ("Wir sind Transhumanisten. Unsere Kunst beinhaltet die bedeutsamste Entwicklung von Kreativität und Empfindungsvermögen, vereinigt durch neue Entdeckungen." Übersetzung M. Ji Sun).

Ein weiteres Merkmal für transhumanistische Kunst ist, dass das künstlerische Schaffen von Personen, die beruflich nicht als Künstler tätig sind, wie beispielsweise Ingenieure und Naturwissenschaftler, als Kunstwerke erachtet wird. Jedoch ist es in der heutigen Zeit generell schwierig, eine strikte Grenze zwischen Kunst und Nicht-Kunst zu ziehen. Jedem ist es beispielsweise möglich, eigens produzierte Werke im Internet (z.B. auf YouTube) zu publizieren und das Publikum entscheiden zu lassen, inwieweit ihr Versuch als Kunst gewürdigt wird. Ebenfalls befasst sich eine Vielzahl von
Büchern, Filmen und anderen audiovisuellen Darstellungen mit dem Zusammenspiel zwischen Technik und Gesellschaft und möglichen Zukunftsszenarien, ohne dass diese zwangsläufig als transhumanistische Kunst zu definieren wären.

## Symbiose von Naturwissenschaft, Technik, Geschichte und Kunst

Natasha Vita Mores bekanntestes Beispiel für diese neue Kunstform ist ihr Entwurf eines posthumanen Körperkonzepts genannt *Primo Posthuman 3M+*, welches sie zusammen mit Naturwissenschaftlern und Technikvisionären entwickelt hat.[5] Es handelt sich um eine Mischung aus technischer Konstruktionszeichnung und Sciencefiction, wie sie oft in diesem Genre anzutreffen ist. Dies zeichnet insbesondere auch die Kunst von Robert Freitas Jr. aus, der eine Vielzahl von Illustrationen zu zukünftiger Nanomedizin gefertigt hat, die teils mit technischen Methoden erstellt wurden, wie sie auch im Ingenieurswesen anzutreffen sind.[6]

Ebenso werden Parallelen zwischen wissenschaftlich-technischen Themen und traditionellen Kunstformen, beispielsweise zwischen "Bottom-up Nanotechnologie" und Sandmandalas oder Mustern der australischen Aborigines und Zell- sowie DNA-Strukturen, aufgezeigt.

Ebenso werden Parallelen zwischen wissenschaftlich-technischen Themen und traditionellen Kunstformen, beispielsweise zwischen „Bottom-up Nanotechnologie" und Sandmandalas oder Mustern der australischen Aborigines und Zell- sowie DNA-Strukturen, aufgezeigt.

*Screenshots eines philosophischen Kunstvideos von MJSL2050.*

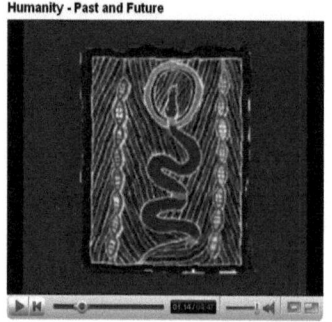 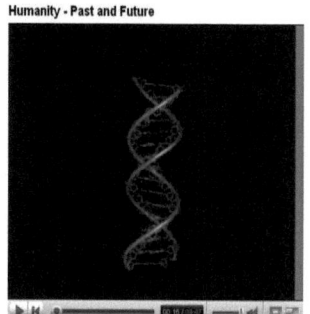

*Bitte das Muster (linkes Bild) am Rand beachten und mit der DNA-Struktur (rechts) vergleichen.*

 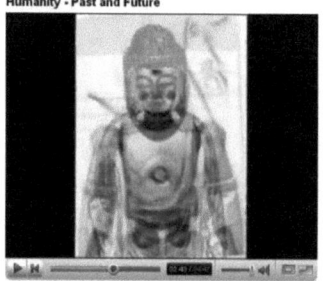

*Die Voraussetzung zur Unsterblichkeit im alten Ägypten und moderne Forschungen im Vergleich.*

*Der japanische Robotiker Masahiro Mori behauptet, dass Roboter eine Buddha-Natur besitzen können.*

Unabhängig von der transhumanistischen Bewegung sind auch neue Kunstformen hinzugekommen, die unter die Definition transhumanistischer Kunst fallen könnten. Beispiele hierfür ist die Fraktalkunst, in der mit Hilfe moderner Computertechnik hochkomplexe skaleninvariante Objekte dargestellt werden. Das berühmteste Beispiel ist das so genannte „Apfelmännchen" von Benoît Mandelbrot.

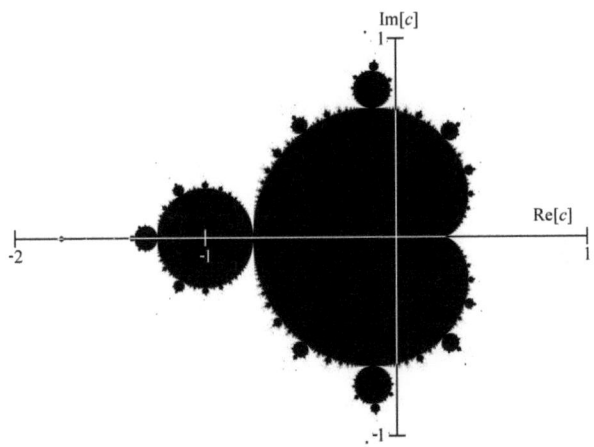

*Mandelbrot-Menge*
*(Wikipedia, Public Domain).*

Ein ähnliches Konzept stellt die so genannte „Evolutionäre Kunst" dar. Hier werden genetische Computeralgorithmen angewandt, um visuelle Objekte (prinzipiell wären auch akustische denkbar) zu kreieren, die sich im Laufe der Zeit verändern können. Interaktive evolutionäre Kunstwerke entwickeln sich beispielsweise in Relation zu der Verweildauer eines Betrachters, wodurch die Objekte mit der Zeit immer ästhetischer werden (vorausgesetzt die Ästhetik ist der Grund für die Verweildauer des Betrachters). In ähnlicher Weise dienen auch „Genetic Art"-Programme der evolutionären Verbesserung von Kunstwerken. Hier verschmelzen Wissenschaft und Kunst. Kunstwerke, die sich selbst verändern, selbst verbessern und Ansätze von intelligentem Verhalten aufweisen, sind etwas vergleichsweise Neues und würden meiner Ansicht nach sicherlich in den Definitionsbereich transhumanistischer Kunst fallen.

## Kunst-Körper

Ebenfalls kann der Köper selbst zum Kunstobjekt werden. Die Kunst – ebenso wie die Technologie – ist hier nicht mehr ausschließlich nach außen gerichtet, sondern wird zum Teil seiner eigenen Identität. Performance-Künstler wie Stelarc oder Body-Modifier spielen mit diesem Konzept der selbst gewählten Identität, was auf andere aufgrund der extremen Andersartigkeit oftmals schockierend wirkt. Aber sogar kulturelle Körpermodifikationspraktiken einiger Naturvölker können solche Reaktionen hervorrufen.

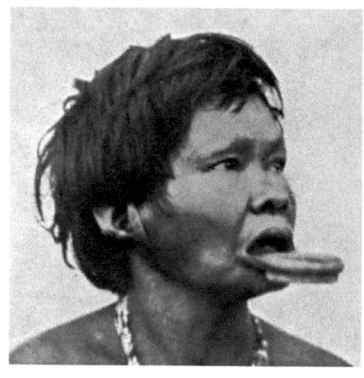 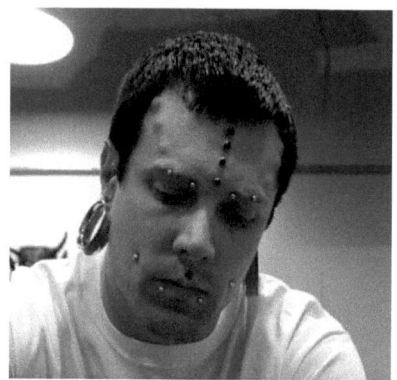

*Botokudenweib (Brasilien) mit Lippenteller (um 1900) (Wikipedia, Public Domain).*

*Moderne „Body Modification" Bild: Adam Hammer (Wikipedia, Cc-by-2.0).*

Somit ist das Konzept der morphologischen Freiheit ein weit verbreiteter Bestandteil der transhumanistischen Philosophie. Darunter wird das Grundrecht des Individuums verstanden, sich für – oder auch gegen – Modifikationen des eigenen Körpers zu entscheiden, solange dies auf der Basis der Freiwilligkeit geschieht, die Prozeduren hinreichende Sicherheitskriterien erfüllen und andere hierdurch nicht schädlich beeinträchtigt werden. Somit kann diese Forderung als Weiterführung des kulturellen Liberalismus angesehen werden.

## DIE ÜBERWINDUNG DER POSTMODERNE

Für mich ist jedoch noch ein weiteres Element sowohl für den Transhumanismus als auch für die transhumanistische Kunst von Bedeutung: die Überwindung der Postmoderne. Die Postmoderne begann, die wichtigsten Inhalte der Moderne, d.h. die Aufklärung und Vernunftbetonung sowie die Idee des wissenschaftlichen und technischen Fortschritts, in Zweifel zu stellen und zu dekonstruieren. Dennoch brachte diese Dekonstruktion die kritische Betrachtung von (religiösen und sozialen) Metanarrativen (vgl. Jean-Francois Lyotard), die Betonung des Individualismus und die eigenständige Gestaltbarkeit seiner Identität und die Akzeptanz des „Hybriden" hervor und kann somit gewissermaßen auch als Wegbereiter des Transhumanismus und seiner Kunstformen gesehen werden. Die postmoderne Kunst hat die Einheiten der Moderne auseinander genommen und diese, ohne jedoch den Anspruch auf ein funktionierendes Ganzes zu erheben, beliebig zusammengesetzt. Das moderne Denken basiert auf einer strikten Trennung zwischen Subjekt und Objekt. Hybride Entitäten und Cyborgs führen hier zu Verwirrungen, da sie nicht eindeutig klassifizierbar sind. Erst die Postmoderne schuf den Hybriden einen prinzipiellen Platz im Denken ein, scheint es aber aufgrund der eher wissenschaftsskeptischen Haltung nicht hinreichend zu vollbringen, sie als funktionierende Realität und rationale Einheit zu betrachten.

Aus meiner Sicht (ich bin jedoch weder beruflicher Künstler noch Kunstwissenschaftler) könnte transhumanistische Kunst einen Versuch darstellen, die willkürlichen Fragmente der Postmoderne zu einer neuen, rationalen und funktionierenden Einheit zusammenzusetzen.

Die folgende (transhumanistische) Collage ist von mir nicht als postmodern konzipiert, sondern mit der Intention entstanden, aus Fragmenten ein neues funktionierendes (und bekanntes) Ganzes mit einem symbolischen Gehalt zu gestalten: hier in Form zweier Darstellungen der indischen Gottheit Shiva, dessen rasender Tanz sowohl Zerstörung als auch Erhalt und Neuschöpfung symbolisiert. Zerstörung und Neuschöpfung bilden ebenso das Spannungsfeld der Potentiale neuer Technologien (NBIC) und des Transhumanismus.

*ma>Hadeva I: Collage (MJSL2050).*    *Ma>Hadeva II: Öl auf Leinwand (MJSL2050).*

## TRANSHUMANISTISCHE KUNST-INTERPRETATIONEN

„Einst vor vielen Jahren, in einem sehr fernen und traurigen Land...
gab es einen riesigen Berg aus schwarzem und schroffem Fels. In der
Abenddämmerung erblühte auf dem Gipfel dieses Berge jede Nacht
eine Rose, die Unsterblichkeit verlieh. Aber niemand traute sich ihr
zu nähern – denn ihre zahlreiche Dornen waren giftig...

Die Menschen sprachen nur über ihre Angst vor dem Tod und vor
dem Schmerz. Aber niemals von der Verheißung der
Unsterblichkeit. Und jeden Abend verwelkte die Rose ohne ihre
Kräfte an die Menschen weitergegeben zu haben. Verloren und
vergessen, auf dem Gipfel des kalten Felsenberges – einsam, bis ans
Ende aller Tage..."

– Aus 'Pan's Labyrinth' –

Es gibt aber nicht nur transhumanistische Kunst, sondern auch
transhumanistische Interpretationen von Kunst, die vielleicht ursprünglich
gar nicht transhumanistisch intendiert war. Es handelt sich hier um eine
bestimmte Sichtweise der Kunst- und Literaturinterpretation, in welcher der
zukünftige Mensch, sein Wesen und seine Beziehung zur Umwelt und
Technik im Zentrum stehen. Sogar klassische und traditionelle Kunst kann
transhumanistisch interpretiert werden, wie das Lied „Dona Dona" aus dem
Jiddischen Musical *Esterl* (1940). Hier könnte neben der gängigen
Interpretation über Freiheit eben auch die Thematik über die Akzeptanz
und Transzendenz des biologischen Schicksals gestellt werden.

Hier der Text des Liedes „Dona Dona" in der englischen Übersetzung
von Joan Baez:

On a wagon bound for market
there's a calf with a mournful eye.
High above him there's a swallow,
winging swiftly through the sky.

How the winds are laughing,
they laugh with all their might.
Laugh and laugh the whole day through,
and half the summer's night.

Donna, Donna, Donna, Donna; Donna, Donna, Donna, Don.
Donna, Donna, Donna, Donna; Donna, Donna, Donna, Don.

„Stop complaining!" said the farmer,
Who told you a calf to be?

Why don`t you have wings to fly with,
like the swallow so proud and free?" + Chorus

Calves are easily bound and slaughtered,
never knowing the reason why.
But whoever treasures freedom,
like the swallow has learned to fly. + Chorus[7]

Die Sätze des Farmers „who told you a calf to be" („wer hat dir gesagt, dass du ein Kalb sein musst") und „why don't you have wings to fly with" („warum hast du [auch] keine Flügel") klingen nahezu vorwurfsvoll, als wäre es ein Selbstverschulden des Kalbs („calf"), dass es sein Schicksal der Schlachtung erleiden muss („calves are easily bound and slaughtered"). Hätte es Flügel oder könnte es seine physische Konstitution verändern (morphologische Freiheit), könnte es sein Schicksal und Leben verändern – es könnte frei sein.

## TRANSHUMANISTISCHE THEMEN IM FILM

Der Transhumanismus könnte als eine spezifische Ausprägung eines generell zu beobachtenden Bestrebens nach einer Erweiterung des derzeitigen mentalen und physischen Status quo des Menschen erachtet werden. Der Unterschied zwischen dem Transhumanismus und den diversen, kaum einheitlich definierbaren Strömungen, die ich hier verallgemeinernd (und wissenschaftlich nicht ganz korrekt) unter „New Age" subsumieren möchte, besteht weniger in den Zielen als in den Methoden. Während der Transhumanismus auf naturwissenschaftliche und technische Methoden zurückgreifen möchte, setzen die anderen Strömungen stattdessen eher auf spirituelle, empirisch und rational schwer fassbare Herangehensweisen. Somit ist es aber nicht verwunderlich, dass die Genres Fantasy und Sciencefiction thematisch derweilen schwer auseinander zu halten sind. Beide thematisieren die Möglichkeit des Menschen – entweder durch Technik oder Magie – die normalen, mit dem Menschsein verbundenen Limits zu überwinden. Interessanterweise wird dieses Bestreben im (magischen) Fantasy-Genre meist eher positiv dargestellt oder zumindest in der Form, dass ein magisch über das Normale hinausgewachsener „Übermensch" gegen diejenigen antritt, welche diese Kräfte missbrauchen wollen – und meist siegt. In der Mehrheit der mir bekannten Sciencefiction wird der technisch verbesserte Mensch meist als negativ dargestellt, der letztendlich durch den „normalen Menschen" oder als „Strafe Gottes" interpretierbare Ereignisse zu Fall gebracht wird. Das Bild des Cyborgs und (vermeintlichen) Posthumanen ist überwiegend negativ geprägt, wozu vor allem Darstellungen der Borg (*Star Trek*) oder des Terminators in der gleichnamigen Filmtrilogie mit Arnold Schwarzenegger beigetragen haben.

## STAR TREK: HUMANISTISCH ABER NICHT TRANSHUMANISTISCH

*Star Trek* ist ein besonders interessanter Fall, da hier eine hochtechnisierte, interplanetare Gesellschaft (in enger Anlehnung an die Vereinten Nationen) dargestellt wird, die jedoch auf Seiten der „guten Charaktere" und der Vertreter der Menschheit fast gar keine Cyborgs und „Posthumane" aufweist. Bedeutende Ausnahmen bilden der mit einer Sehprothese ausgestattete, von Natur aus blinde Georgi la Forge, der Androide Data und der, jedoch illegal, gentechnisch optimierte Arzt Julian Bashir. Letzterer hält diese Tatsache jedoch sehr lange geheim, da Gentechnik am Menschen durch die „Föderation der Planeten" verboten ist. Genetisch optimierte „Augments" werden in dieser Gesellschaft systematisch diskriminiert (z.B. von der Ausübung vieler Berufe ausgeschlossen). In *Star Trek*-Episoden, in denen die Thematik der gentechnischen Optimierung angeschnitten wird (z.B. „Statistical Probabilities" in *Deep Space Nine*), wird meist der Trade-off des gentechnischen Enhancements, d.h. negative Nebeneffekte, trotz ansonsten sehr fortschrittlicher Technologie in den Vordergrund gestellt, welche das Verbot rechtfertigen sollen.

Ebenfalls auffällig in *Star Trek* sind offensichtliche technische Ungereimtheiten, die quasi als „Transhumanismuskritik" aufgefasst werden können. Als Beispiel sei hier die Transportertechnologie zu nennen, über die in der Serie, den Filmen und dem Fanmaterial erstaunlich wenige und oftmals widersprüchliche Angaben gemacht werden. Wenn es aber – wie in *Star Trek* dargestellt – möglich ist, einen Menschen auf molekularer Ebene „auseinander zu nehmen" und an einem anderen Ort intakt wieder zusammenzusetzen, so frage ich mich, weshalb Menschen in *Star Trek* sterblich sind und weshalb das so genannte „Uploading" (Übertragung von Gehirnstrukturen auf ein Computermedium) nicht (oder nur sehr marginal) thematisiert wird. Wenn der Transporter funktioniert wie dargestellt, müsste es zum einen möglich sein, biologisch intakte Versionen von Schwerverletzten rekonstruieren zu können und sie somit vor dem Tod zu bewahren. Zudem könnte die Transportertechnologie zum Klonen von Menschen verwendet werden und sie müsste es prinzipiell ermöglichen neuronale Muster auf einem Computer abzuspeichern und somit einen „Upload" zu realisieren. Gewissermaßen könnte *Star Trek* sogar als transhumanismuskritisch erachtet werden und als „modern" (und nicht „postmodern" oder „transhumanistisch"), da hier die strikte Trennung zwischen Mensch und Maschine befürwortet wird. Kybernetische und biotechnische Enhancements werden überwiegend als negativ dargestellt und oftmals strikt abgelehnt, auch wenn sie durchaus Vorteile bringen könnten.

Andererseits wird in den neueren Folgen von *Star Trek* (insbesondere *Voyager* und *Deep Space Nine*) das „magische" Element insbesondere durch die den elfenähnlichen Charakter von Kes in der *Voyager*-Serie als positiv in den Vordergrund gestellt. Dies wird in der Episode „The Gift" verdeutlicht, wo Kes durch ihre magischen und übersinnlichen Kräfte Borg-Technologie zerstört und danach in eine „höhere Bewusstseinsstufe" übergeht. Eine Allegorie für den Sieg der Esoterik über (vermeintlich) transhumanistische Bestrebungen, ganz im Sinne zusehends populär werdender kultureller Präferenzen der heutigen Zeit?!

## Sciencefiction als Reflexion der gesellschaftlichen Auseinandersetzung mit Zukunftstechnologien

Vielleicht steckt auch die unterschiedliche Weltsicht hinter dem Streit zwischen Fans von *Star Trek* und *Star Wars*. Während *Star Trek* weitgehend eher als humanistische (wenngleich nicht unbedingt transhumanistische) und wissenschaftsbefürwortende Serie angesehen werden kann, werden in *Star Wars* mystische und esoterische Aspekte zentral hervorgehoben. Ebenso beinhaltet *Star Wars* die Botschaft, dass Technologie nicht die endgültige Antwort ist (sondern eher das Problem – dargestellt durch das Imperium und den Cyborg Darth Vader) und diese durch transzendentale, nicht rational fassbare Kräfte – die „Macht" – bezwungen werden kann.

Generell ist im Bereich der Sciencefiction im Laufe der Jahrzehnte eine thematische Veränderung auszumachen, die sich vom Weltraum zu Robotern und künstlichen Intelligenzen hin zur Nano- und vor allem Biotechnologie und Überwachungstechnologien (*Minority Report*) in jüngster Zeit verschoben hat. Mit wenigen Ausnahmen wird in vielen Filmen die zukünftige Technologie jedoch als Bedrohung für die Gesellschaft und das menschliche Leben dargestellt. Dies mag zwar für spannende Plots sorgen, kann aber leicht zu einer negativen Verzerrung im Hinblick auf die Perzeption von Wissenschaft und Technik führen und somit unbegründete Ängste hervorrufen. Ebenfalls muss bei Sciencefiction bedacht werden, dass es sich hier in der Regel um Fantasien handelt, die nicht auf naturwissenschaftlichen Fakten und Naturgesetzen beruhen. Bereits die berühmten und allgegenwärtig hörbar lauten Explosionen im Weltall sind wissenschaftlich betrachtet Unsinn. Im Weltall gibt es nämlich keine Luft (oder vergleichbare Medien), in der sich Schallwellen ausbreiten könnten. Somit kann auch keine Explosion im Weltall gehört werden und alle Actionszenen müssten stumm verlaufen.

Negativszenarien, vor allem wenn sie in wissenschaftlich hinreichend plausibler Weise dargestellt werden, können aber auch bewirken, dass auf etwaige Gefahren wie beispielsweise Bioterrorismus und Überwachungs-staaten aufmerksam gemacht wird und Überlegungen initiiert werden, wie diese verhindert werden können. Hierzu wäre aber ein Dialog zwischen Zuschauern, Experten und Entscheidungsträgern notwendig, was bei den Medien Film und Fernsehen eben nicht gegeben ist. Auch hier ist zu bedenken: Es handelt sich bei fiktiven Darstellungen um eine Möglichkeit, aber nur eine Möglichkeit unter vielen, die auch durchaus positiv verlaufen könnte.

In den meisten Hollywood-Filmen sind jedoch die „normalen" Menschen diejenigen, die von gentechnisch veränderten Monstern, verrückten Wissenschaftlern und Robotern bedroht werden. Die menschliche Furcht vor dem Fremdartigen wird jedoch sowohl in der Fiktion als auch in der Realität oftmals voreilig mit dem Gefährlichen gleichgesetzt. Die Figur des Monsters ist ein Beispiel für einen solchen Trugschluss: Das Unbekannte wird mit dem bösen Ungeheuer gleichgesetzt. Ebenso hat sich durch literarische Darstellungen wie Mary Shelleys *Frankenstein* oder *Doktor Faustus* (der in mehreren literarischen Werken behandelt wird) die Idee im kulturellen Gedächtnis (der westlichen Welt) verankert, dass jegliche Versuche des Menschen künstlich Leben zu erschaffen zum Scheitern verurteilt sind, große Gefahren bergen und von Gott bestraft werden. Jedoch beruhen diese Darstellungen nicht auf empirischen Belegen. Beispielsweise sehe ich das Problem im Fall *Frankenstein* und das destruktive Verhalten des Monsters darin begründet, dass der erschaffenen Kreatur letztendlich kein Platz in der „normalen" Gesellschaft gewährt wurde. Nicht der alleinige Akt seiner Erschaffung, sondern vielmehr der gesellschaftliche Umgang mit dem Erschaffenen ist aus meiner Sicht der zentrale und tadelnswerte Punkt. Vielleicht ist das Hauptproblem nicht die Hybris, sondern Intoleranz?

Jedoch gibt es auch Ausnahmen hinsichtlich der Darstellung des Fremdartigen in Form des gefährlichen Monsters. *X-Men* und Steven Spielbergs *AI – Künstliche Intelligenz* können als Beispiele genannt werden, wo die Fremdartigen (Mutanten und Roboter) von der „normalen" Bevölkerung mit dem Ziel der Vernichtung verfolgt werden. Ambivalent im Hinblick auf das Verhältnis zwischen „normalen" Menschen und „posthumanen" Entitäten sind beispielsweise die Serien *The 4400* und *Heroes* sowie der Klassiker *Blade Runner*.

## TRANSHUMANISTISCHE FILMINTERPRETATIONEN

Ridley Scotts Sciencefiction-Meisterwerk *Blade Runner* ist aus transhumanistischer Perspektive ein interessanter und multidimensionaler Film, der Grundfragen der *conditio humana* auf vielschichtigen Ebenen behandelt. Hier sind es in vielerlei Hinsicht dem natürlichen Menschen überlegene biotechnisch konstruierte „Replikanten", die Anklage gegen ihre menschlichen Schöpfer erheben, da sie lediglich eine Lebensspanne von vier Jahren besitzen und keine vollständige Kontrolle über ihre Physiologie und Identität haben. Die Antwort des menschlichen Schöpfers lautet: „You were made as well as we could make you." Das ist eine Auskunft, die aus dem Gesamtkontext des Films heraus unschlüssig erscheint. Vielmehr handelt es sich bei der begrenzten Lebensspanne um eine absichtliche Konstruktion, um die „Replikanten" von echten Menschen unterscheidbar zu halten, sie zu kontrollieren und die Diskriminierung (bis hin zu legalen Tötung) zu rechtfertigen.

Indirekt handelt es sich bei der Anklage der Replikanten gegen ihre menschlichen Schöpfer um eine Art Theodizeeproblem. Somit müsste sich jeder Mensch, der an eine übermächtige Gottheit glaubt, die Frage stellen, weshalb er eben nicht perfekt geschaffen wurde, sich aber im Geiste das Wesen der Perfektion vorstellen kann und ihm zudem (zumindest aus christlicher Perspektive) verboten wird, diese Mängel in Eigenregie zu minimieren (beispielsweise mit so genannten Human Enhancement-Technologien). Anders als das Christentum, welches Eingriffe in die menschliche Natur als Gotteslästerung interpretiert, wird es im Judentum sogar als Aufgabe des Menschen gesehen, die (durch Gott geschaffene) Natur zu verbessern. Hieraus resultieren auch die unterschiedlichen – gar gegensätzlichen – Haltungen von Christen und Juden (und beispielsweise östlichen Religionen, Agnostikern und Atheisten) in Bezug auf die

humanembryonale Stammzellforschung, das Klonen, die Präimplantationsdiagnostik und die Modifikationen am menschlichen Körper.

In *Blade Runner* werden noch weitere (aus transhumanistischer
Perspektive) interessante Fragestellungen aufgeworfen, beispielsweise die
der Menschenwürde. In *Blade Runner* wird die Frage jedoch aus einer
anderen Perspektive gestellt, der Perspektive der Replikanten (oder
Posthumanen), die hier als menschenähnliche Kunstwesen als Sklaven
gehalten werden und jederzeit legal getötet werden können. (Auf einer
anderen Ebene gefragt: Sind die Menschen „Sklaven Gottes", die jederzeit
von ihm getötet werden können?) Ab wann und für wen gilt der Schutz der
Menschenwürde für eine Entität, die vom Menschlichen abweicht? Dass
hier eine binäre Unterscheidung zwischen natürlich und künstlich als
Entscheidungskriterium unzureichend ist, zeigt bereits die Tatsache der
stets wachsenden Zahl der Menschen, die schon heute mit künstlichen
Ersatzteilen und Prothesen lebt. Chris Hables Grey schätzte bereits Mitte
der 1990er Jahre den Anteil der „Cyborgs" an der heutigen US-
amerikanischen Bevölkerung auf rund 10 Prozent.[8] Angenommen, in einem
Menschen würde sich die Anzahl der Prothesen, Implantate und
biotechnisch gezüchteten Ersatzgewebe mit der Zeit systematisch erhöhen,
beispielsweise um Organausfällen entgegen zu wirken. Ab wie viel Prozent
künstlicher Komponenten würde der Europäische Gerichtshof für
Menschenrechte in Straßburg zu dem Schluss gelangen, dass es sich jetzt
nicht mehr um ein menschliches Wesen handelt – und mit welcher
Begründung? Diese Thematik wurde ebenfalls in einer umgekehrten
Darstellung in dem Film *The Bicentennial Man* (basierend auf dem
Sciencefiction-Roman *The Positronic Man* von Arthur C. Clarke)
aufgegriffen. Hier entwickelt ein Androide (humanoider Roboter)
Charakteristiken, die ihn als bewusstseinsfähiges Wesen auszeichnen
(Kreativität, Emotionen, das Bewusstsein über seine eigene Existenz) und
fordert dieselben Rechte wie natürliche Menschen. Dies wird ihm zunächst
verwehrt, obwohl er systematisch seine künstlichen Organe durch
bioidentische zu ersetzen beginnt. Erst als er sein künstliches Gehirn
dahingehend modifiziert, dass es dem Verfall unterliegt und er dadurch
sterben kann, wird ihm der Status eines Menschen eingeräumt. Somit wird
in dieser Darstellung das Wesen des Menschen in seiner Sterblichkeit
gesehen, die wiederum auf einem informationstheoretischen Todeskonzept
– dem Gehirntod – basiert. Philosophisch-rechtlich betrachtet wird diese
Frage im Rahmen eines hypothetischen Uploads jedoch interessant: Der
Uploadwillige ist ja noch ein lebender Mensch und der später folgende

Upload selber wäre aufgrund seiner Möglichkeit, Kopien von sich anzufertigen zwar „unsterblich", würde aber eine neuronale Repräsentation des lebenden Menschen darstellen. Der in *The Bicentennial Man* dargestellten Rechtslogik wäre der Upload nicht mit einem Menschen gleichgestellt, da er Sicherungskopien von sich anfertigen könnte. Dennoch werden mit fortschreitender Technologie dem Menschen immer mehr Möglichkeiten geboten, Kopien zumindest von Teilaspekten seiner Selbst anzufertigen. Organtransplantationen und regenerative Medizin sind die Anfänge. Wenn andere Organe und Gewebe durch künstliche Gegenstücke (kybernetisch oder biologisch) ersetzt werden können, sollte es dennoch verboten bleiben, degenerierte Gehirnteile zu ersetzen oder zu erneuern? Gerade in Anbetracht der Bestrebungen, Demenzerkrankungen zu beheben, wäre dies eine paradoxe Ansicht.

Erwähnenswert, besonders im transhumanistischen Kontext, ist vor allem die in den frühen 2000er Jahren verfilmte Comic Serie *X-Men*. Hier handelt es sich um genetische Mutanten mit außergewöhnlichen Fähigkeiten, die aber von der „normalen" Umwelt mit Skepsis und sogar Feindseligkeit betrachtet werden. Mehr noch als der Einsatz ihrer besonderen Fähigkeiten zur Rettung der Welt (der klassischen Superhero-Geschichte) wird in *X-Men* die Frage gestellt, inwieweit diese ihre überlegenen Fähigkeiten einsetzen sollten, um sich gegen die Diskriminierung durch die „normale" Bevölkerung und deren Pläne ihrer Neutralisierung, zu wehren.

In Anbetracht einer hypothetischen – wenngleich nicht auszu-schließenden – „posthumanen Zukunft" ist dies ein Szenario, welches besonders in einer Übergangsphase zu einer reellen Fragestellung werden könnte. In Anbetracht der heutigen gesellschaftlichen Tendenzen, in denen eine fortbestehende Skepsis gegenüber Modifikationen des Natürlichen zu beobachten sind, wäre eine (anfängliche) Feindschaft gegenüber andersartigen „Transhumanen" eine durchaus denkbare Situation.

Wie in fast allen Superheldengeschichten spiegelt sich auch in *X-Men* die Gratwanderung zwischen dem Einsatz der Superkräfte zu konstruktiven und destruktiven Zwecken wider und zeigt, dass diese, ebenso wie Technologien, stets ein Verstärker der jeweiligen Intentionen und des jeweiligen Charakters sind. Nicht von ungefähr heißt es in einem Zitat aus *Spiderman*: „With great power comes great responsibility."

## TRANSHUMANISTISCHE KÜNSTLERINNEN (AUSWAHL):

Robert Freitas http://www.foresight.org/Nanomedicine/#ArtGallery

Gina Miller (NanoGirl) http://www.nanogirl.com/

Anders Sandberg http://www.aleph.se/andart/

Natascha Vita-More http://www.natasha.cc/

---

[1] Kortmann, Christian: „Van Gogh mit Riesenohren." Süddeutsche Zeitung Online, 10.04.2008, http://www.sueddeutsche.de/kultur/757/300755/text/ [01.01.2012].

[2] „Futurismus. Gründungsmanifest." Wikipedia, http://de.wikipedia.org/wiki/Futurismus [01.01.2012].

[3] Martik, Sylvia: Futurisme. Taschen, 2005.

[4] Vita-More, Natasha: „The Extropic Art Manifesto." The Art History Archive, 01.01.1997, http://www.arthistoryarchive.com/arthistory/contemporary/Extropic-Art-Manifesto.html, [01.01.2012].

[5] Natasha Vita More: „Primo Posthuman 3M+." Medien Kunst Netz, http://www.medienkunstnetz.de/werke/primo-posthuman/, [01.01.2012].

[6] Freitas, Robert Jr.: „Nanomedicine Art Gallery." Foresight Institute, http://www.foresight.org/Nanomedicine/Gallery/index.html, [01.01.2012].

[7] „Donna Donna Lyrics." Sing365.com http://tinyurl.com/b7dm3k, [02.01.2012].

[8] Grey, Chris H.: The Cyborg Handbook. New York, Routledge, 1995.

# 10 WIE SIND WIR EIGENTLICH „POSTHUMAN" GEWORDEN?

*Miriam Ji Sun*

Wir schreiben inzwischen das Jahr 2076. Zwar sind wir „Posthumanen" weder unsterblich noch omnipotent und nur wenige treffen die Entscheidung, sich riskanten und radikalen genetischen Veränderungen zu unterziehen, um auf Dauer in den Unterwasserkolonien (über)leben zu können, dennoch hoffen wir, die richtigen Entscheidungen getroffen zu haben und halten auch weiterhin an unserem Traum fest, unsere Grenzen immer wieder aufs Neue zu transzendieren. Dies hätte vor 37 Jahren beinahe zu einem Krieg zwischen so genannten „Humanen" und „Posthumanen" geführt, da die menschliche und gesellschaftliche Entwicklung nicht mehr mit dem technischen Fortschritt mithalten konnte, wobei sich die ersten Probleme bereits Ende des 20. Jahrhunderts abzuzeichnen begannen. Aber ab wann sind wir eigentlich „posthuman" geworden? Ist die Bezeichnung „Posthumanes Zeitalter" nicht letztendlich ein soziales Konstrukt, ein Relikt aus längst vergangenen Zeiten, so wie die Begriffe „Mittelalter", „Neuzeit", „Moderne" und „Postmoderne"?

Ich bin Techniksoziologe und Anthropologe, ehemaliger Transhumanist und nun per Definition „posthuman", und ich wurde gebeten, die gesellschaftlichen und historischen Ereignisse seit der Wende zum dritten Millennium zu rekonstruieren.

## ZWISCHEN HEILUNG UND OPTIMIERUNG

Bereits bei Betrachtung der antiken menschlichen Mythologie und religiösen Glaubensüberlieferungen spiegelt sich der Wunsch des Menschen nach der Transzendenz seiner Grenzen wider. Obwohl die Menschen in ihren Mythen und Erzählungen immer wieder davor gewarnt wurden, gottgleich zu werden, waren die Götter doch stets die Vorbilder des Menschen und die Menschen die Ebenbilder ihrer Götter.

Der Wunsch Krankheit, Leid und Tod zu überwinden, scheint dem Menschen inhärent zu sein. In allen Kulturen genossen beispielsweise Heiler und Schamanen ein besonderes Ansehen. So demonstrieren die überlieferten Wundertaten Jesu Christi – dem prototypischen Posthumanen – den tiefen menschlichen Wunsch nach Überwindung von Elend, Leid, Krankheit und Tod. Dies ist etwas, was dem „bloßen Menschen" mit seinen begrenzten naturgegebenen Fähigkeiten verwehrt blieb und lediglich durch übernatürliche Kräfte erreicht werden kann. So gelang Jesus (laut Überlieferung) die Beherrschung der Natur und Materie sowie die Heilung von Leprakranken, Blinden, Dysmorphen und Gelähmten und sogar die Erweckung von Toten. Solche Taten, die zu seinen Lebzeiten schlichtweg unmöglich schienen, haben bis heute noch Vorbildcharakter. Zwar ist es keinem (weiteren) Menschen auf glaubwürdige Weise gelungen aus eigener Kraft heraus solche Taten zu vollbringen, aber dennoch ist es heutzutage, 2076 Jahre nach Christus, mit Hilfe von Naturwissenschaft und Technik gelungen, nicht nur Lepra, sondern auch die meisten anderen Krankheiten zu heilen. Inzwischen ist es selbstverständlich geworden, Blinden ihr Augenlicht zurückzugeben und Gelähmten ihre Mobilität. Die ersten Versuche diesbezüglich reichen bis in die späten 90er Jahre des 20. Jahrhunderts zurück (die Entwicklungsphasen begannen bereits um 1970), wo mit freilich primitiven Praktiken bereits versucht wurde, menschliche Nervenzellen an mikrochipgesteuerte mechatronische Prothesen zu koppeln, um ihren Trägern eine möglichst natürliche und körpernahe Steuerung sowie eine unmittelbare Signalübertragung zwischen artifiziellen Komponenten und dem Organismus zu ermöglichen. Die ersten Varianten, wie beispielsweise das „Dobelle Artificial Vision System" des Medizintechnikpioniers William H. Dobelle, welches blinden Menschen durch implantierte Elektroden und ein Computer-Kamerasystem zumindest teilweise das Sehen ermöglichen sollte sowie die mechatronischen Armprothesen des Jesse Sullivan, waren noch recht primitiv, sorgten aber bereits zu Beginn des 21. Jahrhunderts für Aufsehen und philosophische Auseinandersetzungen, da jetzt auf einmal der Mensch auch empirisch (und nicht nur fiktiv) als Mensch-Maschine-Hybridwesen existieren konnte. Ebenfalls seit dieser Zeit arbeitete man auch schon an den so genannten Brain Computer Interfaces (BCI), welche eine direkte neuronale Verbindung zwischen Mensch und Maschine ermöglichen sollten. Zugegeben, die ersten auf EEG-Detektion basierten Varianten sind keineswegs vergleichbar mit den heutigen Neurochips, welche um 2040 das Hirntodkonzept auf den Kopf gestellt haben und uns inzwischen so praktische Dinge ermöglicht haben, wie die Fähigkeit, digitale Daten direkt in neuronale Muster umzuwandeln und somit verarbeiten zu können, um Maschinen „gedanklich" direkt anzusteuern. Dennoch erinnere ich mich noch an die faszinierende Demonstration eines solchen frühen Brain Computer Interface, welches 2006, also vor 70 Jahren, in einer Fernsehsendung (dem Vorläufer des Neuro Virtual Reality) vorgestellt wurde, in der ein mit EEG-Detektoren ausgestatteter Proband mit reiner „Gedankenkraft" Symbole auf einem Computermonitor steuern konnte und so das Wort „Hose" auf den Bildschirm zauberte. Ursprünglich wurde die Technik mit dem Ziel entwickelt, Tetraplegikern zumindest ansatzweise Ausdrucks- und Handlungsmöglichkeiten zu gewähren. Später wurde diese

Technologie aber mit dem Ziel weiterentwickelt, den Möglichkeitsraum menschlicher Fähigkeiten durch die Symbiose von organischen und mechatronischen Komponenten zu erweitern. Dies bringt mich auch schon zu der Kontroverse über „Heilung und Optimierung", welche 2039 ihren Höhepunkt erreichte. Während mit Ausnahme der Debatten über die embryonale Stammzellforschung der Einsatz von Technik zur Heilung von Krankheiten mehrheitlich befürwortet wurde, stieß ihr Einsatz zur Erhöhung menschlicher Fähigkeiten über lange Zeit bei einem großen Teil der Bevölkerung auf Widerstand, wobei bei genauer Betrachtung die Argumentation der Gegner inkonsistent zu sein schien.

In bestimmten Bereichen haben „Optimierungstechnologien" kaum Kritik erfahren. Hierzu zählen beispielsweise Ausrüstungen wie spezielle Schutzanzüge, kraftmaximierende Exoskelette (so genannte „Power Assist Suits", deren Anfänge mit den sperrigen Konstruktionen wie „BLEEX" aus dem frühen 21. Jahrhundert eingeleitet wurden) und Technologien zur Erhöhung sensorischer Wahrnehmung (beispielsweise frühe Telefone). Ebenso wurden bis zum Aufkommen der „BrainChips", an Hörgeräte und Datenbrillen gekoppelte Navigationshilfen, Informations-/Kommunikations-/Rechen- und Sprachübersetzungssysteme lange Zeit gar nicht als „Optimierungstechnologien" wahrgenommen. Dies ist vielleicht damit zu erklären, dass auch die frühen Computer, welche bereits seit Mitte des 20. Jahrhunderts im Einsatz waren, zunächst auch lediglich am Rande im Lichte der Optimierung des Menschen diskutiert wurden.

Interessanterweise erlebten viele, nach heutigem Wissensstand als „randwissenschaftlich" erachteten, großteils durch die New Age-Bewegung inspirierten so genannten „alternativen Heilmethoden" um die Wende zum 21. Jahrhundert einen bedeutenden Zulauf, was u.a. darauf zurückzuführen ist, dass die damalige, zu stark auf reine Effizienz ausgerichtete „Apparatemedizin" für viele als kalt und unmenschlich empfunden wurde. Dennoch stand auch für die Anhänger alternativer Methoden der Wunsch nach Optimierung der persönlichen Leistungsfähigkeit und Lebensverlängerung im Zentrum der Anwendungen, was ein Blick auf die damalige Sammlung an „Fitness-" und „Anti-Aging" Präparaten und Literatur zu untermauern scheint. Die Entscheidung für „natürliche" Methoden (wobei es inzwischen bekannt ist, dass es auch hier die (bio)chemischen Substanzen sind, welche für die Wirkungen verantwortlich waren) mag auch damit zusammenhängen, dass es für lange Zeit illegal war, als „Gesunder" klinisch wirksame Medikamente mit Effekten der Optimierung zur körperlichen und geistigen Leistungssteigerung zu erhalten. Hier spiegelt sich deutlich die Philosophie der strikten Trennung zwischen Heilung und Optimierung wider. Obwohl beispielsweise auch „gesunde" Menschen von Medikamenten gegen die Alzheimersche oder andere degenerative Krankheiten profitieren könnten, war ihnen aufgrund der Rezeptpflichtigkeit dieser Präparate der Zugang verwehrt. Im Kontext risikoreicher Nebenwirkungen ist eine solche Vorgehensweise durchaus verständlich, wobei aber die Verlockung so groß war, dass immer mehr Menschen Wege gefunden hatten, dennoch an diese Substanzen zu kommen. Da Medikamente im Laufe der Zeit immer risiko- und nebenwirkungsärmer wurden, zeichnete sich eine neue Problematik ab: Ein Verbot wurde zunehmend schwerer zu rechtfertigen. Es wurde befürchtet, dass durch einen Verlust der Regulierung eine Art „Optimierungswettlauf" ausbrechen würde, in dem Menschen, die sich solche Präparate nicht leisten könnten, systematisch benachteiligt würden. Somit dachte man 2012 darüber nach, leistungssteigernde Substanzen absichtlich mit zwar ungefährlichen, aber dennoch unangenehmen Nebenwirkungen zu versehen, so dass die Einnahme für den Nutzer immer mit einem Abwägungsprozess verbunden sein sollte. Diese Idee setzte sich allerdings nur so lange durch, bis die ersten nebenwirkungsfreien Substanzen auf dem Schwarzmarkt angeboten wurden. Es stellte sich heraus, dass Verbote in diesem Zusammenhang relativ unwirksam waren und so favorisierte man stattdessen eine „Demokratisierung", d.h., ein allgemeiner Zugang zu risiko- und nebenwirkungsfreien leistungssteigenden und gesundheitsfördernden Medikamenten, die ab 2020 eine ähnliche Popularität erreichten wie so genannte Nahrungsergänzungsmittel ab Mitte des 20. Jahrhunderts, wurde geschaffen. Interessanterweise stellte sich heraus, dass diese Präparate zwar positive Auswirkungen auf das Allgemeinbefinden der Menschen hatten, aber dennoch keine Superintelligenzen und „posthumanen" Wesen hervorbrachten. Viel wichtiger waren hier soziale Faktoren wie Bildung und die Erkenntnis, dass „Intelligenzleistungen" relativ zu sehen sind und alte Definitionen und Festlegungen von „Intelligenz" unhaltbar waren und sogar im Bildungssystem reproduziert wurden. Zudem war es hauptsächlich die Hybridisierung von menschlicher und künstlicher Intelligenz (KI), welche zu einer Nivellierung der menschlichen Intelligenzleistungen führte. KI wurde in den Gebieten eingesetzt, in denen der jeweilige Mensch seine Probleme hatte und umgekehrt. Somit lag ab der ersten Dekade des 21. Jahrhunderts der Schwerpunkt der Ausbildung nicht mehr im Auswendiglernen von Fakten, sondern darin, die nun von überall zugänglichen Daten sinnvoll zur Problemlösung einzusetzen und in

Kooperation mit anderen Menschen und Maschinen zusammen zu arbeiten, welche komplementäre Fähigkeiten beisteuern können.

Dennoch schwelte die Kontroverse um die Grenze zwischen „Heilung" und „Optimierung" bereits seit Ende der 90er Jahre des 20. Jahrhunderts. Dies betraf insbesondere die Gentechnik, wobei, im Nachhinein betrachtet, gerade hier die Möglichkeit zur „Optimierung" am schwersten zu bewerkstelligen ist. Im Laufe der Zeit hat sich die Variante der genetischen Modifikation, zumindest in einem derart umfangreichen Prozedere, dass man von einer Umgestaltung des Menschen sprechen kann, aus rein pragmatischen und risikoverbundenen Überlegungen heraus nicht durchgesetzt. Die Utopien und Ängste schienen alle denselben Fehler zum Opfer gefallen zu sein: einer einseitigen biologistischen Betrachtungsweise des Menschen und der Unterschätzung seiner genetischen Komplexität. Haben noch Wissenschaftler des früheren 21. Jahrhunderts den genetischen Code scherzenshalber als „Spaghetticode" bezeichnet, so hätte spätestens bei diesem Vergleich klar sein müssen, dass auch nur eine kleine Änderung in einer Zeile unübersehbare Folgen für das Programm mit sich bringen. Somit sind die Beschränkungen in der Gentechnik nicht auf moralisch-ethische Widerstände zurückzuführen, sondern hauptsächlich auf die Ineffizienz solcher Vorgehensweisen gegenüber einfacheren Alternativen, mit denen ähnliche Ziele erreicht werden konnten. Auch wuchs zunehmend die Erkenntnis, dass Umweltfaktoren wie die individuelle Ernährungs- und Lebensweise einen nicht zu unterschätzenden Einfluss auf die Ausprägung genetischer Faktoren haben. Ebenso hielt man es nicht für notwendig, Keimbahntherapien durchzuführen und hat sich stattdessen auf somatische Gentherapien konzentriert. Als die Menschen begannen genetische Zusammenhänge zwischen schweren Erkrankungen und Erbanlagen zu entdecken, kam man auf die Idee, ob es nicht sinnvoll wäre, in-vitro gezeugte (Prä-)Embryonen auf ihre Erbanlagen hin zu untersuchen und die zur Implantation in Frage kommenden (Prä-)Embryonen nicht zufällig auszuwählen, sondern dahingehend, ob sie die für bestimmte Krankheiten verantwortlichen Genveränderungen aufweisen. Dies wurde als besonders sinnvoll für die Fälle gesehen, in denen bereits eine familiäre Disposition für bestimmte Erbkrankheiten bestand. Nun stellte sich sehr bald die Frage danach, wo die Grenze zwischen „Erbkrankheit" und „Erbgesundheit" zu ziehen sei und Stimmen wurden laut, die von einer „neuen Eugenik" sprachen. Folglich blieb die so genannte Präimplantationsdiagnostik lange Zeit in weiten Bereichen Europas verboten. Dennoch hat sich hieraus ein neuer Lösungsweg herauskristallisiert: die „embryonale Gentherapie".

Anstatt (Prä-)Embryonen wegen krankhafter Erbgutveränderungen „auszusortieren", wird in diesem Ansatz der genetische Schaden im frühen embryonalen Stadium behoben. Zwar gab es auch hier Befürchtungen, dass diese Methode zu einer „Eugenik" führen könne, wobei man allerdings recht schnell zu der Einsicht kam, dass zum einen viele Charaktermerkmale eines Menschen nicht genetisch determiniert sind (ein Aspekt, der paradoxerweise von vielen Soziologen und Philosophen, den Hauptkritikern der Gentechnik im 20. und 21. Jahrhundert, in ihrer Argumentation kaum Berücksichtigung fand). Zum anderen stellen genetische Veränderungen derart komplexe Prozesse dar, dass das Risiko für mögliche negative Nebeneffekte relativ gesehen viel zu hoch ist. Auch nach 100 Jahren Genforschung wirft jede neue Erkenntnis wiederum neue Fragen auf.

## Hybrid-Anthropologie

Ab 2025 begannen künstliche Organe allmählich die natürlichen zu übertreffen und die „BrainChip"-Technologie wurde erstmals außerhalb des medizinisch-therapeutischen Kontexts eingesetzt. John Sears demonstrierte 2027 erfolgreich, dass nicht nur die neuronale Ansteuerung von Maschinen, sondern auch die direkte menschliche Verarbeitung digitaler Daten mit Hilfe implantierter Mikro-/Nanochips prinzipiell möglich ist. Obwohl die Anwendung gentechnischer und kybernetischer Verfahren außerhalb der medizinischen Notwendigkeit, d.h. zu „Optimierungszwecken", zumindest auf EU-Ebene verboten war, konnte hier aufgrund des technischen Fortschritts und der Risikominimierung medizinischer Verfahren empirisch keine strikte Trennung mehr gezogen werden, da nun oftmals eine medizinische Behebung eines Defekts gleichzeitig Vorteile mit sich brachte.

Dies mündete Ende 2030 in eine Forderung der UN nach einem weltweiten Moratorium für jegliche Forschungs- und Entwicklungsaktivitäten im Bereich der Nano-, Bio-, Informations- und Kognitionswissenschaften. Der Antrag scheiterte jedoch. Das führte dazu, dass sich eine wachsende Gegnerschaft der neuen Technologien formierte, welche eine erneute Rückbesinnung auf die „Natur des Menschen" forderte und sich vehement gegen die Weiterführung einer „Hybrid-Anthropologie" einsetzte und ein striktes Verbot jeglicher Technologien, die sich auf die Veränderung oder gar „Optimierung" des Menschen bezogen verlangte, Argumente sowohl des Eugenikvorwurfs als auch der Forderung nach einer genetischen und kybernetischen „Reinhaltung" der menschlichen Art wurden vorgetragen, wobei sich diese in mancher Hinsicht gegenseitig zu widersprechen schienen. Einige militante Anhänger dieser neuen Bewegung begannen sogar mit Übergriffen auf „Cyborgs".

Dennoch schaffte es im Jahr 2035 erstmals eine transhumanistische Partei ins Europäische Parlament. Stimmen wurden laut, welche ein Verbot transhumanistischer Parteien nach dem Vorbild der Vorgehensweise gegen rechtsradikale und faschistische Parteien forderten. Es entbrannte eine Kontroverse über die Parallelen zwischen faschistischem Gedanken"gut" und transhumanistischen Ideen, welche im Attentat auf Isa Quinn, dem Vorsitzenden der transhumanistischen Partei „TransEuropean Union for Responsible Technological Progress" mündete, der trotz schwerster Verletzungen dank experimenteller Technologien überlebte. Ironischerweise wurden viele dieser dort zum ersten Mal eingesetzten Technologien danach zum Standard in der Notfallmedizin und beeinflussten viele weitere medizintechnische (Weiter-)Entwicklungen im Bereich der Neurochip-Technologie und „suspended animation". Transhumanisten sahen sich hierdurch lediglich in ihrer Auffassung bestätigt, dass der technische Fortschritt ein enormes Potential birgt, die dem Menschen gesetzten natürlichen Grenzen zu transzendieren und dem alten Traum nach Überwindung von Leid, Krankheit und Tod ein Stück näher zu kommen. Seitdem verzeichnete die transhumanistische Bewegung einen stetigen Zuwachs. Durch die Demokratisierung verlor auch bald das „Elitenbildungsargument", wie es beispielsweise 1998 von Lee Silver als Szenario der Einteilung der Welt in „GenReiche" und „GenArme" geschildert wurde, an Kraft.

## WANN SIND WIR EIGENTLICH „POSTHUMAN" GEWORDEN?

*Definition Posthuman:*
*Fortentwicklungen von Menschen, die*
*in einem solchen Maße*
*weiterentwickelt worden sind, dass*
*man sie nicht länger als Menschen*
*bezeichnen kann.*

Ab wann sind wir eigentlich „posthuman" geworden? Diese Frage ist wohl ebenso schwer zu beantworten, wie die Frage danach, wer der erste Homo Sapiens (Sapiens) war, oder ab wann genau die „Postmoderne" begann: Es handelt sich um fließende Übergänge. Eine Antwort müsste zum einen relativ gesehen werden und zum anderen auch eine Klärung der Frage beinhalten, was unter „Mensch" zu verstehen ist. Betrachten wir hier einmal ein Gedankenexperiment, welches sowohl von Hans Moravec 1988 als auch von David Chalmers 1996 vorgeschlagen wurde: Stellen Sie sich vor, man würde einen kleinen Teil Ihres Gehirns durch eine Computerchip ersetzen, welcher dieselbe Funktion wie ihr biologisches Vorbild realisieren würde. Diese Substitutionen führt man solange fort, bis das gesamte Gehirn in sein elektronisches Äquivalent aus Computerchips verwandelt ist. Ab welchem Chip, so fragen die Gedankenexperimentatoren, ist der entscheidende Bruch entstanden, welcher den Mensch von der Maschine unterscheidet?

Es ist unbestreitbar, dass naturwissenschaftliche und technische Entwicklungen immer auch tradierte „Menschenbilder" in Frage gestellt haben. So kam mit Erkenntnissen in der klassischen Mechanik und Anatomie bereits um das 17. Jahrhundert die Idee auf, dass der Mensch, oder zumindest sein Körper, letztendlich auch nur eine Maschine – obgleich eine sehr komplexe – sein könnte. Mit Erfindung des Computers hegte man die Annahme, dass auch die Funktionsweise des menschlichen Denkens letztendlich ähnlich wie ein Computer ablaufen würde. Erkenntnisse in den Neurowissenschaften, die im Laufe ihrer Geschichte auch immer wieder zu Irrwegen geführt haben, bewirkten aber insbesondere ab Ende der ersten Dekade des 21. Jahrhunderts eine Revolution sowohl in den Computer- als auch in den Sozialwissenschaften. Insbesondere bei letzteren rückte auch zunehmend die Frage in den Vordergrund, inwiefern die vom Menschen geschaffene Umwelt (Kultur und Technik) die neuronale Architektur des Menschen prägt und dadurch sein Denken, seine Art der Umweltinterpretation und sein Handeln beeinflusst.

Aber auch als konstant angesehene Markierungen menschlicher Ereignisse wie Geburt und Tod wurden durch wissenschaftlichen und technischen Fortschritt immer wieder erneut in Frage gestellt. Seit den Experimenten mit neuronalen Mikro-/Nanochipimplantaten in den 2030er Jahren und den ersten Erfolgen im Tierversuch, extensive neuronale Schäden mit Hilfe von modifizierten Enzymen zumindest teilweise rückgängig zu machen, haben Konzepte wie „Gehirntod" oder „Vegetativer Zustand" eine relativierende Definition erhalten. Heutzutage, fünfzehn Jahre nachdem diese Methoden auch erfolgreich am Menschen angewendet wurden, hat sich das Todeskonzept dahingehend verschoben, dass jemand als tot definiert wird, dessen neuronaler Zerfall bereits so weit fortgeschritten ist, dass eine Rekonstruktion mit derzeitiger Technologie nicht möglich ist. In Anbetracht der weiter dauernden Forschungen im

Bereich der Nanobiotechnologie und der Mikro-/Nanochiptechnologie ist es durchaus denkbar, dass in zehn Jahren weitreichende Behandlungsmethoden zur Verfügung stehen werden. Aber blickt man einmal in der Geschichte zurück, so erkennt man, dass diese Verschiebungen nichts Neues sind. Die Erfindung und Weiterentwicklung von Antibiotika und Krebstherapien bis hin zur Gentherapie, die bereits zu Beginn des 21. Jahrhunderts ihre bescheidenen Anfänge nahm, haben einer zunehmenden Zahl von Menschen das Überleben ermöglicht, die vor diesen Entwicklungen gestorben wären. Ebenso verhält es sich mit Technologien in der Intensivmedizin und der Entwicklung künstlicher Organe. Menschen, die beispielsweise vor Erfindung der Herz-Lungen-Maschine definitiv für tot erklärt wurden, konnten nun auf einmal durch die Koppelung an Apparate am Leben erhalten werden. Menschen, die vor fünfzehn Jahren noch als hirntot erklärt wurden, können heute zumindest teilweise wieder in einen solchen Zustand überführt werden, wo die Definition „hirntot" nicht mehr greift. Somit ist der Mensch im Laufe des medizinischen Fortschritts – der wohl damit begann, ein Pflanzenextrakt auf eine Wunde zu legen – immer ein Stück „unsterblicher" geworden.

Wäre jemand aus dem frühen 21. Jahrhundert mit den damaligen Computertechnologien „Wearables" und „Augmented Reality-Systemen" und medizintechnischen Entwicklungen wie neuronal gesteuerten Prothesen, künstlichen Organen und Gentherapie auf jemanden aus dem frühen 20. Jahrhundert gestoßen, hätte man diesen „neuen Menschen" sicherlich als so weit fortentwickelt empfunden, dass man daran gezweifelt hätte, ob man ihn noch länger als „Menschen" bezeichnen könnte. Somit ist die Bezeichnung „posthuman" eigentlich relativ zu betrachten. Im Laufe der technischen Entwicklungen ist der Mensch auch immer ein Stück „posthumaner" geworden.

# Nachwort

Einige sind (immer noch) der Überzeugung, dass uns Technik, auch wenn sie uns ein längeres und gesünderes Leben sowie den Zugang zu allem Wissen der Welt ermöglicht, dennoch nicht glücklicher und zufriedener machen wird und uns nicht den Sinn unseres Lebens offenbaren kann. Dem stimme ich zu. Nicht weil ich etwas gegen Technik hätte, sondern weil Glück, Zufriedenheit und die Suche nach dem Sinn des Lebens unabhängig von der Technik zu sehen sind und es an jedem Menschen oder Posthumanen selbst liegt, was er aus seiner Existenz macht. Zumindest können wir hoffen, in Zukunft (noch) länger Zeit zu haben, über diese Fragen zu sinnieren.